Johann Gottfried Wetzstein

**Reisebericht über Hauran und die Trachonen**

nebst einem Anhange über die sabäischen Denkmäler in Ostyrien

Johann Gottfried Wetzstein

**Reisebericht über Hauran und die Trachonen**
*nebst einem Anhange über die sabäischen Denkmäler in Ostyrien*

ISBN/EAN: 9783743653689

Hergestellt in Europa, USA, Kanada, Australien, Japan

Cover: Foto ©Andreas Hilbeck / pixelio.de

Weitere Bücher finden Sie auf **www.hansebooks.com**

# REISEBERICHT

ÜBER

# HAURAN UND DIE TRACHONEN

NEBST EINEM ANHANGE

ÜBER DIE

## SABÄISCHEN DENKMÄLER IN OSTSYRIEN.

VON

D<sup>R</sup> JOHANN GOTTFRIED WETZSTEIN,
K. PREUSS. CONSUL IN DAMASKUS.

MIT KARTE, INSCHRIFTENTAFEL UND HOLZSCHNITTEN.

---

BERLIN.
VERLAG VON DIETRICH REIMER.
1860.

# Vorwort.

Der erste Theil dieser Schrift erschien zuerst im diesjährigen September-Hefte der „Zeitschrift für Allgemeine Erdkunde" unter dem Titel: Reise in den beiden Trachonen und um das Haurân-Gebirge im Frühlinge 1858. Bericht an das Ministerium der auswärtigen Angelegenheiten. Während die Ausgabe des Heftes durch den Stich der Karte verzögert wurde, entschloſs ich mich, der mittlerweile gewonnenen Ueberzeugung von dem gassanidischen Ursprunge der ostjordanischen Bauwerke und der Harra-Inschriften dadurch Ausdruck zu geben, daſs ich dem Reiseberichte einen Anhang folgen lieſs, in dem diese These zum erstenmale ausgesprochen und einer vorläufigen Behandlung unterzogen wurde. So entstand der zweite Theil dieser Schrift, welcher in dem nächstfolgenden October-Hefte der genannten Zeitschrift abgedruckt wurde.

Damit diese Mittheilungen auch für weitere Kreise zugänglich blieben, habe ich mich bemüht, das specifisch Gelehrte darin möglichst zu localisiren; ganz umgehen lieſs es sich nicht, weil das beschriebene Land eben so für die biblische Geographie, wie die Sprache seiner Bevölkerung für das biblische Idiom von zu groſser Wichtigkeit ist, als daſs nicht hin und wieder eine Parallele zwischen Gegenwart und Vergangenheit gezogen werden muſste. Die in Parenthese beigegebenen arabischen Worte aber werden dem Orientalisten auch neben der Transscription mitunter erwünscht sein, da die letztere für das Arabische immer mangelhaft bleiben wird.

Es ist mir während meines jetzigen Aufenthaltes in der Heimath nicht gelungen, das Tagebuch dieser Reise nebst Inschriften-Sammlung zu veröffentlichen, da die Presse den gröfsten Theil des Jahres unter dem Drucke der politischen Verhältnisse litt; während der letzten Monate aber konnte ich mich nicht mehr einer Arbeit unterziehen, die sich bis zu meiner bevorstehenden Rückkehr nach Damaskus nicht beendigen liefs. Vielleicht ist es mir im kommenden Frühlinge vergönnt, auf einem zweiten Ausfluge entweder den östlichen Trachon zu umreisen, oder den Kastellkranz bis an den Euphrat zu verfolgen, und die beschriebenen Felsenwände bei Ḳubêsa zwischen Damaskus und Ṣaḳlâwîje zu copiren, um mit neuem geographischen und archäologischen Materiale bereichert zur Bearbeitung meiner früheren Aufzeichnungen heimzukehren.

Berlin, den 29. November 1859.

# Inhalt.

## I. Reisebericht S. 1 — 95.

Reisegefährten 2 f. Aufbruch von Sekkâ 3. Erstes Nachtlager 4. Die östliche Vulkanregion 5. Das Ṣafâ 6 f. Besteigung des Ṣafâ 8. Seine Krater 9 f. Die Ṣnêtn'a 11. Die Gêle 12. Die Tenije 13. Der Chiâm 13 f. Die Kâ' 14 f. Der Wa'r 15 f. Die Dirct et Tulûl 16 f. Das Loḥf 17 f. Die Ḥarra 18 ff. Hubêrîje 20. Die vulkanische Bildung Ḥaurân's 21 ff. Ankunft in Têmâ 21. Der Vulkan Tell el Ḥiss 22. Der Vulkan Umm Udûch 22. Grenze der vulkanischen Bildung 23. Heiße Mineralquellen 23 f. Der Wa'r von Zâkîe 24. Die Ṣubbe des Pharao 25. Die zwei Lavaströme des Ḥaurângebirgs 25. Der östliche Strom 26. Die beiden Garâra 26. Der Vulkan S'ihân 26. Die Beduinengräber 26 f. Abû Tumês 28. Der westliche Lavastrom 28. Das Lega' und seine strategische Wichtigkeit 29. Die Geographie der Ruḥbe 30 ff. Ihre vier Flüsse 30. Ihr Localheiliger 31. Ihre Bewohner 32. Die Stämme Gêjât und S'tâje 32 f. Ihre Verbündeten 33. Ihre Feinde 34. Der römische Wachposten Nemâra 35. Die beiden Trachonen des Strabo 36 ff. Die Tetrarchie Trachonitis 37. Die Höhle Umm Nirân 38. Terrainbeschreibung der östlichen und südlichen Ḥaurân-Abdachung 39. Die Ḥaurân-Erde und ihre Producte 40 f. Die Flußgebiete des östlichen und südlichen Ḥaurâns 42. Seine zahlreichen Ruinenorte 42. Ursachen ihrer Verödung 43 f. Troglodytenorte 44 f. Unterirdische Orte 45 ff. Die Landschaft Ṣuwêt (Ṣuêt) 46. Die Zumle 46. Untersuchung der Souterrains von Der'ât 47 f. Ḥibikke 48. Vier Arten von Cisternen 49 f. Ḥaurânischer Baustyl 50 ff. Die steinerne Thüre 51. Das steinerne Fenster 52 f. Die Gassen 53. Das Innere der Häuser 54. Die freitragenden Steintreppen 54. Steinerne Leuchter 55. Der Bogen 55 f. Das steinerne Dach 56. Die Basilika in S'akkâ 57 f. Ihre Sculpturen 58. Die ḥaurânischen Mausoleen 59. Der Siknâni 60. Die Ruine am nördlichen Ṣafâ 61. Die Weiße Ruine am östlichen Ṣafâ 62 ff., ihr Grundriß 63, ihre Sculpturen 64, ihre Erbauer 65. Das Kastell bei Sa'ne 65. Die Inschriften 66 ff. Die nabatäischen Inschriften 66. Die Ḥarra-Inschriften 67 f., ihre Entstehung 68. Die beschriebenen Steine der Korân-Legende 69. Die arabischen Inschriften 70 f. Cultur im südöstlichen Ḥaurân während der Kreuzzüge 70. Die Citadelle von Boṣrâ 71. Der Mebrak in Boṣrâ 72. Eine Grabschrift 72. Lateinische Inschriften 73. Griechische Inschriften 73 ff., aus christlicher Zeit 74. Arabische Eigennamen in den griechischen Inschriften 75 f. Griechische Ortsnamen 76 ff. Die biblischen Namen Edrei und Kenath 77. Die Beinamen der arabischen Städte 78 f. Eine Inschrift in Sâlâ 80 f. Das biblische Basan 82 ff. Argob 82 f. Eine Ortschaft Beṭenîje (Batanaea) 83 ff. Dr. Eli Smith 84. Die Landschaft Beṭenîje 85. Zeugniß der Drusen darüber 85. Luwa-Canal 85. Das Dörfchen Buṭêne, bei Burckhardt Bezeine genannt 86. Das Muṣannaf, ein seltenes geographisches Werk der Drusen 86. Die Nuḳra ist wahrscheinlich die Tetrarchie Batanaea 87. Die Eichen Basans 87. Die Kinder Ismaels 88. Die Hagriden und ihr Kampf mit den Rubeniden 89. Jeṭûr und die Iturâer 90. Der Alsadamus mons des Ptolemäus 90. Gedûr ist nicht die Tetrarchie Ituraea 91. Ableitung des Wortes Ḥaurân 92. Dûma und Têmâ der Schrift 93. Die Karawanen von Têmâ 94. Eliphas der Têmâner 94. Dûma und Têmâ im peträischen Arabien 95.

## II. Anhang S. 96—150.

Alexander von Humboldt und Carl Ritter 96. Die lithologischen Bestimmungen des Prof. Gustav Rose 96. Der Geograph Jâḳût kennt 28 Ḥarra's in Arabien 98. Die Ḥarra des Râgil 98. Die Feuer-Ḥarra 98. Die Worte Lâbe und Lebb 99. Der See Bâlâ und der Match von Brâḳ 99. Ḥazar Tichôn 100. Die h. Schrift erwähnt wenig ḥaurânische Orte 101. Die Festung Abil 101. Ursache der Verödung Haurâns 102. Seine Bauten stammen nicht von den Israeliten her 102 f. Auch nicht von den Amoritern 103. Auswanderung der Sabäer aus Jemen 104 f. Das Reich der ḥimjaridischen Seliḥiden in Ostsyrien 105 f. Der Bezirk Chôlân bei Damaskus 106. Der Landpfleger des Königs Aretas und der Apostel Paulus 106 f. Königsnamen der Seliḥiden 107. Wichtigkeit von Boṣrâ 108. Astarot 109. Tell 'Estere 109. Hieronymus 110. Boßstra und Bostra 111. Sein Aufbau unter Trajan 111 f. Der Cultus des Dusares in Bostra 112. Das sabäische Idol Dû S'arâ 113. Bostra-Münzen mit dem Namen des Dusares 113. Die Einwanderung der Gefniden in Syrien 114. Das Wasser Gassân 114. Die Gassâniden unterjochen die Seliḥiden 115. Errichten zahlreiche Bauten in Perëa 116. Das Schloſs Ṣêdâ 117. Das Schloſs Gefne 117. Gilliḳ 118. Ḥârib 118. Die Annalen des Ḥamze el Isfahâni und ihr Herausgeber 118. Merg Râhiṭ und Merg eṣ Ṣuffar 119. Nâbiġa der Panegyriker der Gassâniden 119. - Die Stadt Gâbië als Residenz der Gassâniden 120. Gôlân und die Stiere von Basan 120. Allmähliche Verbreitung der Gassâniden-Bauten in Ostsyrien 121. Erbauung der Stadt Ḳrêje 121. Das Iliobskloster 121. Das Christenthum frühzeitig unter den Gassâniden 122. Philippus Arabs 122. Der Vogelsumpf in der Belḳâ und seine Bauwerke 123. Der pharaonische Aquaduct erbaut unter Gebele I. 123 ff. Der Pharaosthurm bei Der'ât 124. Das Bassin des Siknâni 125. Baal Meon 125. Klosterbauten der Gassâniden 126. Das Kloster Negrân 126. Erbauung der Stadt Ṣ'a'f 126, und der Ortschaft Ṣafât el'Agelât 127. Verbrennung von Ḥira 127. Erbauung des Schlosses in Suwêdâ 127. 'Ain Ubâġ 128. Die Städte Ṣiffin, Ruṣâfe und Tedmor 128. Der Ṣahrig oder artesische Fluſs 129. Der Dämonencanal 130. Der Luwa-Canal und seine Dörfer 131. Die Ortsnamen der Gassâniden 131. Das Schloſs Burḳu' östlich von der Ruḥbe 132. Der Gadir der Steinbrüche 132. Die Fundorte der jüngeren Ḥarra-Inschriften 132. Sie rühren von den Bauleuten der Weiſsen Ruine her 133 f. und sind gassanidischen Ursprungs 135, aus späterer Zeit 136. Eroberung Syriens unter Abû 'Obeida und Untergang des Gassânidenreichs 136. Der Engländer Cyril Graham und seine Reise 137. Ursachen des Nichtbesuchs der Ruinenstadt Umm el Gemâl 137. Der Ruwala-Scheich Nahâr el Mesḥûr 138. Der Ruwala-Scheich Fâiz ibn Gendal 139. Fêṣal, der Oberscheich der Ruwala 139. Der Markt der Beni Zmêr im Wiesenlande und die Lasten der dortigen Dörfer 140. Die Stämme der Ruwala und Wuld 'Ali stehen sich feindlich gegenüber 141. Der Wudi 142. Das Treffen am Hügel Gôchadâr 142. Die östlichen Drusen nehmen am Kampfe Theil 143. Das Blutbad von Ḳrêje 143. Zusammensetzung eines Heeres der 'Aneze 144. Studium des Beduinenkrieges 145. Die Wuld 'Ali werden geschlagen und verlieren ihr Lager 146. Der Mansef 146. 'Aḳil Aġa in Tiberias 147. 'Ali Bey in der Bergfeste Tibnin 147. Der Scheich Mu'azzi kommt als Schützling zu 'Abbâs el Ḳal'âni 148. Die Formalitäten des Schutzrechts 148 f. Intervention des Ḳal'âni und Rückzug der Ruwala 149. Ibn Sa'ûd und die Religion der Wahhabiden 150.

# I.
## Reiseberioht.

Längst hatte ich mir eine Reise in die von den Damascener Landseen, dem Legâ und Ḥaurân [1]) östlich gelegenen, nicht nur in Europa sondern auch in Syrien völlig unbekannten Länder vorgenommen und immer machten sich dagegen ernste Bedenken geltend. Reiste ich aus öconomischen Gründen unter Verheimlichung meiner Stellung als Consul, so setzte ich mich denselben Gefahren aus, welche zeither den Reisenden von einem Besuche jener Länder abgeschreckt haben und künftig abschrecken werden. Reiste ich aber als Chef eines Consulats, welches seit acht Jahren in jenen Gegenden so oft sein Ansehen geltend gemacht hatte, so mußte ich auf andere Ausgaben gefaßt sein, als die Burckhardts und Seetzens waren, welche mit einem Schafffell über der Schulter als arme Teufel im Ḥaurân aufgetreten sind. Als Consul mußte ich, um den Vorstellungen der Araber gerecht zu sein, einmal mit dem kostspieligen Apparate einer zahlreichen Dienerschaft reisen, sodann erforderte es die Landessitte, daß ich Jeden, von dem ich beherbergt, oder beim Vorüberziehen eingeladen wurde, oder der mich selbst begleitete oder durch seine Leute begleiten ließ, mit einem Feierkleide (Telbîse) beschenkte; und da ich leicht berechnen konnte, daß ich während einer 50tägigen Reise deren mindestens 80 brauchte,

---

[1]) Bei der Transscription der arabischen Consonanten wurde in diesem Berichte die von der „deutsch-morgenländischen Zeitschrift" angenommene Methode befolgt; nur ج wurde durch g und خ durch ch ausgedrückt. Die Vocale anlangend, so wurden die Diphthonge au und ei dem ostsyrischen Idiome gemäß durch ô und ê wiedergegeben und nur in bekannteren Worten, z. B. Ḥaurân, ist die gemeine Schreibart beibehalten. Das Fatḥ erscheint nach seiner wirklichen Aussprache bald als a bald als e und das Ḍamm bei emphatischen und Kehllauten oft als o; in der ersten Silbe der Diminutivformen mitunter als a oder e der Aussprache gemäß, z. B. Raḍême, Ḳanêṭra, Genêne. Meistens aber wurde es im letztern Falle gänzlich unterdrückt, wie in Ḳlêb und Ḳrêje, wo eine Aussprache Ḳuleib, Ḳureije nach Pedanterie schmecken würde. Schon im Alterthum mag es in Diminutivformen oft nicht gehört worden sein, denn in den griechischen Inschriften heißt das Städtchen Gurein im Legâ nur Γραινη und Αγραινη.

so überlegte ich mir die Sache von Jahr zu Jahr, bis endlich der Umstand, dafs ich gegenwärtig, wo meine Familie in Berlin lebt, ungehinderter bin, mich bewog, der Wissenschaft einen Dienst zu erweisen, den ihr sonst nicht leicht Jemand zu erweisen im Stande ist. Am zweiten April erhielt ich von der Königl. Gesandtschaft in Constantinopel den nachgesuchten Urlaub zur Reise, den dritten übergab ich die Leitung des Consulats dem grofsbritannischen Consul und den vierten ritt ich von Damaskus nach meinem drei Stunden östlich von der Stadt im „Wiesenlande" (el Merg) gelegenen Dorfe Sekkâ ab, wo mich die zu meiner Begleitung bestimmten Beduinen bereits seit einer Woche erwarteten. Diese waren der Scheich Gerbû', ein Vetter des Ober-Scheichs der Ġejât, eines mächtigen Raubstammes im Lande Ruḥbe, der, wie man sich hier ausdrückt, über tausend Flinten aufbieten kann, ferner die Scheiche Chalaf und Ḥumējid, zwei Stammhäupter der S'tâje, eines mit den Ġejât verbündeten Volkes in der Ruḥbe. Diesen zwei freien Stämmen ist der ganze östliche Theil der Provinz Damaskus tributär. Sie erheben unter dem Namen der Chuwwe „Gebühr der Brüderschaft" alljährlich von den Dorfgemeinden das Doppelte, ja Dreifache dessen, was die Regierung an Steuern erhebt. Niemand vermag etwas gegen sie, und wo eine Gemeinde mit der Zahlung der Chuwwe einmal zögert, oder wie sie es nennen „aufständisch" (aṣjān) wird, da führen sie mit bewaffneter Hand die Heerden des Dorfes weg, oder tödten einige Bauern, die sie entweder am Tage beim Pflügen, oder des Nachts beim Bewässern der Saatfelder überfallen können, oder zünden an einem windigen Tage die reifen Erndten an. Aufser diesen drei Beduinen, welche von einigen Leuten ihrer Stämme begleitet wurden, waren meine Begleiter folgende: Ein vornehmer Damascener, Muḥammed Effendi Kumuś, mein Hausfreund und Begleiter auf allen meinen Ausflügen. Er hatte sich zur Zeit der ägyptischen Herrschaft in Syrien durch seine schlecht verhehlten türkenfreundlichen Gesinnungen Ibrahim Pascha's Ungnade zugezogen, seine bedeutenden Güter wurden confiscirt, er flüchtete in die Wüste und ging später nach Bagdad, wo er von der Pforte ein Jahrgehalt bezog, bis er nach Ibrahim's Rückzug aus Syrien in die Heimath zurückkehren und in seine früheren Verhältnisse restituirt werden konnte. Der mit dem Leben der Beduinen innig vertraute Mann begleitete mich jetzt, um in diesem Lande der Förmlichkeit die mir gemachten Besuche zu empfangen und zu erwidern, ferner des Abends und Morgens im Diwan meine Stelle zu vertreten, damit ich ungestört meine Reisezwecke verfolgen konnte, und endlich unserm Zuge vorauszueilen, um Quartier zu machen und, wo es nöthig war, über die ankommenden Gäste die gehörige Auskunft zu geben. In ähnlicher Absicht hatte ich den Arzt und öffentlichen Erzähler Derwisch Regeb mitgenommen; als Arzt mufste er das

Volk von mir abhalten, das in jedem Europäer einen Heilkünstler sieht, und des Abends mufste er erzählen, wenn ich an meinem Tagebuche arbeiten wollte. Aufserdem begleiteten mich zwei Ḳawwâṣe (Gensdarmen) des Königl. Consulats, der Araber S'âkûs und der Kurde Zemberekgî, und mein Koch. Zwei Maulthiertreiber hatten für den Transport der Zelte und des Gepäcks zu sorgen. Aus Sekkâ nahm ich meinen dortigen Jäger, den Ḥâgg 'Alî, einen Afghanen und guten Schützen, und zwei mit den Beduinen viel verkehrende und bei diesen in Ansehen stehende Bauern mit, Jûsef Besmâ und den alten Abû Châlid, den die türkische Regierung mehrmals zu wichtigen Missionen an die Beduinen verwendet hat und den diese wegen seiner Klugheit und Ueberredungsgabe die „Zunge des Merglandes" (Lisân el Merg) nennen. Den fünften April folgte ein Platzregen dem andern und ich benutzte den Tag, um unter die Colonisten meines neugebauten Dorfes Ġassûle (الغسولة) 25,000 Reben zu vertheilen, die ich zur Anlegung eines Gemeinde-Weingartens aus einigen Ortschaften des süfsen Gebirgs [1]) erhalten hatte, und den sechsten brachen wir, nachdem die Beduinen ihre Feierkleider — jeder einen Mantel (Gubbe) von scharlachrothem Tuche und einen Leibrock (Ḳumbâz) von rothem Atlas — erhalten hatten, Mittags 12 Uhr von Sekkâ nach Gedêde (الجديدة), einer grofsen Domäne des Sultans, auf, wohin ich eine Einladung von dem Scheich des Dorfes erhalten hatte. Eine halbe Stunde vor Sonnenuntergang verliefsen wir Gedêde, erreichten um 7½ Uhr die Mitte des hochgelegenen Isthmus zwischen den Damascener Seen, der hier durchgängig zwei Stunden breit ist, und gelangten um 8½ Uhr des Nachts in die Strafse der Raubzüge (Derb el Ġazawât), jene berüchtigte nur 6 Stunden breite Gasse zwischen den Seen einerseits und einem über 24 Stunden gegen Osten fortlaufenden unwegsamen, mit Vulkanen übersäeten Lavaplateau andererseits, eine Passage, welche fast keinen Tag frei ist von Raubzügen, die hier vom Norden Syriens nach dem Süden und umgekehrt stattfinden. Eine finstere Nacht begünstigte uns. Von jetzt ab durfte nicht mehr gesprochen und Mäntel und Turbane von weifser Farbe mufsten beseitigt werden. Ein Beduine ritt als Vedette voraus, ein anderer führte den Zug, der sich eng zusammenhalten mufste, ein dritter folgte, um zu verhindern, dafs Jemand zurückblieb, wieder andere stachelten mit ihren Lanzen die Saumthiere, welche das Gepäck trugen, und so rasch als möglich zogen wir in südöstlicher Richtung vorwärts. Es ging dabei so geräuschlos zu, dafs es mich oft dünkte,

---

[1]) Das „süfse Gebirge" (Gebel el Ḥilu) heifst derjenige Theil des Gebel Ḳalamûn, welcher östlich von einer Linie liegt, die ohngefähr von Damaskus nach Ṣednâja, von da nach Ma'lûla und Jebrûd zu ziehen wäre, und er ist wahrscheinlich so genannt wegen der Menge und Güte seiner Weinberge.

ich ritt allein. Wir hielten auf dem welligen Terrain vier bis fünf Mal und immer an solchen Stellen, wo wir einem in der Entfernung von hundert Schritten vorübergehenden Zuge unbemerkt geblieben wären. Die Beduinen sind Meister in nächtlichen Zügen. Das Commando des Führers bestand in einem feinen Pfeifen, dem Zwitschern eines kleinen Singvogels nicht unähnlich und ich hielt es auch längere Zeit dafür. Nach 1 Uhr des Nachts zogen wir an dem tiefen Ziehbrunnen Bîr Ḳaṣam (قصم) vorüber, dem einzigen Wasser in der „Raubstraße", und konnten ganz nahe zu unserer Linken die dunkeln Umrisse eines verfallenen Kastells unterscheiden, dessen Bestimmung es ehemals war, jenen Brunnen zu bewachen [1]). Hier kamen wir endlich in den Waʿr (الوعر) d. h. in den trachytischen Rayon der Vulkane, und nachdem wir ohngefähr eine Stunde auf einem schrecklichen Terrain vorwärts gezogen waren, erklärten uns die Beduinen aufser Gefahr. Bald war eine Menge Sʿiḥ (شيح), eine vielästige, holzige Pflanze, das gewöhnliche Brennmaterial (Ḥaṭab) in der Wüste, gesammelt, bald loderte ein helles Feuer und Alle suchten sich zu wärmen, denn wir hatten während des nächtlichen Rittes sehr gefroren. Da man es vorzog, das Gepäck beisammen zu lassen und keine Zelte aufzuschlagen, so suchte sich ein Jeder in den schwarzen Wänden der Lavafelsen einen Winkel, um sich gegen die kalte Luft und die vom gestrigen Regen feuchte Erde zu schützen und bald waren wir Alle entschlafen.

So begann ich eine Reise, die trotz der kurzen Dauer von 44 Tagen reich ist an interessanten Specialitäten und deren Gesammtergebnifs ein aufserordentlich günstiges genannt werden muſs. Ich habe dasselbe in einem Tagebuche niedergelegt, das in 4 Heften zu je 110 Octavblättern 880 Seiten zählt, einige dreifsig Beduinengesänge, die ich besonders geschrieben habe, ungerechnet. Bedenkt man, daſs ein grofser Theil meiner Zeit auf die Untersuchung von fast hundert Ruinenorten und die namentlich in weitläuftigen Städten zeitraubende Aufsuchung von Baudenkmälern und Inschriften verwendet werden muſste, und rechnet man die Störungen dazu, welche auf dergleichen Reisen unaufhörlich vorkommen, so wird man die Menge meiner Aufzeichnungen kaum für möglich halten; aber ich schrieb während des Reitens und

---

[1]) Da die Existenz des Bîr Ḳaṣam die Streifzüge der Beduinen sehr erleichtert, so hatte ihn Ibrahim Pascha zur Zeit seiner Herrschaft in Syrien zuwerfen lassen. Diese bei den jetzigen politischen Zuständen Syriens heilsame Mafsregel wurde jedoch damals nur scheinbar ausgeführt. Der damit beauftragte Delibasch, ein gewisser Holo Aga, welcher mütterlicherseits von den Mawáli-Beduinen abstammt, liefs, um seinem Geschlechte nicht zu schaden, den Brunnen mit den Zweigen der Ṭarfabäume füllen und darüber eine Schicht Steine werfen. Nach dem bald darauf erfolgten Aufhören der ägyptischen Dynastie in Syrien öffneten die Beduinen den Brunnen wieder.

des Nachts. Auch trug die glückliche Stimmung, in welche mich die fortwährend guten Erfolge versetzten, dazu bei, daſs mein Bleistift immer im besten Zuge blieb. Die Ergebnisse dieser Reise umfassen mehrere Zweige der Wissenschaft, wie Geognosie, Geographie und Archäologie (Baugeschichte und Inschriftenkunde). Meine ethnologischen Notizen über zeither unbekannte Stämme, oder solche, deren Bedürfniſslosigkeit an die Urzustände des Menschengeschlechts erinnert, halte ich für werthvoll, und meine Poesien der Wüste bieten ein Arabisch, das man in Damaskus nicht versteht und von dem noch wenige Proben nach Europa gekommen sein dürften. Ich muſste mir die meisten Lieder Vers für Vers commentiren lassen.

Indem ich in folgenden Blättern über diese Reise zu berichten die Ehre habe, beabsichtige ich nicht, eine Darstellung des Gesehenen in seiner zeitlichen Aufeinanderfolge zu geben, da ich mein Tagebuch selbst für den Druck zu bearbeiten gedenke, und die anliegende Kartenskizze, welche später eine berichtigtere Form erhalten soll, von dem bereisten Ländergebiete und der von mir verfolgten Route eine genügende Anschauung geben wird. Nur einige meiner Beobachtungen will ich hier ausführlicher beschreiben, und zwar solche, von denen ich entweder die stärksten Eindrücke erhalten habe, oder annehmen kann, daſs ihre Mittheilung auch in weiteren Kreisen interessiren werde.

Ich beginne mit dem geologischen Theile, wobei ich vorauszuschicken habe, daſs ich kein Fachkenner bin, damit man beim Beurtheilen meiner Anschauungen den rechten Maaſsstab anlegen möge. Von besonderer Wichtigkeit für die Erdkunde scheint mir die Entdeckung einer zeither nicht geahnten, weit ausgedehnten Vulkanregion zu sein, die vielleicht an Extensität, aber schwerlich an Intensität von einer ähnlichen Formation auf der Erde übertroffen werden dürfte. Ich meine nicht den Ḥaurân, bei dem man schon auf Seetzen's, Burckhardt's und Anderer Beobachtungen hin annehmen konnte, daſs er durchgängig und ausschlieſslich von vulkanischer Bildung sein müsse, obschon er zeither noch nicht einmal zur Hälfte bekannt war. Ich spreche von einer Gegend östlich von den Wiesenseen bei Damaskus und östlich vom Ḥaurân. Die Mitte derselben dürfte etwas südöstlich von dem Punkte liegen, wo sich der 55. Längengrad (Ferro) und 33. Breitengrad schneiden. Südlich scheint sie sich beim 32. und nördlich nahe am 34. Breitengrade zu endigen. Ihre Breite möchte durchschnittlich zwei Drittheile der Länge betragen. Begrenzt wird sie im Osten und Süden von dem Ḥamâd, oder der groſsen syrischen Steppe, im Westen von Ḥaurân, dem Leǵâ und den Wiesenseen, im Norden endlich von den Ausläufern des Antilibanon an der Straſse nach Palmyra. Den nördlichen Theil dieser Vulkanregion charakterisiren groſse mehr oder weniger zusammenhängende Lavaplateau's, deren jedes in seinem Mittelpunkte immer eine oder mehrere Gruppen feuerspeiender Berge hat, während der südliche Theil, welcher den Namen Ḥarra führt, mit losen vulkanischen Steinen dicht bedeckt ist, zwischen denen sich einzelne Eruptionskegel erheben, die bei näherer Untersuchung zum Theil von kleineren Lavaplateau's umgeben sein werden. Die Thätigkeit dieser Vulkane hatte wohl schon in vorhistorischer Zeit ihre Endschaft erreicht, und fand gewifs gleichzeitig mit den Eruptionen der haurânischen Vulkane statt, wenn auch die Schwärze und der Glanz der Lava dieser östlichen Region, verglichen mit der starken Zersetzung der haurânischen, für einen spätern Ursprung sprechen sollte. Ich erkläre mir diese Verschiedenheit durch die Annahme einer verschiedenen Mischung beider Laven. Denn die haurânische erzeugt durchgängig einen entschieden braunrothen und die der östlichen Vulkane einen goldgelben Humus.

Den Mittelpunkt dieser östlichen Region bildet das Ṣafâ [1]), ein von den Syrern vielgenanntes und Allen unbekanntes Land. Man denkt sich gewöhnlich darunter einen ungeheuren Wall, durch den ein enges Thor zu weiten sichern Räumen führt, welche die stärkste Festung der Welt sein würden, wenn sie Wasser hätten. Natürlich konnte auch Burckhardt nichts Näheres über das Ṣafâ erfahren [2]). Zwar hat dasselbe weder Thor noch Engpafs, aber es ist vielleicht der merkwürdigste Punkt in Syrien; seine Formation hat etwas Höllisches und sein Anblick beengt die Brust und erfüllt mit Grauen. Das Ṣafâ ist ein beinahe sieben Stunden langes und eben so breites Gebirge, d. h. die aus den Kratern strömende schwarze Masse häufte sich Welle auf Welle, so dafs die Mitte die Höhe eines Gebirges annahm, ohne jene sanften Formen gewöhnlicher Gebirge zu bekommen. Das Ṣafâ ist bei seinen geraden Linien und seinem mattglänzenden Schwarz mit

---

[1]) الصَّفَا In einem Beduinengesange lautete das Wort in der Annexion Ṣafât, was auch die Schreibart صفاة geben würde. Aber die erstere ist die gewöhnliche.

[2]) Er sagt in seiner syrischen Reise pag. 170 (Uebersetzung von Gesenius): „Das Ṣafâ ist ein steiniger Landstrich, wie das Legâ, nur sind seine Felsen höher, wiewohl das Ganze für ebenen Boden gelten kann. Es hat 2 bis 3 Tagereisen im Umfang und ist der Zufluchtsort der Araber, wenn sie vom Pascha von Damaskus verfolgt werden. Es hat keine Quellen, sondern nur Cisternen. Der einzige Eingang ist ein Engpafs, der Bâb eṣ Ṣafâ heifst, eine Schlucht zwischen senkrechten Felsen, die nur 2 Ellen breit ist und durch welche niemals ein Feind einzudringen wagt." Pag. 1050 sagt er: „An der östlichen Seite des Ṣafâ ist ein ohngefähr 2 Ellen breiter Gang durch senkrechte Felsen. Er ist etwa 1000 Schritte lang und führt mitten im Gebirge auf eine Ebene, die keinen anderen Eingang und zwei Tagereisen im Umfang hat, u. s. w." Doch sind die Namen von drei Dörfern des Ṣafâ, die Burckhardt erwähnt (Boreisije, 'Odesije und Koneise) richtig; sie existiren dort.

einem Gebilde aus Gußeisen zu vergleichen und gewährt annähernd den auf folgender Skizze dargestellten Anblick. Die Ansicht ist von der Westseite.

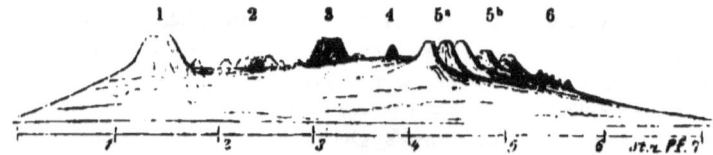

Die höchsten Partien sind ohngefähr 1800 Fuſs über der Ruḥbe. Sämmtliche Spitzen sind Vulkane. 1) Der Abû Gânim (ابو غانم). 2) Der Wâsiṭ (الواسط). 3) Der Merûtî (المراتي). 4) Die Ṣnêtü'ä (الحنيتعه). 5) Die Tulûl eṣ Ṣafâ (تلول الصفا), Hügel des Ṣafâ. 6) Der Chnêṣir (الخنيصر), d. h. der kleine Finger; er wird gebildet durch hohe, namentlich von der Ruḥbe aus stark sichtbare Steinkränze von Kratern. Man stellt sich das Ṣafâ als eine Hand vor. No. 1 ist der Daumen, No. 2 wird wenig gesehen und nicht gezählt, Nr. 3 ist der Zeigefinger, No. 4 wird wenig gesehen, No. 5ᵃ ist der Mittelfinger, 5ᵇ Goldfinger, No. 6 der kleine Finger.

Auf dem Ṣafâ kann kein Mensch existiren und die Redensart der Damascener: „er hat sich in's Ṣafâ geflüchtet" wird später unter dem Artikel Tenîje erklärt werden. Das Ṣafâ hat keinen Tropfen Wasser und keine Vegetation, daher sein Name: das leere, nackte Gebirg ¹). Nur in den Einsenkungen und den klaffenden Brüchen der Lava bilden sich zur Regenzeit wochenlang Pfützen und sprofst eine spärliche Flora. Das Ṣafâ ist noch, wie am Tage seiner Entstehung, der schwarze mattglänzende Lavaguſs voll zahlloser, mit dünnen Gewölben überbrückter Ströme versteinerter schwarzer, oft auch hellrother Wellen, die sich aus den Kratern über das Hochplateau die Abhänge herab wälzen. Am nordöstlichen Ende des Ṣafâ, circa ⅔ Stunden vom Abû Gânim, desgleichen südöstlich vom Chnêṣir erhebt sich die Lava auf der Fläche des Gebirges wie züngelnde schwarze Flammen, mit einer durchschnittlichen

---

¹) In allen Sprachen, namentlich in der arabischen, giebt es viele Dinge, die sich nicht aus dem armen Lexicon, sondern nur aus dem reichen Commentar der Vorstellungen und Ausdrücke des Volkslebens erklären lassen. Man sagt: Ṣafâ el Kâs, der Becher ist leer; Ṣaffâhu, er hat ihn ausgeleert. Daher Ṣafâ Zemâni, meine Zeit ist leer d. h. von Sorgen, also heiter. Davon Maḥall eṣ Ṣafâ der Ort der Sorgenleere d. h. ein frohes Trinkgelage. Ṣafâ eṣ Semâ der Himmel ist wolkenleer. Hierher gehört wohl das Hebräische צָפוֹן Ṣafôn (für Ṣafwân) der leere Himmelsraum in Hiob 26, 7.

Erhebung von 3 Fuſs, ohngefähr in der Art, wie es diese Zeichnung veranschaulicht:

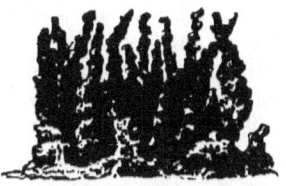

Ich erkläre mir die Erscheinung so, daſs die Krater gegen Ende ihrer Thätigkeit eine schneeartig leichte Masse auswarfen, die sich Flocke auf Flocke ansetzend diese Formation erzeugte.

Schon seit drei Tagen hatte ich das Ṣafà und namentlich seine bis in's Kleinste regelmäſsigen und wie mit einem braungelben glanzlosen Mörtel übertünchten Kegel mit immer wachsender Neugierde betrachtet. Daſs es die Röhren sein muſsten, aus denen die vor uns aufgethürmten Wogen geflossen, konnte ich mir zwar denken, wiewohl ich noch nichts Aehnliches gesehen hatte, aber ich wünschte doch mit eigenen Augen in die Schlünde hinein zu schauen. Am dritten Tage Abends waren wir als Gäste im Zelte unseres Reisegefährten Ḥumêjid unmittelbar am Rande (Loḥf) des Ṣafà abgestiegen und hier wollte ich den Beduinen gegenüber, die eine Besteigung des Ṣafà für unmöglich erklärten, meinen Willen durchsetzen. Ḥumêjid schien mir als Wirth zu meiner Begleitung verpflichtet, aber er entschuldigte sich, daſs das Ṣafà den Ġêjâṭ gehöre, und ihm nicht das Recht zustehe, daselbst meinen Führer zu machen. Seine Entschuldigung war gegründet. Jetzt wandte ich mich an Gerbû', den Ġêjâṭi. Er weigerte sich mit der Erklärung, daſs nur die Lebensgefahr den Menschen in's Ṣafà treiben könne. Da lieſs ich ein seidenes Ehrenkleid auspacken und sagte den zahlreich anwesenden Ġêjâṭ, daſs es derjenige bekommen würde, der mich begleitete. Man betrachtete es mit sehnsüchtigen Blicken, aber keiner wollte es verdienen, selbst dann nicht, als ich noch eine englische Lîre (Souverain) darauf zu legen versprach. Die Sache verwirrte mich, und auch meine Damascener Begleiter wuſsten sie nicht zu erklären. Ich muſste endlich zu einem Mittel greifen, gegen welches der Beduine keine Waffen hat. Ich wendete mich gegen Gerbû' und sagte mit dem nöthigen Pathos, indem ich meinen Kinnbart in die rechte Hand nahm: Willst du nicht mit mir gehen, Gerbû', diesem Barte zu Gefallen (min šân hal leḥje)? Da schnellte der Mann empor und rief, indem er die Hand auf seinen Kopf legte: „Von Herzen gern ('alà râsi)!" Am andern Morgen vor Sonnenaufgang brachen wir auf. Es waren eigenthümliche Gefühle, die mich bewegten, als ich mit Gerbû', der den Wasserschlauch, und meinem Jäger 'Alî, der die Meſsinstrumente trug, zu Fuſs (denn die Pferde würden hier nicht überall fortkommen) über die klingende Decke der kohlschwarzen Wellen, über die weitgespannten Brücken, über die Sprünge [1]) und Versenkungen der Masse hinschritt, um einen der höchsten Vulkane zu besteigen. Um 9 Uhr erreichten wir das Hochplateau. Da rief Gerbû': „Hier ist der Anfang der Gefâgif. Steig' hinauf!" Ich begriff ihn nicht, stieg aber rasch einen Wall schwarzer Blöcke hinauf und stand am Rande eines ungeheuren Kraters und schaute mit Grauen in das Chaos seines Schlundes hinein. Es war der erste Krater, den ich sah, und meine Verwunderung war um so gröſser, als ich die fixe Vorstellung mitgebracht hatte, ein Krater könne nur in der Spitze eines Berges sein. Hier war er auf der Hochebene. Endlich dachte ich über ein Mittel nach, Umfang und Tiefe zu messen, als mich Gerbû' lachend den Damm der ausgeschleuderten, oft viele Klaftern dicken Steine hinabzog und sagte: „Bêdsch (das türkische Bey), willst du jede Gefgefe (Krater, in der Mehrheit Gefâgif) in unserm Lande messen, so brauchst du Wochen dazu." Wie, ist euer Land die Hölle? „Ê billâh (Ja, bei Gott)! Es lebte bei uns ein Dichter, der sagte in einer Kaside: Das Ṣafâ ist ein Stück von der Hölle und die Ruḥbe ein Stück des Paradieses (eṣ Ṣafâ min en nâr wa'r Ruḥbe min el genne)". Nach sechs oder acht Minuten stand ich auf dem Steinkranz eines zweiten Kraters von eben so grauenhaftem Anblicke; nach einer gleichen Entfernung an einem dritten, vierten und fünften. Der fünfte unterschied sich von den vier ersten dadurch, daſs er die Gestalt des Gespinnstes einer männlichen Seidenraupe hatte, so nämlich: ●●. Augenscheinlich hatten sich zwei Krater in einen vereinigt. Ferner hatte derselbe in seinem Bette keine über einander geworfenen Blöcke, sondern eine schwarze glanzlose Masse, deren versteinerte Oberfläche sich senkte und hob und Blasen trieb wie siedendes Pech in einem Kessel, und ringsum flossen aus dem weiten Bassin starke Lavaflüsse. In geringer Entfernung kam ein sechster, siebenter und achter Krater. Aber der

---

[1]) Unter solchen Sprüngen, die wohl bei Erstarrung der Lava entstanden sind, trafen wir einen, dessen Länge ich auf mehr als 1500 Fuſs schätzte. Wo er am weitesten klaffte, mochte er 20 Ellen breit sein. Die Wände waren, wie man tief hinein deutlich sehen konnte, ohne alle Sprünge und Risse ein massives Ganze vom vollkommensten Schwarz, und ohne allen Glanz. Nur hin und wieder funkelten darinnen smaragdartig gröſsere Stücke von Olivin. — In einem andern Sprunge südöstlich von Chnêṣir sah ich eine merkwürdige Pflanze. Wie tief sie hinab reichte, weiſs ich nicht, da die Blätter den Stamm unsichtbar machten; die Krone war ohngefähr 4 Fuſs unterhalb des Randes, auf dem wir standen. Sie konnte acht bis zehn ausgebildete Blätter haben, deren jedes in der Mitte eine Elle breit und eine Klafter lang sein mochte. Die prächtige Pflanze schien mir eine Art Farrenkraut zu sein.

achte übertraf alle vorhergegangenen durch die Menge tiefer und breiter Ströme, die aus ihm kamen, aus deren rothen Wellen ich mir an einer Stelle, wo die Ueberbrückung derselben eingebrochen war, ein Stück abschlug und mitnahm. Diese Ueberbrückungen liefern den Beweis, dafs hier, wie bei einem gefrorenen Flusse, die Oberfläche verhärtete, während die Masse darunter noch fliefsend war. Der dem Flusse zugekehrte innere Theil der Brücken (ich habe deren zu $1\frac{1}{2}$ Meter Höhe und 6 Meter Spannung gesehen und gemessen) ist mit einem glänzenden violetten, gelblichen oder röthlichen Lacke überzogen. Die Dicke dieser Ueberbrückungen ist von $\frac{1}{2}$ Zoll bis zu $\frac{1}{4}$ Meter. Von der dünnsten Art nahm ich mehrere Stückchen mit. Darauf kamen wir an den neunten, zehnten und eilften Krater. Es wäre eine geringe Mühe gewesen, solche Krater zu umschreiten, die nur Lava ausströmten und keinen Steinkranz hatten, aber es trieb mich vorwärts, um so viel als möglich von den Wundern des Ṣafâ zu sehen, und ich hatte dazu nur diesen einen Tag. Ueber No. 11 schleuderte ich einen $\frac{1}{2}$ Faust grofsen Stein; er durchflog nicht den sechsten Theil des Durchmessers, und dieser Krater war bei Weitem nicht der gröfseste. Hier betrachtete ich die hinter mir liegenden Krater und die an ihren Steinkränzen kenntlichen vor mir und erkannte, dafs sie einen richtigen Halbkreis beschrieben. Nur bei No. 5 befand sich einige Minuten abseits ein kleinerer Krater innerhalb des Halbkreises. Wir kamen zu No. 12; er ist ein circa 15 Ellen tiefer und einen Steinwurf weiter runder Einsturz der vulkanischen Masse. In seinen steilen Wänden hatten sich Tauben eingenistet (Jerem. 48, 28). No. 13 ist ein Krater von sehr grofsem Umfange. No. 14 ist wie No. 12 ein Einsturz, aber weit gröfser und tiefer als jener. No. 15 und 16 werfen keine Steine aus. Es sind zwei ungeheure Kessel, in denen die Masse kochte. Es sondern sich aus ihnen viele und breite Lavaströme ab. No. 17 und 18 sind zwei Einstürze wie No. 12 und 14 und circa einen Pistolenschufs von einander entfernt. Am Rande von No. 18 steht die unheimliche Ṣnêtaʼa. Sie ist das nackte, mit einer glänzend rothen Masse überzogene Gerippe eines feuerspeienden Berges. Die eine Seite seines Fusses ist von der an seiner Wurzel entstandenen tiefen Versenkung des Bodens mit in die Erde hinabgerissen worden, so dafs der innerlich roth glänzende Cylinder des Kraters nicht nur nach oben, sondern auch nach unten in die Versenkung hinein sich öffnet. Von diesem oben und unten offenen Bergstrunk wird folgende Skizze, wie ich sie des Nachts nach der Rückkehr aus dem Gedächtnisse gezeichnet habe, eine ohngefähre Anschauung geben.

Die Ṣnêta'a heifst auch der Galgen des Ṣafâ (Maśnaḳet eṣ Ṣafâ) und man sagt, ein früherer Herrscher im Lande Ruḥbe habe darinnen einen eisernen Ring (Ḥalaḳa) anbringen und daran seine Delinquenten hängen lassen. Ich kletterte den Berg hinan und schaute mich in dem ganz glatten Schlunde nach dem Ringe um, ohne ihn zu finden; da mir aber mehrere Beduinen versicherten, den Ring gesehen zu haben, so vermuthe ich, dafs sie eine ringähnliche Felsenformation meinen, wobei das „eisern" eine Zuthat der arabischen Imagination sein würde. Die Idee des Galgens ist von ächt arabischer Raffinerie, denn ich halte die Ṣnêta'n, von der aus man nichts als die kohlschwarze Fläche, das Chaos der Krater, die Schlote der feuerspeienden Berge und die ganzen oder zertrümmerten Brücken der Lavaströme sieht, für einen der schauerlichsten Orte auf Erden. Aus der Menge der Flufsbetten läfst sich schliefsen, dafs die Ṣnêta'a einst eine grofse Thätigkeit entwickelt haben mufs. Auch von dem Ueberzuge der Ṣnêta'a nahm ich ein Stück mit. Zehn Minuten weiter trafen wir wiederum auf eine Bodenversenkung und unmittelbar hinter ihr stieg ich über einen hohen Kranz ausgeworfener Steine mühsam die mit einer tiefen Schicht von gelblich violettem Schutte bedeckten steilen Seiten eines Vulkans hinauf, der zu der Gruppe der Tulûl eṣ Ṣafâ gehört, und auf dessen mehrfach zerrissenem, also mehrere Spitzen bildendem Scheitel ich meine Messungen anstellte. Meine Begleiter waren vor Müdigkeit bald in tiefen Schlaf versunken und mir zitterten bei der Arbeit vor Ermattung die Beine.

Die Vulkane des Ṣafâ hatten, hier betrachtet, sämmtlich ein gleichmäfsiges Aussehen; der eine war gröfser als der andere, aber Gestalt und Farbe (zwischen hellbraun und violett) war bei allen ganz dieselbe. Diese bunte Farbe zusammen mit der regelmäfsigen Form der Vulkane sticht angenehm gegen die düstere und wüste Umgebung ab. Ein Durchschnitt derselben giebt ohngefähr folgendes Bild.

Kranz von ausge- rings um den Fuſs
worfenen Blöcken der Vulkane.

Die Hochebene ist vielleicht dritthalb Stunden lang und durchschnittlich halb so breit. Sie ist in der Mitte um ein Weniges eingesunken und fällt stark gegen Norden ab. Zugleich hat sie in ihrer ganzen Länge von Süd gegen Nord eine Neigung gegen die Ruḥbe zu, weshalb man den Wâsiṭ, der doch gegen 200 Fuſs hoch zu sein scheint, nur in der Ruḥbe deutlich sehen kann.

Nördlich an das Ṣafâ grenzt das Gebiet der Ġêle (الغَبْلَه). Der schmale Zwischenraum zwischen den Ausströmungen dieser beiden Vulkangebiete heiſst der Schlüssel der Ġêle (Miftâḥ el Ġêle). Sie hat vier Vulkane: zwei sind auf der höchsten Spitze des Gebirges und heiſsen Tulûl el Ġêle, und zwei, el Ḥlêwa (الخَلْبَوَا) und el Mafrade (المُفرِدِ), sind an den Seiten des Gebirges. Die Ġêle ist vielleicht 400 Fuſs höher als das Ṣafâ und ihre schräg abfallenden Seiten erschienen mir im Osten gleich dem Ṣafâ als ein massiver schwarzer Strom, im Westen dagegen sind sie eigenthümlicher Art und heiſsen daselbst Tenîje (التَنِيبَةِ).

Dieses Wort bedeutet hier ein mit Lava überflutetes Terrain, in dem viele gröſsere und kleinere vom Strom unberührt gebliebene und mit einer gewöhnlich zwischen 10 und 20 Ellen hohen Wand umschlossene freie Plätze vorkommen, welche Ḳâ' (قَاع, in der Mehrheit Ḳî'ân) heiſsen. Ich habe die Tenîje in einer Strecke von circa 5 Stunden durchzogen; es war ein beständiger Wechsel zwischen halsbrecherischem Hinabsteigen in die Ḳâ''s und beschwerlichem Hinaufsteigen auf das Plateau. Die Thiere litten schrecklich dabei. Die gewöhnliche Breite der Ḳâ's ist zwischen 50 und 100 Schritte. Mitunter sind sie fast viereckig, oft rund oder oval, aber in den meisten Fällen gassenartig lang und schlangenförmig gewunden. Wir passirten deren einige, die wohl eine Viertelstunde lang waren. Wollte man sich aus der Tenîje ein Stück herausnehmen, so würde dieses annähernd folgendes Bild geben.

Die schraffirten Figuren würden die Ḳâ''s sein und die weifsen Stellen dazwischen das dieselben einschliefsende Plateau. Ihre Entstehung erkläre ich mir auf folgende Weise. Es befinden sich in der Tenije Tausende von häuserhohen runden **vulkanischen Erhebungen**, die, bei dem regelmäfsigen Bruche der äufseren Steinschicht, gemauerten und oben zerrissenen Kuppeln sehr ähnlich und zwischen 50 und 100 Fufs hoch sind. Desgleichen finden sich **lange**, ebenfalls oben aufgerissene **Dämme**, die gewissen steinernen Uferbauten an grofsen Flüssen gleichen und meist 30 Schritt breit und gegen 100 Schritt lang sind. Doch sah ich deren auch von gröfseren Dimensionen. Beide Arten würden im Ganzen diesen zwei Zeichnungen sehr ähnlich sein.

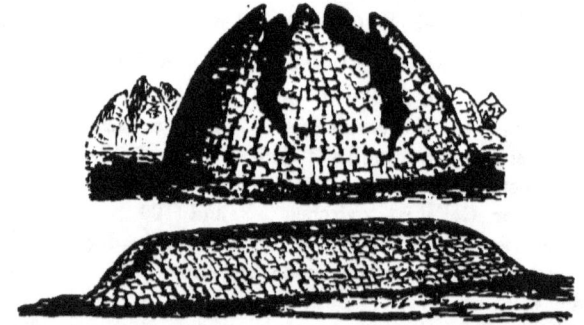

Diese Hügel und Dämme sind augenscheinlich Erhebungen einer früheren Ausströmung und man kann sich ihren Bildungsprocefs also denken: Nachdem die erste Lavaausströmung das Terrain bedeckt hatte, wurde sie noch vor ihrer völligen Erkaltung durch das mächtige Agens eines unterirdischen Gases an vielen Stellen blasenartig aufgeschwellt. Hatten diese Blasen eine übermäfsige Spannung erreicht, so zerrissen sie an ihren obern Theilen, um die Gase ausströmen zu lassen, und erkalteten vollends in diesem Stadium. Während der Erkaltung zersprang ihre Aufsenseite in vier- oder fünfeckige Tafeln. Als ich sie zum ersten Mal sah, hielt ich sie für kleine feuerspeiende Hügel, aber nachdem ich in einige hineingestiegen war, überzeugte ich mich, dafs sie das nicht waren. Oft stehen sie frei von allen Seiten und dann kann man leicht sehen, dafs sie weder Steine ausgeworfen, noch Lava ausgeströmt haben, auch haben ihre klaffenden Sprünge keinerlei Aehnlichkeit mit den Kratern der Eruptionskegel. Als nun die neue Ausströmung erfolgte, welche die Tenije bildete, standen diese Hügel der fliefsenden Lava im Wege, so dafs diese an vielen Stellen herumflofs, ohne sie zu berühren. Diese unberührt gebliebenen Stellen nun wären die Ḳâʿ's. Für diese Erklärung spricht der Umstand, dafs sich jene Erhebungen meist an den Wänden und Ecken der Ḳâʿ's befinden. Die Bewohner der Ruḥbe nennen diese vulkanische Formation Chism ( الخُشْم ), womit man im Arabischen ursprünglich jeden Gegenstand bezeichnet, der sich auf eine auffällige Weise über eine Fläche erhebt, z. B. eine übermäfsig lange Nase. Oestlich von dem Miftâḥ el Ġêle werden diese Erhebungen so zahlreich und stehen so eng gedrängt an einander, dafs sie dort unter dem Namen Chism el Maḳrâṭa¹) ein besonderes vulkanisches Gebiet bilden (vgl. die beil. Karte).

In den auf diese Weise gebildeten Ḳâʿ's sammelt sich im Winter das Wasser oft zu Teichen und dann entsprofst ihnen eine treffliche Weide von aromatischen Kräutern, weshalb im Monat März vielleicht der gröfste Theil der Ġêjât und Sʿtâye und der el Ḥasan von Ḥauran ihre Zelte in ihnen aufgeschlagen haben. Wir übernachteten einmal in einem Ḳâʿ der Tenije und als des Abends die Schaf- und Ziegenherden und eine Menge junger weifser Kameele die steilen schwarzen Wände herab in den ebenen grünen Ḳâʿ stiegen und sich auf den bekannten Ruf der Hirten in 4 Theile theilend vor den 4 vorhandenen Zelten sich lagerten und ich mit meinen Gefährten über dieses liebliche Bild ländlichen Friedens sprach, wendete sich unser Wirth, der alte ʿÛde ( عُودْ ) zu uns und sprach: Bêdsch, ich freue mich immer auf die Zeit, wo wir in dem Ḳâʿ wohnen, wegen der angenehmen Wärme im Winter und der reichen Weide, der duftigen Blumen, des Gefühls

---

¹) خشم المقرطه d. h. Chism des Scheidewegs, weil sich dort von der Strafse in die Ruḥbe eine andere nach Rigm el Mará und Sôs abzweigt.

der gröfsten Sicherheit, und des Vortheils der völligen Abgeschlossenheit, obschon sich Hunderte in unserer nächsten Nähe befinden. Der Mann hatte Recht. Die Ḳâ''s sind auf dem zackigen, chaotischen Plateau der Ṭenîje nur dann zu sehen, wenn man an ihrem Rande steht, und verriethen nicht die oben weidenden [1] Heerden die Nähe eines Ḳâ', so würde man 50 Schritte entfernt weder ihre Existenz, noch die darinnen aufgeschlagenen Zelte ahnen. Sie bilden Verstecke, in welche Jemanden zu verfolgen Thorheit wäre [2]). Die Ṭenîje ist die Festung der Ġêjât und S'tâye und aller Stämme des östlichen Hauranabhangs, wie der el Ḥasan, S'urafât, 'Aṭamât u. Anderer. Die Redensart der syrischen Volks „er floh in den Wa'r des Ṣafâ" wird nun verständlich sein. Man hat sich jedoch nicht gerade dabei zu denken, dafs sich der Flüchtling in der Ṭenîje versteckte. Ihre ganze Umgebung, die weiten Steinfelder der Ḥarra eingeschlossen, sind schützender Wa'r. Jesaia 21, 13 bis 17 kündigt der Prophet den Wanderstämmen der Ḳêdar an, dafs auch über sie das Schwerd kommen werde: „Das ist der Ausspruch über die Araber: Ihr werdet im Wa'r Arabiens Zuflucht suchen", d. h. die offene Steppe wird euch keinen Schutz mehr gewähren, so dafs ihr euch in dem Wa'r verbergen müfst. Diese Erklärung der Bibelstelle wird angefochten werden, aber sie wird wohl die richtige sein [3]).

---

[1]) Das Plateau der Ṭenîje ist nicht eigentliches Weideland, weil hier die Lava durchaus noch nicht zersetzt ist. Sie ist aber stark gesprungen, und aus den Rissen sprofst in den Wintermonaten eine aromatische Weide.

[2]) Die Radix Ḳâ' scheint die Grundbedeutung des Eingeengten zu haben im Gegensatze des Unbeschränkten, Weiten. So nennen die Damascener ihre hohen durch zwei und drei Etagen durchgehenden Sommersäle Ḳâ'a (قاع); auch die Färber geben ihren hohen Arbeitshallen diese Benennung. Das Wort kommt hebräisirt (Ḳôa') in Ezech. 23, 23 vor, wo es mit S'ôa' zusammen wohl sprüchwörtlich und unter Festhaltung jener Grundbedeutung in dem Sinne von „Vornehm und Gering" zu nehmen ist. Da Ezechiels Diction viel fremde Elemente hat, so fühlt man sich versucht, das ganze Sprüchwort für ein rein arabisches zu halten.

[3]) Das Wort Wa'r hat im Hebräischen, wo es einem constanten Sprachgesetze gemäfs ja'ar (יַעַר) lautet, zwei anscheinlich ganz verschiedene Bedeutungen. Einmal bedeutet es Honigwabe. Vielleicht hat man dieser Bedeutung die Metapher der porösen Lava, welche mit ihren erbsengrofsen, dichtgedrängten Löchern grofse Aehnlichkeit mit der Wabe hat, zu Grunde zu legen. Als zweite Bedeutung haben die Lexica Wald. Hat das Wort in der oben angezogenen Bibelstelle diesen Sinn, so würde in ihr den Stämmen der Ḳêdar angedroht, dafs sie sich aus der Steppe in den Wald flüchten würden, eine Drohung, die eher eine Verheifsung war. Im Walde fand der Beduine Schatten und immer grüne Weide und Brennholz für seinen gastlichen Herd. Mehr braucht er nicht. Ein schattiger Baum ist der schönste Traum eines Beduinen, denn die Steppe hat keine Bäume und hatte sie niemals gehabt. Nur in den Betten tiefliegender Wadis wird an einzelnen feuchten Stellen hin und wieder ein Dûm- (دوم), Remṯ- (رمث) oder Gôṯa- (غوط) Baum sich finden. Jes. 28, 17 heifst es: „Wohlan, noch eine Weile, und der Libanon wird zum Saat-

Betrachtet man das hoch und freigelegene Rigm el Mara als den Mittelpunkt dieser weiten Vulkanregion, so gruppiren sich ihre einzelnen Gebiete also: 1) der Rabe (el Ǵurâb) liegt ca. 10 Stunden gegen Südost; 2) rechts von ihm die Vereinten (el Ḳarîn), zwei Vulkane, ca. 8 Stunden entfernt; 3) die Einöhrige (Umm el Iḍn), ca. 3 Stunden hinter el Ḳarîn; 4) das Rufstöpfchen (eṣ Ṣudêj); und 5) die Hyäne (eḍ Ḍab'), rechts vom Vorigen; beide ca. 14 Stunden gegen Süden. Ihr dem Ṣafâ nicht unähnliches scharfgezeichnetes Gebiet verdiente wohl untersucht zu werden. Einige Stunden hinter ihnen endigt südlich die Vulkanregion, oder wie man sich hier ausdrückt: die Region des schwarzen Steins (دييرة جَمّ الاسود). 6) Die Umm Gemberîs (ام جنبريس) ca. 4 Stunden entfernt, grenzt westlich an die Ǵêle; 7) die Nebenbuhlerinnen (الضَرايرِ eḍ Ḍarâir) schliefsen sich

---

felde werden, und das Saatfeld wird für ja'ar geachtet werden." Wollte man in dieser Stelle ja'ar mit Wald wiedergeben, so ginge der Gegensatz zum Saatfelde (denn im holzlosen Syrien war der Wald wohl auch im Alterthum werthvoll) und die Parallele zum sterilen, steinigen Libanon verloren. Jos. 17, 15 heifst es: „Und Josua sprach zum Ephraim und Manasse: Weil du ein grofses Volk bist, so gehe hinauf auf das Gebirge, wo der Ja'ar (Wa'r) ist, den räume auf, d. h. dadurch, dafs du die das fruchtbare Erdreich bedeckenden Steinfelder zu Haufen zusammenwirfst, wohl auch Bäume ausrodest, und so cultivirbaren Boden gewinnest." Und wie genau haben die späteren Geschlechter wenigstens auf dem Haurangebirge diesen Rath befolgt! Auf der ganzen von 'Ormân bis zur Belkâ gegen 10 Stunden breiten und von der Zêdi-Niederung bis 'Enâk gegen 15 Stunden langen Strecke haben die Geschlechter vergangener Jahrtausende den Wa'r zu Haufen geworfen, oder in lange Zeilen geschlichtet und so die herrlichsten Aecker gewonnen. In der Ferne hält man noch jetzt das Land für den wildesten Wa'r, kommt man aber hinein, so findet man ihn aufgeräumt. Er umgiebt die gereinigten Aecker meist in einige Klaftern hohen Schichten. Der auf diese Weise gewonnene Acker heifst noch jetzt ḥaḳle (vergleiche den Ḥakel-dama des neuen Testaments). Mit einer solchen Fassung des Wortes zu sechsten Theile scheinen allerdings andere Stellen in Widerspruch zu stehen, wie 5. Mos. 59, 5: „Wenn Jemand mit seinem Nächsten in den ja'ar ginge, Holz zu hauen und das Eisen flihre vom Stiele u. s. w." In diesem Verse hat man es zwar augenscheinlich mit Bäumen zu thun, aber die Bedeutung von Wa'r liefse auch hier sich beibehalten. In Syrien erzeugt nur der Wa'r Brennholz. Das Lega ist mindestens zu sechsten Theile seines Flächengehaltes mit Bäumen bedeckt. (Wälder im europäischen Sinne können hier zu Lande nur durch Kunstgärtnerei und Bewässerung geschaffen, also nur in der Nähe grofser Städte gefunden werden). Desgleichen hat auch der westliche und ein Theil des südlichen Hauranabhangs Waldung, weil diese Gegenden Wa'r sind. Der Ausdruck in den Wa'r gehen, kann dort identisch mit „Holz holen" sein. Sage ich: Warum brennst du Feuer die ganze Nacht? so antwortet der Beduine: Wohnen wir nicht im Wa'r? d. h. ich habe das Brennholz nicht weit zu holen. Analoger Weise wird sich in den meisten Bibelstellen, in denen das Wort vorkommt, die Bedeutung des arabischen Wa'r festhalten lassen. Wird sich aber demungeachtet die recipirte Bedeutung von Ja'ar nicht aus dem hebräischen Lexicon streichen lassen, so möchte jedenfalls die des Wa'r als die ursprüngliche, der Bibel nicht unbekannte, und die des Waldes als die abgeleitete hinzustellen sein.

rechts an die Gemberis, sie bestehen aus 4 Vulkanen; 8) die 2 Vulkane der Ruchêje (الرخيّة) treten mit der Umm el Ma'ze (ام المعز) nördlich an die Daráir, in einer Entfernung von 5 Stunden, und die Kameelin mit dem Jungen (Umm Iḥwâr ام احوار) in einer Entfernung von 4 Stunden nordöstlich; 9) die Ṭulêsuwa (الثُلَيْسُوَة) ist in einer Entfernung von ca. 10 Stunden die letzte gröfsere Vulkangruppe gegen Norden [1]). Zwischen Nord und Ost machen sich nur zwei grofse Vulkane bemerklich, der Mekḥûl (Schwarzäugige) und Sês (سَيْس), der erste ohngefähr 10, der zweite 6 Stunden entfernt. Hinter ihnen endigt die Vulkanregion und beginnt der Ḥamâd. Noch sieht man von Rigm el Mara aus WNW. drei hohe Häupter herüber ragen. Es sind der 'Ảḳir (العاقر „der Sterile" wegen des gänzlichen Mangels an Vegetation, auch S'ech et Tulûl „Fürst der Hügel" wegen seiner Gröfse genannt), die Dekwa (الدكونة) und der Turs (النرس der Schild). Die beiden letzteren, welche man ganz deutlich von Damaskus aus sehen kann, endigen diese Region im Westen. Um alle die genannten Berge stehen noch zahlreiche kleinere Erhebungen herum, aber es liefs sich nicht unterscheiden, ob es Hügel oder Steinkränze von Kratern sind. Von den Wiesenseen aus scheint das westliche Loḥf eine fast gerade circa 9 Stunden lange Linie von Süd nach Nord zu beschreiben, und die Menge der Erhebungen über dem Loḥf geben dieser Gegend, von da aus gesehen, ganz die Gestalt eines niedrigen Gebirgszugs, über den sich die Dekwa, der Turs und 3 bis 4 andere Berge, deren Namen die Bauern des Merg nicht wufsten, als höchste Spitzen erheben. Hier giebt es noch ein weites Feld für geognostische Studien, einen jungfräulichen Boden, den wohl noch Niemand zu wissenschaftlichen Zwecken betreten hat, weder im Alterthum, noch in unserer Zeit. Aber es ist keine Spielerei dort zu wandern, wo weder ein lebendes Wesen, noch 9 Monate lang ein Tropfen Wasser zu finden ist. Die Bauern des Merg nennen diesen Vulkandistrikt mitunter Dîre't et Tulûl „das Hügelland", aber die Beduinen der Ruḥbe erklärten, dafs er keine allgemeine Bezeichnung habe, nur seine einzelnen Theile hätten ihre besonderen Namen.

Loḥf (لحف spr. Loḥof) nennt man den äufsern erhöhten Rand rings um die Lavafläche eines Vulkangebiets und er ist für den Denker sehr merkwürdig. Dafs die zweite und dritte Welle nicht weiter

---

[1]) Da die Gruppe aus drei Bergen besteht, so könnte man glauben, das Wort werde, um die Bedeutung des „Dreifachen" zu haben, mit doppeltem ث geschrieben, was aber nicht der Fall ist.

floſs als die erste, ist nicht auffällig. Was aber gebot der vierten, fünften u. s. w. nicht über die zweite und dritte hinauszufliefsen? So legten sich die schwarzen Wogen eine über die andere und bildeten eine Mauer, deren gewöhnliche Höhe ca. 8 Ellen ist, die sich aber auch über 12 und 15 Ellen erhebt. Nur selten kommt es vor, daſs eine besonders starke Welle über das Loḥf hinausstürzte und noch eine Strecke weiter floſs. So hat das Ṣafâ rings herum ein scharf gerändertes Loḥf, desgleichen die Gêle und die westlich an sie stofsenden von mir selbst besuchten Gebiete. Vom Loḥf des Legâ sprachen wohl schon andere Reisende. Das höchste Loḥf hat die Tenîje der der Gêle. Ich habe es auf einzelnen Punkten über 20 Meter hoch gefunden. Auch das Legâ hat bei der Stadt S'a'âra ein ungemein hohes Loḥf.

Die Ḥarra (الحرة) bekam ich zum ersten Male auf meiner Reise nach dem c. 6 Stunden südlich von der Ruḥbe gelegenen Nemâra zu sehen. Sie ist eine wellige mit vulkanischen Steinen bedeckte Ebene, nimmt ohngefähr den halben Flächenraum des östlichen Vulkangebiets ein, und umgiebt seine Lavaplateaus im Süden und Osten. Muſs angenommen werden, daſs die Steindecke der Ḥarra ein Auswurf der Vulkane ist, so müssen wir diese näher ins Auge fassen. Aufser dem Ṣafâ scheinen nur der Gurâb, der Karîn und die Umm el Iḍn im Osten und der Ṣudêj und Ḍab' im Süden in Betracht zu kommen. Die gröfste Thätigkeit scheint der Ṣudêj entwickelt zu haben und es muſs für den Naturforscher vom gröfsten Interesse sein, die Schlote zu sehen, welche viele hundert Quadrat-Stunden mit Steinen bedeckt haben. Im Ṣafâ scheint der Chnêsir stark auf die Ḥarra gewirkt zu haben. Für die Erscheinung, daſs in der Ḥarra Felder von Steinen verschiedener Gröfse regelmäfsig abwechseln, desgleichen, daſs ein Feld glänzend schwarze, ein anderes glanzlos schwarze, ein drittes braune, ein viertes grofsporige, ein fünftes kleinporige, ein sechstes porenlose, ein siebentes in Auflösung begriffene Steine und ein achtes solche Steine hat, die durch einen vulkanischen Glasüberzug geschützt sind, so daſs an ihnen Jahrtausende spurlos vorübergehen — für diese Erscheinungen werden sich die Geognosten ihre Erklärungsgründe gebildet haben: aber auf meiner Reise von der Tenîje der Gêle zum Rigm el Mara fand ich während einer Strecke von 1½ Stunden nicht nur die Lagen von Steinen verschiedener Gröfsen wie mit der Mefsschnur nach Feldern von beiläufig 40 oder 80 Schritten abgegränzt [1]), son-

---

[1]) In den Feldern, wo die Steine am gröfsten waren, hatten diese durchschnittlich circa 5 Zentner Gewicht, in den Feldern, wo sie am kleinsten waren, mochten sie 6 bis 8 Pfund wiegen; sie hatten im Allgemeinen eine rundliche, oder konisch

dern ich bemerkte auch niemals einen Stein über dem andern, obschon diese dicht neben einander geschlichtet waren. Die Sache kam auch meinen Reisegefährten äufserst merkwürdig vor. Ich bin einige Mal vom Pferde gestiegen, um die unter den Steinen befindliche Erde zu untersuchen, weil ich meinte, es müfsten unter ihr noch Steine stecken. Aber es war nicht der Fall. Die Steinsaat war nur auf der Oberfläche. Hin und wieder (aber seltener) finden sich in der Ḥarra auch steinfreie Plätze, die ebenfalls Ka' (قَاع) heifsen, aber mit denen der Teuije kaum etwas mehr als den Namen gemein haben. Obschon mit dem besten Humus bedeckt, lassen diese Ka''s, als dem Sonnenstrahle ausgesetzt, dennoch keinen Halm hervorsprossen, und die hochgelbe Erde, augenscheinlich eine Zersetzung des vulkanischen Gesteins, bildet eine glänzend glatte, feste Decke, die durchgängig von der Sonnenhitze zerrissen, kleine ca. $\frac{1}{2}$ Elle im Durchmesser habende fünfeckige Tafeln bildet, die der zersprungenen Lavadecke (namentlich im Lega) vollkommen gleichen, und da diese Sprünge von kleinen schwarzen, erbsengrofsen Steinen (die wohl der Regen dahin geschwemmt hat) umsäumt sind, so bilden sie tüllartige Netze, welche die weiten Flächen der Ka''s bedeckend, schwarz auf hellgelbem Grunde, einen höchst interessanten Anblick gewähren. Sie gleichen folgender Zeichnung:

Die vulkanische Region ist reich an eigenthümlichen Gebilden. Die wenigen Ka''s der Ḥarra (wir sind von Nemâra nach Ḥauran vielleicht durch vier gekommen) bilden im Winter meistens flache Teiche, deren Wasser zwar lehmfarbig ist und den Bart des Trinkers vergoldet, aber in Ermangelung eines bessern von Menschen und Thieren getrunken werden kann, und da in derselben Jahreszeit auch zwischen den Steinfeldern, wo der Boden feucht bleibt, eine ziemliche Menge Futterkräuter wächst, so gewährt die Ḥarra von der Zeit der Frühregen bis nach dem letzten Spätregen gegen Ende März und Anfang April eine leidliche Weide für die Bewohner der Ruḥbe und die sogenannten „Beduinen des Gebirgs" ('Arab el Gebel), nämlich die Ḥasan, S'urafât, 'Îsâ u. A. Im Monat April vertrocknen die Teiche (Ġudrân غُدْرَان) der Ka''s, desglei-

---

zugespitzte, oder quadrate Form mit abgestumpften Seiten und Ecken. Flache Steine sah ich nirgends.

chen die Wâdis, welche von Haurân und aus dem Hamâd kommend durch die Harra strömen, und die Vegetation verbrennt. Im Sommer wird daselbst die Glut so stark, dafs nach dem einstimmigen Zeugnisse der Anwohner der Harra die schwarzen Steine mit einem lauten Knalle in mehrere Stücke zerspringen. Die Harra ist niemals cultivirt gewesen und wird es der sengenden Hitze wegen niemals werden. Aufser der römischen Garnison Nemâra, die an der einzigen Stelle angebracht ist, wo eine obschon unselige Existenz möglich ist, hat die ganze Harra keinerlei Spur irgend einer früheren Wohnung [1]). Jeremias 17, 5 u. 6 heifst es: „Verflucht sei der Mann, der mit seinem Herzen vom Herrn weicht! Er wird sein, wie ein Verlassener in

[1]) Wie ich mir die Oertlichkeit von Hubêrîje, welches vom Bergschlosse Rezîn drei Stunden östlich in der Harra liegt, vorstellen soll, weifs ich nicht. Der Scheich Hamûd vom Stamm der Hasan, neben dessen Zelte wir die unsrigen bei der Stadt Sâlâ aufgeschlagen hatten und dessen Gäste wir waren, fragte mich, ob ich Hubêrîje gesehen? Ich verneinte es und erkundigte mich darnach. Da erzählte er, es sei eine Ortschaft auf einen Hügel, dessen Abhänge mit Hiss (buntem vulkanischen Schutt) bedeckt seien und die Dächer der Häuser bestünden aus einem einzigen Steine. Der Hiss würde beweisen, dafs der Hügel ein Krater ist, aber aus einem einzigen Steine bestehende Dächer sind mir auf der ganzen Reise nicht vorgekommen, obschon sie in Thesi möglich wären, wenn es dort einen Lavastrom gäbe. Denn auf dem Safa habe ich die Beobachtung gemacht, dafs man dort recht gut mit Brechstangen die oberste Welle aufheben und auf solche Weise Steinplatten von 4 bis 6 Quadrat-Ellen und darüber erhalten könnte. Die Dicke wäre durchschnittlich etwas weniger als eine Spanne. Aber welches Titanengeschlecht bedeckte seine Häuser mit einem einzigen Stein? Etwas Aehnliches sah ich zwar in den sogenannten „Wohnsitzen der Kinder Israel" (dûr Beni Israîl), welche den obern Rand des Lohf der Gêle auf einer Strecke von ohngefähr 5 Stunden bekränzen, aber dort sind die Häuser sehr niedrig und so klein, dafs sie nicht mehr als 5 bis 6 Personen fassen, und dort bestand das Dach meistens noch aus 2 bis 3 Steinen (Lavarinde). Der Beduine schlofs seine Erzählung mit den Worten: Wer Hubêrîje nicht gesehen, hat in unserm Lande nichts gesehen. Dort sind allenthalben in die schwarzen Steine Menschenknochen eingewachsen. Ich bezweifelte die Möglichkeit dieser Thatsache und die Angaben des Scheichs wurden von allen anwesenden Beduinen bestätigt. Selbst zwei meiner drusischen Begleiter, welche Hubêrîje gesehen hatten, bezeugten die Angabe. Ich konnte nicht mehr zurückreisen, um den Ort zu sehen. Obschon ich überzeugt bin, dafs ein europäisches Auge etwas Anderes, als Menschenknochen in Hubêrîje sehen wird, so halte ich doch eine Untersuchung des Ortes im Interesse der Geognosie für wünschenswerth. Wer die syrischen Beduinen kennt, weifs, dafs sie nicht lügen, aber ihre Anschauung der Dinge ist von der unsrigen verschieden, und wir werden niemals eine Sache selbst so finden, wie wir uns dieselbe ihrer vorgängigen Schilderung gemäfs hatten denken müssen. So spielt z. B. der Wâdi el Musûcha (das Thal der verwunschenen Gestalten) an der Mekkapilgerstrafse zwischen Ma'ân und 'Akabe (19 Stunden nördlich von dem Letzteren) in den Berichten der Pilger eine grofse Rolle, und ich bin oft versucht gewesen, diese Musûcha für rohe Statuen zu halten, die ein früheres götzendienerisches Geschlecht aufgestellt hätte, bis ich endlich durch einen heftigen Streit, den ich bei mir in Damascus unter mehreren in jenem Wâdi wiederholt gewesenen Männern absichtlich über die einzelnen Gliedmaafsen der Musûcha veranlafst hatte, zu der Gewifsheit kam, dafs es nur sonderbar geformte, aufrecht stehende Blöcke sein können.

der Wüste, der nirgends Heil sieht. Er wird wohnen in den Glutgegenden (Harerîm), in der Wüste, in unfruchtbarem Lande, wo Niemand wohnen kann." Wenn das Wort Harerîm nicht der hebräische Eigenname für die Harra ist, scheint doch in ihm, wie in dem ganzen Verse auf dieselbe angespielt zu werden. Ich möchte die biblischen Exegeten darauf aufmerksam machen. Die Pluralform hat nichts Auffälliges, da die Harra schon durch ihre Flufsläufte in mehrere Theile zerfällt.

Niemals war ich vorher in vulkanischen Gegenden gewesen, aber der Anblick des Ṣafâ, wo das Feuer erst gestern verlöscht zu sein schien, hatte den Schleier urplötzlich von meinen Augen gezogen und ich unterschied klar zwischen vulkanischer und nicht vulkanischer Natur. Aus der Mitte der Ḥarra sah ich 13 Stunden weit das Haurangebirge vor mir liegen, und ich erkannte sofort, dafs der ganze Gebirgszug von vulkanischer Bildung sei. Ich entschlofs mich, von Nemâra aus in einem Tage hinüberzureiten. Wir kamen des Abends um 9 Uhr in Têmâ (تيما) an. Mit Freuden begrüfste ich die Lichter, mit denen uns die Bewohner des Orts, den man seit einigen Monaten zu colonisiren versucht hat, entgegen kamen. Sie waren durch einen vorausgeschickten Beduinen von unserer Ankunft unterrichtet worden. Ganz ermattet vor Durst, da ich aus dem lehmfarbigen Wasser des Wâdi el Ġarz tagsüber nicht getrunken hatte, wollte ich beim Eintritt ins Zimmer mit Jesaias 21, 14 rufen: „Bringet den Durstigen Wasser entgegen, die ihr wohnet im Lande Têmâ!" Aber meine Lippen verstummten vor Erstaunen: mir wars, als sei ich in die Wohnungen der Rephaim gekommen. Die mächtigen Bogen, dergleichen ich noch nie gesehen, und die langen Steinplatten, welche die Decke bildeten und noch heute liegen wie vor tausend Jahren, machten einen gewaltigen Eindruck auf mich.

Bei der grofsen Aufmerksamkeit, welche bekanntlich die hauranischen Drusen für alle Bedürfnisse ihrer Gäste haben, verlebte ich in Têmâ einen meiner schönsten Tage. In der reinen, frischen Bergluft vergafs ich die Glut der Ḥarra und das Schreckbild des Ṣafâ, die zehn Nächte auf blofser Erde und das Schlammwasser der Ḳâ''s, das ich beim Trinken erst durch ein Tuch hatte seihen müssen, und die unheimlichen Gesichter der Ġôjât und S'tâje, die es mit Ingrimm angesehen hatten, wie ich tagelang in ihrem Lande mafs und schrieb. Hier entliefs ich meine Beduinen mit einem reichen Geschenk und suchte mir aus den dreifsig Reitern, mit denen der ritterliche Drusenscheich ʿAbbâs el Ḳalaʿâni (القلعاني) am frühen Morgen aus der Stadt S'aḳḳâ (شقا) gekommen war, um mir seine Dienste anzubieten, zehn kräftige und gut bewaffnete Männer aus, mit denen ich den Ritt in ein anderes unbekanntes Land, in die „Städtewüste" der Ritter'schen Geographie machen wollte.

Am andern Morgen besuchte ich die Ruinen des auch von andern Reisenden beobachteten aber noch nicht besuchten Hügels Umm Ḍubêb (ام ضُبَيْب). Er ist von Troglodyten längst vergangener Zeiten durchwühlt und sein Gerippe besteht aus einer ziegelfarbenen vulkanischen Masse. Hier sah ich 1¼ Stunde entfernt einen Hügel, dessen übertriebene Regelmäfsigkeit mich an die Vulkane des Ṣafâ erinnerte. Auf die Frage, wie er heifse, antwortete man: Tell el Ḥiṣṣ. Ich besuchte ihn, stieg die mit einer tiefen Schicht Ḥiṣṣ d. h. vulkanischen Schutts bedeckten Abhänge hinauf und stand in seinem zwar stark angefüllten, aber durchaus nicht zu verkennenden Krater. Eine halbe Stunde östlicher liegt der Berekât (البَرَكات) ebenfalls mit Krater. Zwei Stunden westlich davon im Wâdî Luwâ (وادى لُوَا) und nahe an seiner Quelle liegt die Umm Usdûch (ام أُشْدُوخ), das schönste Musterbild eines vollkommenen ḥauranischen Vulkans. Der Krater hat 773 Schritte Umfang, reicht bis zur Sohle des Thales hinab und hat in seiner untersten Tiefe einen mächtigen, fröhlich grünenden Maulbeerbaum. Die Umm Usdûch warf keine Steine, sondern nur Lava aus, deren schwarze Masse, namentlich im Flufsbette des Luwâ so vollkommen ihre Wellenform behalten hat, dafs man sich der Täuschung hingiebt, als bewege sie sich noch mit dem Wasser des Wâdî vorwärts. Das Gerippe des Berges besteht aus einer broncefarbenen Schlackenmasse.

Ich fasse mich kurz. Das ganze Ḥaurangebirge umreisend befand ich mich fortwährend auf ausschliefslich vulkanischem Boden. Geologisch merkwürdige Punkte im Osten des Gebirges sind der Ḥabis (الحبيس) bei Raḍême, ein grofser Krater in der Ebene, der eine gewaltige Verwüstung angerichtet, ferner der Doppelhügel S'ibikke (شِبِكَّه) mit einer Troglodytenstadt, der hohe Kegel S'a'f (شَعَف) mit einer Troglodytenstadt und der Chitm el Hôje (خِتْم الهَوْيَه) mit einem grofsen Troglodytendorfe. Bei dem letztgenannten Punkte, 1¼ Stunde östlich von der lieblichen, quellenreichen Ruinenstadt Sâlâ (سالا) hat das vulkanische Element chaotische Formationen erzeugt. Gewifs von wissenschaftlichem Interesse ist der hohe, vereinzelte Kegel Chiḍr Imtân, auf dessen steiler Spitze ein weitläufiger Wallfahrtsort des Chiḍr ist. Das Gerippe des Berges besteht aus einer rothen vulkanischen Masse, die nicht wie sonst bei den transḥauranischen Kegeln aus einem blasigen, sondern einem massiven Gesteine besteht, welches stark mit Olivin geschwängert und mit anscheinlichen Metallstückchen von einem gelblich violetten Glanze gemischt ist. Das Schloſs Salchat (سلخت) ist auf einen Vulkan gebaut, so daſs der Rand des Kraters den Wallgraben und der Grund desselben die Schloſscisterne bildet. Die Stadt 'Enàk (عناك), der letzte Punkt im östlichen Ḥauran, bis zu dem ich vorgedrungen bin, und von dessen Thürmen die scharfen Augen meiner Beduinen ganz deutlich den Palmenwald bei Ezraḳ, der letzten ḥauranischen Gränzfeste, erkennen konnten, — die Stadt 'Enàk, sage ich, ist noch ganz aus schwarzem Stein gebaut, und meine Begleiter versicherten mir, daſs dies auch bei Ezraḳ der Fall sei, wo aber diese Formation auf einmal ende. Am südlichsten Punkte meiner Route, zu Umm el Ḳuṭên (ام القُطَيْن d. h. Stadt der Feigenbäume) sah ich ca. ¼ Stunde vor mir gegen Süden zwei Hügel: el Ḳu'ês (القُعَيْس), die noch vulkanisch sein müssen. Aber dicht hinter ihnen endet diese Region und beginnt der Ḥamâd. Als westliche Gränze der vulkanischen Formation erkannte ich den nicht mehr vulkanischen Gebirgszug Zumle (الزُّمْلة). Er endet nördlich von Der'àt (درعات). Von da an zieht sich die westliche Gränze der vulkanischen Region — nach den darüber angestellten Erkundigungen, denn ich selbst bin noch nicht dahin gekommen — westlich von den Dörfern Tesîl (تسيل) und Nawâ (نوا) gegen einen hohen, einzeln stehenden Kegel, welcher nach einem daneben gelegenen Dorfe Tell el Ḥàra heiſst, geht an demselben links vorüber, bis sie bei Sa'sa' (سَعْسَع) an das Ufer des A'wagflusses (الاَعْوَج) stöſst, den sie bei Kiswe (السوى) überschreitet, die langen, schräg aneinander gereihten Hügel von Churgille (خرجلة) einschlieſst und sich gegen den Wallfahrtsort (Mezâr) von Abâjezîd zieht. Von hier läuft sie durch die Weichbilde von Karaḥtâ, Ġuzlânîje, Ġassûle und Kufrên an das Ufer des Sees von 'Atèbe, den sie eine halbe Stunde südlich von Ḥarrân el 'Awàmîd („Ḥarrân der Säulen" im Gegensatz zu einem anderen „Ḥarrân el Legâ" genannt) berührt. Das jenseitige Ufer des Sees gehört zum Gebiet des östlichen Trachons.

Die Beobachtung der Geologen, daſs sich in der Regel an den Grenzen eines gröſseren vulkanischen Gebiets heiſse Mineralquellen finden, wird auch hier bestätigt werden. Zur Zeit sind freilich die südlichen, östlichen und nördlichen Grenzen noch unbekannt, aber von den vielen heifsen Quellen an der westlichen Grenze haben wir bereits Kenntnifs. Sie liegen im Flufsbette des S'erî'at el Mandûr, zehn an der Zahl auf einer Strecke von 2¼ Stunde. Eine weniger bekannte ist der Schwefelflufs (Naher el Mukebret (نهر المُكَبِّرَت)). Er entspringt sechs Stunden nordöstlich von Damaskus im Dorfe Ruhêbe (الرحيبه), wo er rauchend zu Tage kommt, treibt weiterhin einige Mühlen, geht, in südlicher Richtung fliefsend, an den Ruinen der Stadt Maksûra vorüber und fällt nach einem mehr als dreistündigen Lauf in den See von 'Atêbe.

Eine interessante Erscheinung ist zwischen Sa'sa' und Kiswe der Wa'r von Zâkiĕ (وَعْر الزَّاكِيَة), ein gewaltiges Lavaplateau von 3 Stunden Länge und 2¼ Stunden Breite. Dieser Wa'r erschien mir um so merkwürdiger, als er sich äufserlich an kein Gebirge unmittelbar anlehnt, dessen Ausströmung er sein könnte. Deshalb vermuthete ich anfänglich, dafs er durch niedrige, innerhalb seines Plateaus befindliche Krater gebildet worden sei, wobei ich mir den Umstand, dafs ich keinerlei Erhebungen in ihm wahrnehmen konnte, daraus erklärte, dafs ich den Wa'r noch oberhalb der Kupferburg (Kal'at en Nuhâs) auf dem Mâni'-Gebirge, in einer Vogelperspective von ohngefähr 2000 Fufs aufgenommen habe, wo sich natürlich kleinere Hügel auf der kohlschwarzen Ebene nicht bemerken liefsen. Nachträglich aber bin ich doch zu der Ueberzeugung gelangt, dafs der Wa'r von Zâkiĕ nicht aus niedrigen, innerhalb seines Plateaus befindlichen Kratern ausgeströmt sein kann, sondern eine dem Legâ, Safù, der Gêle analoge Bildung gehabt haben und als Ausflufs höher gelegener Krater betrachtet werden mufs. Solche Krater existiren wirklich in seiner nächsten Nähe. Zwischen dem Legâ und Mâni' erhebt sich ein kleines, ganz abgesondertes Gebirge, das durch einen ¼ Stunde breiten Wadi (in welchem man vom Legâ nach Damascus reist) in zwei Theile getheilt wird. Der kleinere Theil ist der östliche, auf dessen Südspitze das Dorf Umm el Kusûr (von seinen hohen Gebäuden, Kusûr, so benannt) liegt. Der westliche Theil dieses Gebirgs hat die auffälligste Formation und streckt 3 hohe, fast steile Arme gegen Süden hin, auf deren mittelstem und höchstem der imposante Wallfahrtsort Eljesâ' (البِشع Elisa) steht, von dem aus man eine unvergleichliche Aussicht über die Hermîje, das Legâ, Haurângebirge, Gêdûr, Gôlân und die Nukra haben mufs. Dieses Gebirge heifst Gebel el 'Abâje, von einem gleichnamigen auf ihm liegenden Dorfe, nicht aber Gebel el Chiâra, wie ihn Burckhardt nach einem zwischen ihm und dem Mâni' liegenden Dorfe benannt hat. (Nebenher mufs ich noch bemerken, dafs Burckhardt auch den

Gebel el Mâni' ohne Berechtigung Gebel el Kiswe nennt.) Auf der Westseite dieses Gebel el 'Abâje erhebt sich weithin sichtbar die auch von Burckhardt beobachtete Ṣubbet Fir'ôn (der Getreidehaufen des Pharao). Die Ṣubbe ist ein Vulkan und steht dem östlichen Lohf des Wa'r's von Zâkiě in der geringen Entfernung von ¼ Stunde gerade gegenüber. Aus ihm und anderen um ihn herumliegenden Eruptionskegeln wird wohl der Wa'r ausgeströmt sein. Werden spätere Reisende die Localität genauer untersuchen, so werden sie wohl meine Ansicht bestätigt finden. Der Vulkan hat seinen eigenthümlichen Namen von seiner einem grofsen Haufen aufgeschütteten Getreides nicht unähnlichen, regelmäfsig ovalen Form, und von dem gelblichen vulkanischen Schutte, welcher seine Seiten allenthalben dicht bedeckt. Er gleicht vollkommen den Vulkanen des Ṣafa und der doppelten Ġarâra, die ihren Namen demselben Bilde verdanken, denn „Ġarâra" ist ein Getreidehaufen von 80 Mudd (Namen eines Hohlmafses) und die Legende erzählt, dafs Pharao für die Bauleute am pharaonischen Aquaducte (Ḳanâṭir Fir'ôn zwischen Dilli und Mukês) Getreide im Hauran gewaltsam genommen und davon die Ṣubbe und die beiden Ġarâra's habe aufschütten lassen. Als er aber eines Tags sein grofses Kameel geschickt, um diese Haufen holen zu lassen, habe Gott das Kameel sowohl (el Gemel, eine vulkanische Formation zwischen den beiden Ġarâra's), als die drei Haufen in Stein und Schutt verwandelt.

Was ich über die Entstehung des Wa'r von Zâkiě als Vermuthung ausspreche, das berichte ich vom Legâ als Augenzeuge. Ich drang in dasselbe bei Dûr (الدُور), wo man, da die Nuḳra weit tiefer liegt als die Arḍ el Chanâfis und die Hermîje, über mehrere vulkanische Terrassen hinaufsteigt, die je ¼ Stunde von einander entfernt sind. Von Negrân (نجران) aus besuchte ich über Ḥarrân, el Gurên und Lubèn die Stadt Dâma, welche, theils weil sie der höchste Punkt im Legâ ist, theils um sie von einem zweiten Dâma zu unterscheiden, Dâmet el 'Aljâ (دَامَةِ العَلْيَا) oder das hohe Dâma heifst. Hier machte ich die für die Erdkunde gewifs interessante Beobachtung, **dafs die Legâ-fläche eine Ausströmung der Krater des Haurângebirges ist**. Es ist dies eine so augenscheinliche Thatsache, dafs ich dem Glauben, als könnte ich mich zu einer geognostischen Hypothese haben verführen lassen, mit der ganzen Sicherheit der nüchternsten Ueberzeugung entgegentrete. Auf die Frage, warum Andere vor mir diese Beobachtung nicht gemacht, gebe ich die Antwort, dafs sie wahrscheinlich keinen so günstigen Standpunkt gehabt haben, als ich. Ich könnte hinzufügen, dafs kein anderer Legâ-Reisender vorher in des Vulkans

grofser Werkstätte, nämlich dem Ṣafâ, gewesen ist. Am nächsten Tage
habe ich auf meiner Reise von Rîmet el Loḫf (ريمة اللخف) nach Brêke
(بْرَيْكَ) mit Ruhe und Mufse jene Beobachtung bestätigen können.
Die Lava ergofs sich über die Niederung in zwei Strömen, einem östlichen und einem westlichen. Der östliche Strom kam aus drei
feuerspeienden Bergen, der südlichen Ġarâra (mit dem Kameel — Gemel — und mehreren niedern Kratern), der nördlichen Ġarâra und
dem riesigen Sîḥân (شيحان), dessen dem Legâ zugekehrter Krater
der gröfste ist, den ich auf dieser Reise gesehen. Ich schätze seine
Peripherie auf 2000 Schritte, wo nicht mehr. Dieser vollkommen ovale
und von allen Seiten sehr dicht mit vulkanischem Schutt bedeckte und
keinen grünen Halm erzeugende Vulkan ist mindestens 1200 Fufs hoch.
Auf seiner höchsten Spitze steht ein vom Hermon bis zum Ṣafâ sicht-
bares Grabmal eines Beduinen, der Welî S'iḥân heifst. Von ihm
soll der Berg den Namen haben. Der umgekehrte Fall ist wahr-
scheinlicher, denn der Berg wird wohl schon bei Lebzeiten seines Na-
mensvetters des amoritischen Königs סיחון seine heutige Benennung
gehabt haben [1]. Die beiden Ġarâra's, deren eine (die obere) ich

---

[1] Für uns ist es unbegreiflich, wie man sich über einem Krater, auf einem
sterilen Berge, dessen Besteigen bei seiner Höhe, Steilheit und seinem Schuttüber-
zug unsägliche Mühe kostet, begraben lassen kann, aber es ist Thatsache, dafs die
Beduinen die gröfste Vorliebe dafür haben, sich auf hohen Bergen beerdigen zu lassen. Auf meiner Reise habe ich allenthalben die Gipfel der Berge mit Beduinen-
gräbern bedeckt gefunden, und als ich nach der Besteigung des Abû Tumês, auf
dem ich dieselbe Erfahrung gemacht hatte, in Nimre ankam, veranlafste ich über
dieses Thema vor Drusen und Beduinen ein längeres Gespräch. Gestattet es die
Jahreszeit, so bringt man die Leiche eines angesehenen Beduinen drei bis vier Tagereisen weit aus der Steppe bis zu einem Berge. Auf einem Berge begraben zu
werden ist oft der einzige letzte Wille eines Scheichs. Es ist vorgekommen, dafs
ein auf den Tod verwundeter Beduine noch durch Zeichen zu verstehen gab, dafs
man ihn auf dem Berge begraben möge. Mein alter Reisegefährte Abû Châlid,
der den gröfsten Theil seines Lebens unter Beduinen zugebracht hat, wurde vor
zwölf Jahren, wo er Scheich von Higâne war, von dem in diesen Blättern mehrfach
erwähnten Muḥammed ibn Duḫi requirirt, um seinen Vater Duḫi auf dem hohen Bergrücken von Higâne zu begraben. Er durfte nur seine zwei Söhne mit sich
nehmen und die Arbeit mufste über Nacht beendigt werden. Er bekam dafür zum
Lohn ein Kameel und ein Feierkleid. Ein äufseres Abzeichen erhielt das Grab
nicht, und da Abû Châlid darüber seine Verwunderung äufserte, erklärte ihm der
Scheich Muḥammed, dafs das Land durch seinen Vater viel gelitten habe und daher leicht Jemand, der durch ihn zu Schaden gekommen, durch ein Grabmal an ihn
erinnert werden und ihm fluchen möchte. Ob die Beduinen, wie man mir sagte,
wirklich glauben, sie würden, wenn sie auf einem Berge begraben werden, insofern
mit ihrem Stamme verbunden bleiben, als sie von der Höhe herab seine Zeltlager
überschauen könnten, mufs ich dahin gestellt sein lassen. Poetisch ist die Idee.
Es möge mir gestattet sein, aus einem berühmten Gedichte, welches mit den Wor-

bestiegen habe, gleichen den Vulkanen des Ṣafā in jeder Hinsicht wie ein Ei dem andern. Um sie herum giebt es noch eine Anzahl niederer Krater. Ob mit diesen dreien noch höher gelegene Vulkane, vielleicht selbst Abû Tumês und Umm Usdûch, auf das Legâ eingewirkt haben, muſs eine spätere Untersuchung ermitteln. Dagegen haben die nordöstlich vom S'îḥān gelegenen vulkanischen Berge Ti'le und Ta'ille (تَعِلّه und تَعِلَه), welche ich auch untersucht habe, nichts mit dem Legâ zu schaffen. Folgende Zeichnung wird die Neigung des östlichen Lavastroms gegen das Lega mehr veranschaulichen.

———

ten beginnt: Matâ jâ 'orêbu 'lḥêji 'aini terâkumu (wann, o liebe Araber meines Stammes, wird euch mein Auge sehen?) ein Paar Verse anzuführen:

Chuḍû 'iẓâmi êua sirtum muḥammalan,
Wa in tedfinûhâ fidfinûhâ ḥiḍâkumu!
Wa lâ tedfinûnî taḥta kermin juẓilluni
Illâ 'alâ gebelin wa 'aini terâkumu
Wa murrû 'alâ ḳabri wa nâdû biismikum
Tuḥêjâ 'iẓâmi ḥîna tesma'u nidâkumu
Aṣûmu lakum mâ dumtu ḥejan wa mêjitan
Fiṭri bikum wa Tîdu jômu liḳâkumu.

Nehmt meine Gebeine und tragt sie mit euch, wohin ihr zieht,
 Und wenn ihr sie begrabt, begrabt sie eurem Zeltlager gegenüber!
Und begrabt mich nicht unter Weinreben, die mich beschatten würden,
 Sondern auf einem Berge, so daſs mein Auge euch sehen kann!
Und dann zieht an meinem Grabe vorüber und ruft euren Namen:
 Da werden sich meine Gebeine beleben, wann sie euren Ruf hören.
Fasten werde ich um euch im Leben und im Tode,
 Und bei euch mein Fasten brechen am Freudenfeste des Wiedersehns.

d. h. so wie man die dreiſsig Tage des Fastenmonats Ramaḍân von Sonnenaufgang bis Sonnenuntergang keinen Bissen Brod und keinen Tropfen Wasser über die Lippen bringt, und sich jedes Vergnügen versagt, also werde ich — von euch getrennt — im Leben der Freude entsagen und auch im Tode, indem ich auf ein Grab in schattiger Aue verzichte und auf kahlem Bergrücken begraben sein will, wo die Sonne glüht vom Aufgang bis zum Untergang. Mein „'Id el Fiṭr" (das mehrtägige Freudenfest des Fastenbrechens nach den 30 Tagen des Ramaḍân) wird der Tag sein, an dem ich euch wiedersehe.

Der merkwürdige Drang des Wüstenbewohners, auf Bergen begraben zu werden, ist sicherlich uralt und erinnert uns an die Bibelstelle 5. Mos. 32, 48—50: Und der Herr redete zu Mose desselbigen Tages und sprach: Steige auf den Berg Nebo, Jericho gegenüber und besiehe das Land, welches ich den Kindern Israel zum Eigenthum geben werde und stirb auf dem Berge, wenn du hinaufgekommen bist, und versammle dich zu deinem Volke, gleichwie dein Bruder Aron starb auf dem Berge Hor, und sich zu seinem Volke versammelte.

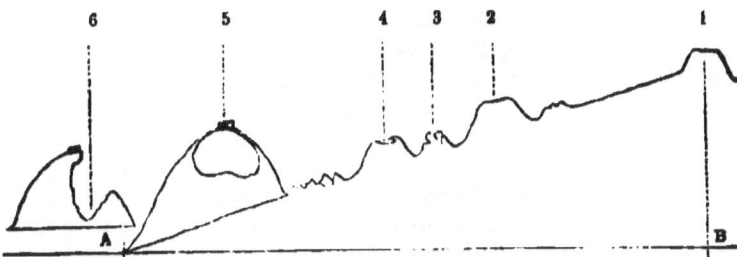

1. Abû Tumês (ابو نميس), der höchste Punkt im nordöstlichen Theile des Gebirgsrückens; 2. die südliche Ġarâra; 3. das Kameel; 4. die nördliche Ġarâra; 5. der S'iḥân. Der Gipfel des Abû Tumês mag 3000 Fuſs über dem Niveau des Legâ erhaben sein, das seinerseits 2000 Fuſs über dem Meere liegen mag. Die Strecke von A bis B beträgt circa 1¼ Stunde. Die Figur 6 giebt einen Durchschnitt des eigenthümlich gebildeten S'iḥân-Kraters.

Der westliche Strom kam vom Ḳlêb [1]) (dessen Krater sich an der Nordwestseite öffnet) und seinen Nebenvulkanen, floſs in einer mit dem östlichen Strom parallel laufenden Linie bei der Ortschaft Mebna 'l Bêt (مبني انبيت) westlich von Rime ins Lega, vereinigte sich hinter Brêke mit der östlichen Ausströmung und endete nördlich bei S'a'âra (شَعَارة) und Mismije (المِسْمِيّة), während der östliche Strom bis Go'êde (جَعَيْدة), also gegen zwei Stunden weiter floſs, was sich vielleicht daraus erklären läſst, daſs er mindestens drei Stunden dem Legâ näher lag als der westliche Strom, also auch weiter flieſsen konnte, bevor er erkaltete. Zwischen dem Ḥauran-Gebirge und dem Lega einerseits und zwischen den beiden Strombrücken andererseits bildete sich eine Art niedrigen Kessels, in dessen Mitte sich der Hügel die Dibbe (die Bärin) erhebt. Ich möchte den Hügel für eine bloſse vulkanische Erhebung halten, wie ich deren so viele in der Nähe des Ṣafâ gesehen habe, obschon der Umstand, daſs man sein Haupt mit einer Mauer bekränzt hat, auf die Vermuthung führt, daſs er einen Krater habe. Man benutzte die Vulkane gern zu Festungen, indem man, wie bei der südlichen Ġarâra, ein Kastell in den Krater baute. Den Lauf der beiden Lavaströme findet man auf der diesen Blättern beigegebenen Kartenskizze verzeichnet.

Am Schlusse dieser geologischen Bemerkungen nur noch ein paar Worte über das seit Ibrahim Pascha berühmt gewordene Legâ. Wie

---

[1]) Ḳlêb „das Herz" ist Diminutivform von Ḳalb (قَلْب). Der Berg hat die Form eines Zuckerhutes oder eines Herzens. Falsch ist die Schreibart Kelb (كلب) „Hund."

kann ein circa 13 Stunden langes und circa 8 bis 9 Stunden breites, mitten in einer Ebene liegendes und seinem Gesammtcharakter nach gleichfalls ebenes Lavaplateau nicht zu erobern sein? Darauf antworte ich: 1) hat in ihm die Lava, wie in der Ṭenīje der Ġèle, viele Ḳa''s gebildet, die man in der nächsten Nähe nicht sieht. Geht man an ihnen vorüber, so hat man den Feind, der darinnen versteckt lag, im Rücken. 2) Hat das Zusammenstofsen der Wellen an vielen Orten eine zackige, schneidende Oberfläche gebildet, die sich nicht überschreiten läfst. 3) Hat die Lavadecke viele steile Einbrüche, die umgangen werden müssen, wobei man oft wieder auf andere Hindernisse stöfst. 4) Hatte man in den vergangenen Jahrtausenden, als die Ortschaften im Innern noch bewohnt waren, in dem fruchtbaren Humus der Ḳâ''s Reben- oder Fruchtbaumpflanzungen. Diese sind verschwunden, aber die rohen Mauern, womit sie zum Schutz gegen die Heerden umfriedigt waren, stehen noch zu Tausenden und würden, von Schützen bebesetzt, einem vordringenden Feinde starke Hindernisse bieten. 5) Liegen im Loḥf ca. 8 Städte und 25 Dörfer und im Innern 4 Städte und ca 14 Dörfer, die alle hohe und aus gewaltigen Quadern aufgeführte Mauern haben. Sie würden sich selbst gegen Artillerie vertheidigen lassen. 6) Es läfst sich nachweisen, dafs die Ortschaften im Innern des Legâ bereits in den ersten Zeiten des Islâm von ihren Einwohnern verlassen worden sind und seit dieser Zeit nur Nomaden im Legâ wohnen (seit der Vertreibung der Serdīje und Fuḥèli vor ca. 45 Jahren ausschliefslich die Ṣulûṭ, الصلوط), deren constante Sitte es ist,

jede Stelle, wo sie ihre Zelte aufschlagen, mit einer Ṣîra (صير), d. h. mit einem mannshohen Gehöfte von Steinen zu umfriedigen, damit sich die Heerden des Nachts nicht zerstreuen und damit man am Geräusche der einstürzenden obern aus kleineren Steinen bestehenden Schicht wissen kann, wenn des Nachts ein Wolf, deren es hier viele giebt, in das Gehöft einbrechen will. Nimmt man an, dafs der Beduine nur acht Mal des Jahres die Weide und die Lagerplätze wechselt, so würden bei nur 600 Zelten jährlich fast 5000 Gehöfte gebaut werden, was für eine Zeit von 800 Jahren, während der die Beduinen hier wohnen dürften, 4 Millionen Gehöfte geben würde. Immerhin mag dieses Facit falsch sein, da man oft auch eine schon vorhandene Ṣîra wieder benutzen wird, dennoch versichere ich, dafs im Legâ nirgends ein gröfserer Raum gefunden wird, auf dem man nicht eine oder mehrere antrifft, in deren Aufbau, wozu die Rinde der Lava verwendet wird, die Ṣulûṭ grofse Fertigkeit besitzen. Diese Gehöfte sind gewifs von grofser strategischer Wichtigkeit. 7) Die engen Mündungen der unterirdischen Wasserreservoire bei den verödeten Ortschaften, welche im Winter fürs ganze Jahr gefüllt werden, lassen sich leicht mit einem einzigen grofsen Stein zudecken und verheimlichen. 8) Die Bewohner des Leǵâ sind durchweg gute Schützen, und haben, da in den Ruinen viel Salpeter gefunden wird, eine Menge Pulverfabriken.

Ich gehe nun zum geographischen Theile dieser Schrift über und beginne mit einer kurzen Beschreibung der paradiesischen Ruḥbe.

Die Ruḥbe (الرُّحْبَة, das Wort bedeutet ein weites üppiges Saatfeld) ist eine beiläufig 2¼ Stunde breite und 3¼ Stunde lange Ebene, die westlich vom Loḫf des Ṣafâ, südlich von der Ḥârra, östlich vom Wáʿr des Ḳarîn und nördlich vom Waʿr des Riǵm el Mara begrenzt ist. Sie wird bewässert von 4 Flüssen, von denen zwei, der Ġarz (الغَرز) und Sʿâm (الشام), von Westen her aus Ḥaurân, die beiden ándern Ġumâr (الغُمار) und Tês (التَّنيس) von Osten her aus dem Ḥamâd kommen. Der gröfste dieser Flüsse ist der Sʿâm, der in zwei Armen in die Ruḥbe ausmündet. In der Sprache dieses Ländchens kennt man weder den Ausdruck Wâdi noch den Ausdruck Naher. Der Flufs heifst Amlûd (املون). Am nordwestlichen Ende der Ruḥbe bilden diese 4 Flüsse zur Winterzeit einen schmalen länglichen See, der im Mai und Juni vertrocknet. Die westliche Hälfte der Ruḥbe ist niedriger als die östliche, also leichter zu bewässern, und darum wird sie in ihrer ganzen Ausdehnung mit Weizen und Gerste besäet, während in dem östlichen Theile die Heerden geweidet und die Zelte aufgestellt werden. Weder in der Ruḥbe, noch in den benachbarten Lavaplateaus und Steinfeldern mit Einschlufs der Ḥarra, giebt es einen Baum oder Strauch und es hat dergleichen daselbst wohl niemals gegeben. Die Ruḥbe ist das fruchtbarste Land in Syrien. Der Weizen giebt die Aussaat durchschnittlich achtzig- und die Gerste hundertfältig zurück. Nach der glaubwürdigen Versicherung der Bewohner soll der Mudd Weizen sehr oft selbst eine und eine halbe Ġarâra d. h. 120 Mudd gegeben haben. Ich zog, ohne allzulange zu wählen, aus einem Weizenfelde eine Pflanze aus, die 26 ährentragende Halme hatte. Der Boden hat die hochgelbe Farbe des Humus der Ḳâʿs, aber er ist viel lockerer als dieser, dergestalt, dafs die Einwohner nicht auf ihm dreschen können; die Körner würden sich mit der Erde mischen. Sie bringen daher die Erndten auf die Lavaplatten des Ṣafâ, die vortreffliche Tennen abgeben. Sie haben keine Ackerwerkzeuge und pflügen den Boden auch nicht. Nachdem sie einige Tage nach dem ersten Frühregen (im December) den Samen ausgestreut haben, ziehen sie mit einem vielästigen Şirr (صر, einer Art Schlehdorn) oder Zaʿrûr (زعرور, einer Art Weifsdorn) über die besäete Flur, um den Samen zu bedecken. Nach wenigen Tagen geht dieser auf und wird dann wohl von jenen 4 Flüssen überschwemmt, so dafs er bei anhaltendem Regen oft Wochen unter Wasser steht, ohne dafs ihm dieses nachtheilig wäre. Als ich den 10ten April in die Ruḥbe kam, standen Weizen und Gerste bereits in voller Blüthe, während sie um Damaskus noch nicht geschofst hatten. Da das einzelne Saatkorn hier sehr viele Halme treibt, so säet man Weizen und Gerste wie man in Damaskus den Sesam säet, d. h. man mischt ihn mit Erde und streuet diese Mischung aus. In der Mitte der Saatfelder steht von Fähnchen umflattert das Grab des Localheiligen Scheich Serâḳ (سراج), des unsichtbaren Handhabers von Recht und Ordnung unter diesen Raubvölkern, der Menschen und Thiere ihrem Glauben nach augenblicklich mit dem Tode bestraft, die sich an fremder Saat vergreifen sollten. Man hat eine unbeschreibliche Furcht vor ihm und der Zufall wollte mir einen Beweis davon liefern. Wie die Araber ritt ich in jener Gegend mein Pferd ohne Zaum, damit es, so oft ich anhielt oder abstieg, um etwas zu sehen, weiden konnte. Als wir über die Saatfelder zu den Zelten der Gêjât ritten und die Beduinen in den durch die letzten Regengüsse überfüllten Wässerungsgräben nach einer Furth suchten, benutzte mein Pferd den entstandenen Verzug und fing an von der Saat zu fressen, ohne dafs ich darauf Acht hatte. Da stürzte eine Frau herbei, rifs mein Pferd in die Höhe und schrie mit lauter Stimme: „Glaube es nicht, Scheich Serâtsch (dortige Aussprache statt Serâḳ), ich schwöre dir beim grofsen Gott, das Pferd hat nicht gefressen!" Alle Uebrigen stimmten bezeugend bei, belogen den Scheich und retteten so mein Pferd von der Todesstrafe. Auf die Bemerkung meines Koches, eines boshaften Bagdader Christen, dafs der Scheich wohl einen Unterschied machen würde zwischen ihren Stammpferden und unsern Gastpferden, versicherte man, dafs der Scheich diesen Unterschied nicht kenne. Verläfst ein Einwohner auf längere Zeit das Land, so bringt er werthvolle Gegenstände, Waffen, Teppiche, Kleider, selbst das baare Geld zum Scheich Serâḳ und ist sicher, es unversehrt wieder zu finden. Gegen Ende Mai oder in der ersten Hälfte des Monats Juni wird die Ruḥbe und ihre Umgebung wegen der grofsen Hitze und des Mangels an Wasser und grüner Weide von ihren Bewohnern verlassen, die sich dann mit den Heerden an die östlichen Abhänge des Haurângebirgs zu den beständigen Weide- und Lager-Plätzen der Mesâ'id. 'Aṭamât u. A. ziehen. Dann lassen sie ruhig ihre Wintervorräthe an Getreide in den Höhlen beim weifsen Schlosse, wohl wissend, dafs es Niemand wagen würde, von einem dem Scheich Serâḳ anvertrauten Gute etwas zu stehlen. Die Regierung des Landes ist eine patriarchalische. Die Ġèjât bestehen aus mehreren Stämmen, deren jeder seinen Scheich hat, welcher unter Zuziehung der Aeltesten, die immer seine Verwandten sind, die Angelegenheiten des Stammes, der zugleich seine Familie ist, leitet. Nur in Dingen von allgemeiner Wichtigkeit sind sie einem Oberscheich der Ġèjât untergeordnet. Der gegenwärtige heifst Selâme und ist ohngefähr 50 Jahre alt. Er besitzt viel äufsere Würde und soll ein Mann von ungewöhnlicher Klugheit sein. Ich war nur eine Nacht sein Gast, und da er als Wirth die Honneurs machen, d. h. schlachten, das Feuer unterhalten, Kaffee kochen und herumreichen, auch sich anstandshalber nicht vor uns setzen durfte, so hatte ich wenig Gelegenheit, genauer mit ihm bekannt zu werden. Er kam mir entgegen und entschuldigte die Sendung seines Neffen Gerbû', wo er selber mich hätte in sein Land bringen sollen, damit, dafs er in Erwartung meiner Ankunft es habe versuchen wollen, auf meinen Glücksstern hin eine Ġazwe (Raubzug) in gröfserem Maafsstab zu unternehmen. Sie sei ihm zwar mifsglückt, da der Feind schon die Lagerplätze verändert hatte, aber er tröste sich, da ich dafür den Regen mitgebracht hätte, den sie sich längst gewünscht, da der Frühling (rebî' d. h. die grüne Weide) schon zu verdorren angefangen habe. Er hatte, als wir zu ihm kamen, seine und seiner nächsten Verwandten Zelte an einem Arme des Amlûd es S'âm auf einer grünen Wiese aufgeschlagen.

Die S'tâje (auch S'tâj genannt, vom Singular S'tâwî شتاوى) stehen als das kleinere Volk unter einem Scheich. Der jetzige heifst Melihân, der Bruder meines Reisegefährten Chalaf. Er ist ohngefähr 65 Jahre alt, von hoher Gestalt, mit langem weifsen Haupthaar und gleichem Barte. Dieser Mann, in dessen Zügen die reinste Milde ausgeprägt ist, war die edelste Erscheinung, die mir auf dieser Reise vorgekommen ist, und da ich Chalaf versprochen hatte, sein Gast zu sein, so konnte ich mich einen langen Abend mit Melihân unterhalten, der nun durch keine Etiquette verhindert wurde, sich zu uns zu setzen. Wir trafen seine und Chalafs Zelte in der Nähe von Rigm el Mara. Zunächst hatte ich eine Geschäftssache mit Melihân zu ordnen. Einige Wochen vor meiner Reise nämlich hatte Melihân die Heerden des Dorfes Buwêḍa (البويضه) weggetrieben, weil das Dorf, im Vertrauen auf die Nähe der Stadt (es liegt nur eine Stunde von Damaskus), den herkömmlichen Tribut verweigert hatte. Der Ṣôt d. h. die Sturmsignale flogen nun von Dorf zu Dorf und zwölf Bauern von Ġassûle setzten sich zu Pferde und, ahnend wer die Räuber gewesen, jagten sie über den Isthmus zwischen den Seen, fanden bald die Spur und erreichten die Beduinen bei Sonnenaufgang ohngefähr an der Stelle, wo wir auf dieser Reise das erste Nachtlager gehalten. Melîḥân liefs nun zwar seine Beute fahren, gab aber dem Scheich der Bauern einige Andeutungen, die bei diesem Befürchtungen hervorriefen. Die Sache war bald beigelegt. Melîḥân ist bei den Damascener Bauern ebenso beliebt, wie er von den 'Aneze gefürchtet ist. Bei seiner grofsen Freigebigkeit und Gastfreundschaft ist er fortwährend arm geblieben, obschon er seinen Stamm durch seine kühnen und glücklichen Unternehmungen bereichert hat. Aber deshalb gelobt zu werden, ist auch sein ganzes Glück, und als unser Gefährte Derwisch Regeb, der immer den Beduinen schmeichelte, weil er sich heimlich vor ihnen ängstigte, einmal Gelegenheit fand zur Anwendung des Sprüchworts: „Lôla 'l Melîḥân, mâ 'amiret el Auṭân" (gäb's nicht das Schwerd, käme das Vaterland nicht in Flor), da glänzten die Augen des Alten vor Vergnügen über das Wortspiel. (Melîḥân ist ein poetischer Ausdruck für Schwerd.)

Bei grofsen Unternehmungen, welche immer Raubzüge gegen andere Beduinen sind, treten die Scheichs der Ġêjâṭ und S'tâje zu einem gemeinsamen Beschlusse zusammen. Gröfsere Züge finden zu allen Jahreszeiten durchschnittlich alle sechs Wochen einmal statt, kleinere allwöchentlich. Bei den ersteren ziehen gewöhnlich 50 Pferdereiter und 3 bis 400 Kameelreiter mit Merdûf d. h. Hintermann, im Ganzen ohngefähr 800 Mann aus. Kleinere Züge werden von 5, 10, 20 Personen unternommen. Gilt es einen starken Feind zu überfallen, so rufen sie gewöhnlich ihre beständigen Bundesgenossen, die Zubêd (عرب الزبيد), zu Hilfe. Diese Raubvölker werden wohl dieselben Araber im Nordosten von Palästina sein, welche nach 1. Maccab. 12, 31 von Jonathan geschlagen worden sind. Denn da der Name Zubêd am Boden haftet, und unabhängig ist vom Wechsel der Stämme (wie 'Arab el Ġôr, Beduinen der Jordanniederung und 'Arab eś S'emâl, Beduinen von Peräa), so geht er sicherlich bis ins fernste Alterthum zurück. Ursprünglich mag es wohl der Name eines bestimmten Stammes gewesen, und von ihm auf das Land übergegangen sein, welches der Stamm lange bewohnte. Zu den Zubêd rechnet man alle Stämme des östlichen Ḥaurânabhanges, welche jahraus, jahrein dort wohnen und nicht wandern, mit Einschlufs der Stämme des Leġâ. Ziehen die Beduinen der Ruḥbe mit den Zubêd zusammen aus, so haben sie mit diesen den gemeinsamen Namen 'Arab el Gebel, Beduinen des Gebirges, nämlich des Ḥaurângebirges, zu denen die Ersteren schon darum zu zählen sind, weil sie die sechs Sommermonate, wo sie die Ruḥbe verlassen müssen, im Ḥaurân weiden. Ziehen sie aber allein aus, so heifsen sie die (Ġêjâṭ und S'tâje zusammen) 'Arab es Sa'îd, Beduinen von Sa'îd, also benannt von ihren wichtigen Weideplätzen in der Ard es Sa'd nordöstlich von der Hermîje. Von den 'Aneze werden die beiden Stämme Ahl el Hugr (اهل الحجر) d. h. Bewohner des Klüftenlandes genannt; die Schlupfwinkel des östlichen Trachons heifsen die 'Aneze Hugr. Ihre beständigen Feinde sind die Wuld 'Ali, denen sie vom Frühling an, wo sie aus ihren Winterquartieren am Euphrat in die Nukra kommen, bis zum Herbst, wo sie Syrien wieder verlassen viel Schaden zufügen, indem sie Tag und Nacht ihre Weideplätze umschleichend Gelegenheit finden, Kameelheerden zu rauben. Auch mit den Sibâ', einem starken Zweige des 'Anezestammes der Bišr leben sie in Feindschaft, die ihnen aber schon manchmal vom Berge Sês her in der Ruhbe einen Besuch abgestattet haben. Desgleichen besteht zwischen ihnen und den Stämmen des Ammoniter- und Moabiterlandes, den Sirhân, Serdîje, Sachr, Fuhêli u. A. ein fortwährender Kriegszustand (Kôm, قَوْم). Fast unangreifbar im eigenen Lande können es die Bewohner der Ruhbe wagen, keck und rücksichtslos nach Aufsen aufzutreten. Die türkische Regierung hat es niemals versucht, etwas gegen die Republik der Ruhbe zu unternehmen, so unbeschreibliches Elend diese auch alljährlich über die Damascener Dörfer bringt. Die Ruhbe hat zwei schwache Stellen. Die eine ist bei Rigm el Mara, wo sich das Land in der Richtung zum Berge Sês gegen den Hamâd öffnet. Die Wache an dieser gefährlichen Stelle ist den S'tâje anvertraut. Man hat dort auf dem höchsten Punkte aus Blöcken eine circa 12 Ellen hohe Warte (Merkab, مرقب) aufgerichtet, zu der eine Art Treppe führt. Die Warte ist mit einer Brüstung versehen, hinter der die Wachen sitzen und unablässig hinab in den Hamâd, den man deutlich sehen kann, spähen. Die Warte soll nach der Sage von einem einzigen Weibe aufgerichtet, und davon Rigm el Mara (Steinhaufen des Weibes) benannt worden sein[1]). Der andere schwache Punkt ist bei Nemâra, wo man mitten durch die Harra auf ziemlich gutem Wege binnen 7 und 8 Stunden östlich zum Hamâd gelangt. Die Wache an dieser Stelle liegt den Gejât ob. Ich vermuthe jedoch, dafs sie in ihrem Dienste sorgloser sind, als die S'tâje, deren Wache ich während meines Aufenthalts in der Ruhbe tagtäglich 4 bis 5 Mann stark auf Rigm el Mara gesehen habe.

In der Ruhbe giebt es mehrere jetzt natürlich verödete Ortschaf-

---

[1]) Das Wort Mara ist aber sicher nicht das Arabische مَرْأَة „Weib", sondern مَرْأَى (von der Wurzel رأى) „Spähort, Warte."

ten. Um das „weiſse Schloſs" herum, von dem ich später sprechen werde, liegen die Ruinen eines weitläufigen Ortes, und aufser einer Anzahl Thürme am östlichen Lohf des Ṣafà stehen daselbst die Dörfer ʼAlḳa (عَلْقَا) und Brêsîje (بَرِيسِيَه). An einem Arm des Amlûd es Sʼâm liegen die schönen Fundamente des Dörfchens Knêse (zu Deutsch „das Kirchlein), von dem noch das Hauptgebäude, eine kleine Kirche von sehr accurater Structur gut erhalten ist. An der Südseite der Ruḥbe liegen die rohgebauten Dörfer ʼOdêsîje (عديسيه) und Garz (الغرز), das letztere am gleichnamigen Wadi. Merkwürdig aber sind viele Tausende von rohen Wohnungen, welche auf einer Strecke von vielleicht 5 Stunden das südliche Lohf der Dirêt et Tulûl bekränzen, und auf eine ungemein starke Bevölkerung jener Gegenden in früherer Zeit schliefsen lassen, und dennoch ist es schwer zu begreifen, wie Menschen bleibende Wohnsitze in einem Lande haben konnten, in welchem während des Sommers jede Pflanze verdorrt, jede Cisterne austrocknet. Günstiger sind zwei andere Orte gelegen: Rigm el Mara, auf einer Anhöhe gebaut, die fast einen unbegränzten Gesichtskreis und immer frischen Luftzug hat, und Nemâra. Das letztere war eine Militärstation und der häufige Wechsel der Soldaten mochte den Aufenthalt erträglich machen. Dieser merkwürdige Punkt hat augenscheinlich eine doppelte Bestimmung gehabt, einmal die Ruḥbe gegen die Wüste und sodann auch Syrien gegen die Ruḥbe zu schützen. Wahrscheinlich mochten sich die Bewohner der Ruḥbe schon zur Römerzeit, durch die Sicherheit ihres Landes verführt, zu Räubereien gegen die östlichen Ortschaften Syriens haben verleiten lassen, und daran konnten sie nur mit bleibendem Erfolge durch eine Garnison im Herzen ihres Landes verhindert werden. Auch habe ich zwischen der Ruḥbe und Nemâra die unzweideutigen Spuren eines Raṣîf (رصيف) d. h. einer Römerstraſse gefunden. Durch dieselbe Straſse, die mich aus der Ḥarra nach dem Ḥauran führte, stand die Garnison mit Sʼakkâ, einer grofsen römischen Colonie, in Verbindung und ein Marsch von dreizehn Stunden führte von dem einen Orte zum andern. Die in den Inschriften genannten Truppen, welche in Nemâra zu verschiedenen Zeiten gelegen, waren eine LEG. III. CVR., ferner LEG. III. Evσ. und LEG. II. AEP. I. Der antike Name des Ortes scheint nach einer Inschrift ΣΟΛΛΛΛ gewesen zu sein, was vielleicht mit semitischer Etymologie „Quellort" heiſst; denn Nemara hat die einzige niemals versiegende Quelle in jenen weiten vulkanischen Gegenden. Es wäre nicht unmöglich, daſs auch dem jetzigen Namen diese Bedeutung zu

Grunde läge, gleichwie dies mit dem biblischen Nimra der Fall sein wird; vergl. „die Wasser von Nimrîm" (Jes. 15, 6). Die Bewohner der Ruḥbe dagegen behaupten, der Hügel habe seinen Namen von einem auf ihm begrabenen Beduinen, dem Weli Nemâra, dessen Grab mit einer steinernen Mauer umgeben und mit zwei freistehenden Bogen überwölbt ist, von denen zahlreiche S'erâsîḥ (شراشيح) d. h. rofsschweifähnliche Troddeln aus Garn von braunen und weifsen Kameelhaaren herabhängen. Nach der Vorstellung der Beduinen soll sich der Verstorbene nicht vereinsamt fühlen, wenn diese Zeichen des Nomadenlebens über seinem Grabe im Winde spielen.

Nachdem ich mit dem Gesagten jenem weiten Vulkangebiete und der paradiesischen Ruḥbe ein Plätzchen in der heutigen Geographie Syriens vindicirt zu haben glaube, erlaube ich mir noch zwei Worte über die Frage: ob dieses Land schon von den alten Geographen erwähnt werde? Wären die Alten grofse Geognosten gewesen, so würden sie uns gewifs Manches darüber referirt haben; aber das waren sie nicht, und staatliche Wichtigkeit haben weder jene Lavaplateau's und die Ḥarra, noch die kleine Ruḥbe gehabt. Die letztere wird auch im Alterthum, wie noch jetzt in Damaskus, kaum dem Namen nach bekannt gewesen sein. Nur im Strabo habe ich das Land erwähnt gefunden, und da die betreffende Stelle zeither nicht verständlich war, weil man die Existenz dessen, was sie meinte, nicht kannte, so will ich sie hier im Zusammenhange nebst einem kurzen Interlinear-Commentar wiedergeben. Im 16. Buch, 2. Cap. heifst es: **Auf das Feld des Marsyas** (wohl die Gegend am Meeresufer zwischen Ṭarâbulus und Ṭarṭûs) **folgt das sogenannte königliche Thal** (zwischen dem Libanon und Antilibanon, jetzt „die herrliche Biḳâ' — el Biḳâ' el 'Azîz — genannt) **und die Gegend von Damaskus, die besonders gepriesen wird** (nämlich die Stadt selbst mit ihrem meilenweiten, von dem Baradûflufs in vielen Armen durchströmten Gartenreviere (el Ġûṭa), welches von den fruchtbaren, volkreichen Bezirken des Merg und des Wâdi el 'Agem oder Perserthales im Norden, Osten und Süden begrenzt wird). **Damaskus ist auch eine sehr bedeutende Stadt** (sie hat noch jetzt über 160,000 Einwohner) **und die wichtigste in jener Gegend nach Persien hin** (ihr Export- und Importhandel mag im Alterthume viel zum Glanze der mittelsyrischen Küstenstädte, namentlich Sidon's beigetragen haben, welches sein nächster und am leichtesten zu erreichender Hafen gewesen ist. Wie ehemals gehen noch jetzt regelmäfsige Handelskarawanen von Damaskus über Bagdad nach Persien und zurück). **Hinter ihr liegen die zwei sogenannten Trachonen** (nämlich das Legâ als der kleinere westliche Trachon und das Ṣafâ mit seinen Dependenzen als der gröfsere östliche Trachon ¹). So spricht man noch heutigen Tages von dem Wa'r des Ṣafâ und dem Wa'r des Legâ. Wa'r aber und Trachon sind gleichbedeutende Worte und bezeichnen hier die höchste Potenz einer schwer zu passirenden Felsengegend, nämlich ein weites, zackiges und zerrissenes Lavaplateau. Dieses ist die Stelle, welche beweist, dafs man im Alterthume von dem in diesen Blättern beschriebenen vulkanischen Gebiete östlich von Damaskus Notiz genommen hat); dann, gegen die gemischten Theile der Araber (im Süden und Südosten von Damaskus, wie die Stämme von Zubêd im Norden, Osten und Südosten des Ḥaurângebirgs) und der Ituräer (der räuberischen Bewohner der Tetrarchie Ituraea, welche wohl die höher gelegenen Gegenden Ḥaurâns, nämlich das heutige Drusengebirge umfafste) schwer zugängliche Gebirge, in denen sich auch geräumige Höhlen befinden, deren eine bei den Ueberfällen, welche die Damascener erfuhren, viertausend Menschen fassen konnte. (Bei Bestimmung dieser schwerzugänglichen Gebirge mit grofsen Höhlen ist man dem Zusammenhange nach zunächst an das Ḥaurângebirge gewiesen, aber dieses ist von der Damascener Seite her nicht schwer zugänglich, sondern nur im Süden zwischen dem Ḳlêb und dem Ostende der Gůnât, auch habe ich niemals von grofsen Höhlen daselbst gehört. Fragte man einen Damascener, welches die schwerzugänglichen Gebirge mit den Höhlen sein könnten, so wird er mit gröfster Bestimmtheit sagen: Die beiden Wa'r, das Legâ und noch mehr das Ṣafâ. Die Höhlen wären dann die Ka''s, die allerdings nicht blos Viertausend, sondern die ganze Bevölkerung von Damaskus bequem fassen könnten. Zwar unterscheidet Strabo deutlich zwischen den Trachonen und dem Höhlengebirge, aber das würde nur die unklaren Berichte beweisen, die ihm über jene theils von Natur, theils wegen ihrer menschenfeindlichen Bevölkerung unzugänglichen Gegenden zu Gebote standen. Mir ging es nicht besser.

¹) Man hat nicht nöthig anzunehmen, dafs die von den Alten oft erwähnte Tetrarchie Trachonitis (vergl. auch Ev. Luc. 3, 1) beide Trachonen umfaſst habe. Das östliche wird wohl in den Regierungsbüchern gar keinen Namen gehabt haben, weil sich von den jährlich nur sechs Monate lang dort sefshaften Raubvölkern wenig oder nichts nehmen liefs. Man wird sich also unter Trachonitis ganz eigentlich den kleineren westlichen Trachon, das Legâ, denken müssen, welches nicht nur wegen der stärkeren Zersetzung seiner Lava im Innern viele kulturfähige Stellen, folglich auch Ortschaften und Zeltlager hatte, sondern auch mit einem Gürtel blühender und volkreicher Städte und Dörfer umgeben war, welche die weiten fruchtbaren Strecken aufserhalb des Loḥf cultivirten, wie dies noch jetzt der Fall ist. Es war von politischem Gesichtspunkte aus der wichtigere von beiden, gleichsam der Trachon κατ' ἐξοχήν. Darum nennt auch die grofse, schon von Burckhardt copirte und von mir verglichene Tempelinschrift von Mismîe im Legâ diese Ortschaft geradezu den Hauptort des Trachon (μητροκώμη τοῦ τράχωνος), und nicht des westlichen Trachon, oder beider Trachonen.

Zehn Jahre lang habe ich nicht nur in Damaskus, sondern auch in den Dörfern des Merg und von den Beduinen an den Ufern der Wiesenseen auf meine Frage nach jenem Lande, dessen vulkanische Kegel den Ostrand der Damascener Kesselebene begrenzen, keine andere Antwort erhalten als: Wa'r und Gebirge, in die kein Mensch kommen, in denen Niemand existiren kann[1]). Strabo führt fort:) Die Araber plündern die Kaufleute (wie noch heute). Dies geschieht jetzt weniger, nachdem die Räuberbanden des Zenodorus durch die gute Einrichtung der Römer zerstreut sind und durch die in Syrien unterhaltenen Soldaten die Sicherheit gehandhabt wird. (Den Hauptanhalt hatte Zenodorus wohl im Legâ, aber auch der östliche Trachon und die Stämme des Haurângebirges (Zubêd und Ituraeer) werden es mit ihm gehalten haben. Zu den guten Einrichtungen der Römer wird die noch jetzt vorhandene Strafse zu zählen sein, die sie von Norden nach Süden mitten durch das Legâ gebrochen, und die Garnison in Nemâra, welche die Stämme der Ruhbe in Zaum gehalten hat. So viel über diese Stelle im Strabo, der übrigens die Trachonen (τοὺς τράχωνας) noch einmal erwähnt, wo er sagt, dafs der Antilibanon hinter dem Damascenischen in der Nähe der Trachonen endige. Das ist auch richtig, denn ohngefähr sechs Stunden nördlich von Damaskus macht der Antilibanon eine so starke Biegung gegen Osten, dafs er dem grofsen östlichen Trachon bis auf 1¼ Stunde

---

[1]) Vielleicht hat man aber bei der Höhle, die einmal 4000 Damascener fafste, an eine wirkliche Höhle zu denken und dann könnte nur die Umm Nirân (die Mutter der Lichter d. h. die Strahlende) gemeint sein. Dieses merkwürdige Werk der Vorzeit liegt in der Mitte des östlichen Trachon, nach den Berichten der Beduinen ohngefähr eine Stunde östlich vom Vulkan 'Âkir. Es ist ein tief unterirdischer Brunnen, oder eine Cisterne, was ich nicht bestimmen kann, zu dem man auf bequemen steinernen Treppen hinabsteigt, in grofser Menge das ganze Jahr hindurch aushält. In der Mitte der Treppen öffnen sich zu beiden Seiten die ausgedehntesten Höhlen. Vor zehn Jahren verirrte sich ein Beduine von den S'tâje in diesem Labyrinthe, und fand erst am dritten Tage den Ausgang wieder. Er war mit schwarzen Haaren hinabgestiegen und kam mit eisgrauem Kopfe zurück. Diese Berichte dürfen nicht bezweifelt werden, ob aber die Höhlen natürlich oder künstlich sind, kann ich nicht bestimmen. Ich wollte selbst die Umm Nirân besuchen, aber Alle riethen mir ab, am Anfange einer längeren Reise die Pferde auf einem Terrain zu ruiniren, wohin nur die äufserste Noth den Menschen treiben kann. Später war ich mit einigen Leuten vom Jägervolke der Slêb übereingekommen, sie zu ihrem Stamme zu begleiten, dessen Zelte und Jagdreviere hinter dem Gebirge Sês liegen, von dessen Ruinen und noch mehr von dessen wie Gold schimmernder Erde mir Muhammed Dûhi, der Oberscheich der Wuld 'Ali, so viel erzählt hatte. Bei diesem Ausfluge wollte ich Umm Nirân mit besuchen. Aber ich bin nicht mehr dazu gekommen. Das bald darauf stattgefundene Blutbad in Gidda hatte auch den Fanatismus der Damascener rege gemacht, so dafs fortwährend Ausbrüche von Gewaltthätigkeit zu fürchten waren, weshalb ich bis zu meiner Abreise in die Heimath meinen Posten nicht mehr auf längere Zeit verlassen konnte.

sich nähert. In Damaskus selbst betrachtet, scheinen die beiden Gebirge sogar verbunden zu sein, was jedoch nicht der Fall ist.

Wir kommen nun zu jener *terra incognita*, dem Lande, wo schon Mancher einen Theil des vorisraelitischen Amoriterreiches vermuthete, dessen König zu Astarôt saſs, dem Lande, von welchem es 5. Mos. 3 heiſst: Da gewannen wir zur Zeit alle Städte des Königs Og zu Basan, sechzig Städte, die ganze Gegend Argob im Königreiche Basan. Alle diese Städte waren fest, mit hohen Mauern, Thoren und Riegeln, ohne viele andere Flecken ohne Mauern. Ich meine den östlichen und südlichen Abhang des Haurângebirges, und da es mir wichtig scheint, hier zunächst ein übersichtliches Bild vom Ganzen und Groſsen zu geben, so möchten die folgenden Nachrichten am Platze sein:

1) Die östliche Abdachung des Gebirgs beträgt vom Berge Gazâl (الغزال), nördlich von S'akka, bis zum Berge Ḳu'ês (القعيس), südlich von Umm el Ḳuṭên, ohngefähr 22 Stunden, und die südliche vom Schlosse Ezraḳ bis an die Zumle nicht viel weniger.

2) Die östliche Abdachung ist im Norden so schmal, daſs sie vom Abu Tumês über Genène (جنينة) bis an die Hermîje kaum 5 Stunden betragen wird. Nach Süden hin wird sie immer breiter, so daſs sie z. B. bei der Stadt Sâlâ gegen die Ḥarra eine Ausdehnung von 8 Stunden hat. Am breitesten ist sie von der Stadt 'Ijûn gegen Ezraḳ hin. Ich schätze sie hier auf 16 Stunden. Die südliche Abdachung wird von den Gênât (الجينات) in der Richtung von Umm el Ḳuṭên 8 bis 10 Stunden und vom Ḳlêb über Boṣrâ gegen das südliche Ende der Zumle hin eben so viel betragen.

3) Da die Hermîje nach meiner Annahme mehr als 1000 Fuſs höher liegt als die Zêdi-Niederung und die Nuḳra, so wird die südwestliche Abdachung des Haurân um so viel tiefer sein als die nordöstliche.

4) Aus dem Gesagten folgt, daſs im Nordosten das Gebirge in starken, rasch aufeinander folgenden Abstufungen abfallen muſs, während es sich im Südosten und Süden allmählich in die Ebene des Ḥamâd hinabzieht. Aber dennoch läſst sich auch im Südosten, Süden und Südwesten **scharf zwischen dem Haurân und dem Ḥamâd unterscheiden**, da man sich, so lange die Abdachung dauert, fortwährend auf einem vulkanischen Wellenterrain befindet, über dem sich einzelne Hügel oder niedrige Gebirgszüge von Schlacke oder Basalt mit sanften Formen erheben, und welches mit Beginn des Ḥamâd plötzlich aufhört. Auf den Thürmen von Umm el Ḳuṭên habe ich den Ḥamâd als eine weite, ununterbrochene Ebene beobachtet.

5) Die Abdachung hat in ihrer ganzen Ausdehnung den berühm-

ten rothbraunen Humus, Arḍ ḥamrâ, auch Haurânerde, Arḍ Haurûnije, genannt. An ihrem östlichen Ende beginnt die hochgelbe Ka'aerde der Ḥarra und im Süden unterhalb Umm el Ḳuṭên die weifsliche Erde des Ḥamâd, Arḍ el Gebbâne (ارض الجبانة) d. h. käsefarbene Erde genannt. Westlich endet die rothe Erde bei der Zumle, von wo ab ihre Grenzen mit den oben für das vulkanische Gebiet überhaupt angegebenen zusammenfallen. Im Merg wird sie von einem fruchtbaren weifslichen Letten und bei Ḥarrân von Alluvialboden begrenzt. Die Haurânerde erzeugt im Urzustande viel wilden Roggen, der als Culturpflanze nicht in Syrien existirt, desgleichen viel wilde Gerste und wilden Hafer. Diese Getreidearten gleichen den ihnen entsprechenden Culturpflanzen vollkommen in den Blättern, Aehren, Stärke und Höhe der Halme, nur sind ihre Körner merklich flacher und mehlärmer. Unter der reichen Flora sah ich viele Blumen, die eine Zierde unserer Gärten sein würden, namentlich eine faustgrofse dunkelviolette prachtvolle Lilie (Susân). Auf der weiten Ebene zwischen Imtân und 'Enâk fand ich sie zu Tausenden [1]). Fast alle Kräuter sind in der

---

[1]) Im Legâ fand ich, während (um den 10. Mai) fast seine ganze Vegetation verbrannt war, zwischen Lubên und Dâma weite Strecken mit einer Blume bedeckt, die Abû Feru (ابو فرو) „der Pelzträger" hiefs. Es ist eine 3 bis 5 Zoll hohe Pflanze, die sich in 3 bis 6 Aestchen theilt, deren jedes als Blume eine schneeweifse, baumwollenartige, mit zarten rothen Aederchen durchzogene Kugel von der Gröfse einer kleinen Pistolenkugel trug. Die weifsen, weichen, saftlosen Fasern standen gedrängt und fest am Kerne der Kugel. Die mit solchen Baumwollenperlen bestreute Gegend erinnerte mich an eine voigtländische Waldparthie, die mit Preifselbeeren bedeckt ist. Die Blättchen der Pflanze hatten die Form des Kleeblattes, die Gröfse einer Erbse und waren roth umsäumt. Massenhaft fanden sich überall das weifse Gänseblümchen Ḳaḥwân (قحوان) und verschiedene Arten rothen Mohns Daḥnûn (دحنون) im westlichen, Dêdaḥâne (ديدحانة) im östlichen Trachon genannt. Eine Blume interessirte mich besonders, die Drêhime (دريهمة) „das Silberstückchen" genannt. Die Pflanze ist circa 5 Zoll hoch, ihre 1 Zoll langen Blätter sind der Länge nach gefaltet und nicht ausgebreitet. Die Blume ähnelt der Kamille, ist wie die Rosenknospe mit schmalen grünen Blättchen umgeben und steckt voll kleiner weifser Kelche, an dessen Stelle später silberfarbige fast durchsichtige, mit dunkelvioletten Adern durchzogene Trichter erscheinen, die 10 bis 15 an der Zahl eine vollkommene Kugel von dem Durchmesser eines proufsischen Achtgroschenstücks bilden. Diese Trichter haben 5 dunkelbraune Staubfäden (ein jeder), sitzen sehr fest und sind vollkommen saftlos. Bei uns gezogen, würde diese Blume, die mir viel Aehnlichkeit mit einer Strohblume zu haben scheint, vielleicht den ganzen Sommer hindurch dauern. Noch möchte ich die Aufmerksamkeit auf zwei Pflanzen lenken, die sich in den beiden Trachonen finden, und in Europa acclimatisirt, einmal von grofsem Nutzen werden könnten. Die eine heifst Gaḥḥ (جَتح), die andere Rubbe Ḥalile (ربّة خليلة). Beide gehören zu einer und derselben Gattung. Der starke Stiel ist fast ¾ Elle hoch, die Blätter sind

rothen Erde aromatisch, selbst der S'ih. Diese perennirende, bis eine Elle hohe und eben so viel im Durchmesser habende Pflanze des nicht cultivirten Bodens ist eine der gröfsten Wohlthaten Syriens und der Steppe, da sie aufser dem Rinder- und Kameelmist oft das alleinige Brennmaterial der Bauern und Nomaden ist [1]). Im Culturzustande erzeugt die Haurânerde in grofser Fülle den geschätzten glasartig durchsichtigen Haurânweizen. Der Boden darf nicht gedüngt werden, weil sich sonst die Saat vor Ueppigkeit legen und mehr Stroh als Körner tragen würde. Die Haurânerde (augenscheinlich eine zersetzte Lava) ist so locker, dafs selbst im Zustande völliger Dürre der Huf des Pferdes fast 3 Zoll einsinkt, und obschon nicht steinig giebt sie doch, wenn man über sie hinwegreitet, einen raschelnden Ton, so dafs man meint, man reite über einen Haufen Gerstenkörner.

6) Die ganze östliche und südliche Haurânabdachung war ursprünglich wie die Harra Wa'r, d. h. ihre Oberfläche war mit einer Steinsaat bedeckt. Die Bevölkerungen früherer Jahrtausende haben dieselbe von den Spitzen des Gebirgs an bis zur Wüste hin entweder in Haufen oder in langen Schichten zusammengetragen; diese Wände bildeten dann zugleich die Raine (Tilm) der so entstandenen Aecker und die Flurgrenzen der einzelnen Ortschaften. Je weiter man nach Süd-

---

circa 3 Zoll lang, 1 Zoll breit, am Rande gekräuselt und stehen fast bis in die Mitte des Stiels herauf, der eine Blume trägt, die an Form und dem Schnitte der Blättchen einer vollen Aster täuschend ähnlich ist. Nur ist die Blume des Gahh gelb und die der Rubbe Halile hell lila mit gelben Staubfäden. Das Merkwürdige an diesen beiden Pflanzen ist die Wurzel. Diese habe ich beim Gahh 2 Zoll dick und 5 Zoll lang, bei der Rubbe 1½ Zoll dick und 5½ Zoll lang gesehen, beide hatten eine braune Farbe und ein rauhes, fast blättriges Aussehen. Zog man die äufsere nicht dicke Schale der Wurzel ab, so kam beim Gahh ein braungelber Saft von schönem Glanze, und bei der Rubbe ein weifser Saft mit rosarothem Schein hervor. Wischte man diesen Saft ab, so hatte man bei beiden eine schneeweifse Rübe, die viel leichter zu beifsen war, als unsere Mohrrübe, und im Fleisch einen vortrefflichen Geschmack hatte. Liefsen sie sich zu Culturpflanzen machen, so erhielten wir an ihnen eine Rübenart, welche alle bekannten an Feinheit weit übertreffen würde. In Murduk hörte ich die letztere der beiden Pflanzen Rabahla nennen. Die arabischen Wörterbücher bringen dieses Wort (رَبْلَة) in der Bedeutung eines „schlanken weichen Mädchens". Es wird daher der Pflanzenname einzutragen sein, damit durch ihn jene abgeleitete figürliche Bedeutung ihre Erklärung findet.

[1]) Sie wird auch in der Bibel öfter erwähnt, z. B. 1 Mos. 21, 15: „Und als das Wasser im Schlauche zu Erde war, warf Hagar das Kind unter einen S'ihstrauch." Desgl. Hiob 30, 4: „Jetzt spotten meiner, die da Gemüse suchen um den S'ih herum", d. h. die armen Leute, die in der heifsen Jahreszeit, wo alles verdorrt ist, um den S'ih, in dessen Schatten sich eine dürftige Vegetation erhält, nach essbaren Kräutern suchen. In Bosra, wo die Heuschrecken alles aufgefressen hatten, sah ich den S'ih von Millionen dieser Thiere umlagert, welche die frischen Schöfslinge oder die Reste grüner Pflanzen unter ihm aufsuchten. — Theils wegen der Wichtigkeit des S'ih für den Nomaden und Bauern, theils weil er das vornehmste, ja oft Tagereisen weit fast ausschliefsliche Product des nicht cultivirten Bodens ist, wird er 1 Mos. 2, 5 gleichsam als pars potior der Steppenflora allein genannt.

osten und Süden kommt, desto kleiner werden die Steinhaufen, desto gröfser die einzelnen Flurparzellen, desto freundlicher natürlich die Gegend. Paradiesisch schön ist das Land zwischen Imtän und 'Enäk und stundenweit um den mit wilden Mandelbäumen bedeckten Tell el Lôz (تل اللوز) herum, obschon da die Steinhaufen immer noch bedeutend sind. Eine Stunde nordöstlich von Boṣrâ verschwinden die Steine gleichfalls, und die Abdachung erscheint von da ab gegen Umm el Gemäl und die Zumle hin als vollkommene, fast unmerklich wellige, sanft abfallende Ebene. Dieser Theil des Ḥaurân ist die eigentliche Kornkammer Syriens, aber bei dem jetzigen Verwaltungssysteme Syriens und dem Mangel an ackerbautreibender Bevölkerung ist an eine Wiederbelebung der Bodencultur dort nicht zu denken.

7) Das ganze beschriebene Terrain theilt sich in fünf Flufsgebiete. Die beiden ersten sind das des Wadi Garz und Wadi Sâm. Es fällt entschieden gegen Osten ab und wird da von der Hermîje, dem Krâ' (الغراع) und der Ḥârra begrenzt. Das dritte ist das Gebiet des Râgil (راجل); es senkt sich südöstlich gegen die Ḥârra und den Ḥamûd; in letztern tritt der Wadi bei dem Schlosse Ezrak, wo er den Namen ändert und als Wâdi Sirḥân (von dem dort hausenden gleichnamigen Nomadenstamme so benannt) nach einem vielleicht 80stündigen Lauf in das Gôf (الجوف) mündet. Das vierte Gebiet ist das des Wadi Buṭm (البطم); es dacht sich gegen Süden ab und endet im Ḥamûd, eine Stunde südlich von Umm el Ḳuṭên. Nach einem langen Laufe, auf dem er selbst die Pilgerstrafse überschreitet, mündet dieser grofse Wadi in dem noch unbekannten Gadir eṭ Ṭêr (Vögelsumpf) [1]. Das fünfte Flufsgebiet ist das des Wâdi 'Äkib (العاقب) und Wâdi Zêdi (الزيدى), welch letzterer auch der Fruchtbarkeit seiner Umgebungen wegen Wâdi Deheb oder die Goldaue heifst. Beide neigen sich zuerst südwestlich und fallen später westlich gegen die Zumle hin ab, wo sich die beiden Wadi's vereinigen.

8) Diese östliche und südliche Abdachung des Ḥaurân enthält ohngefähr 300 verödete Städte und Dörfer, während es nur 14 bewohnte Orte hat. Sechs derselben wurden schon vor längerer Zeit colonisirt, S'akḳâ, Hît, Ḥêjât und Genêne im NO. des Gebirgs, Ḳrêje im S. und Boṣrâ im SW., und sieben wurden von dem unternehmenden Kala'âni im Laufe der letzten zwei Jahre bevölkert, nämlich Ra-

---

[1] Der Scheich Fendi, Oberhaupt der Ṭuwaḳa, eines Zweiges der Beni Ṣachr, versicherte mir, dafs der Vögelsumpf drei Stunden nördlich von der Kala'at el Belḳâ liege.

dême, Têmâ, Dûma, Ṭarbâ, Umm Ruwâḳ, Muṡennef und Bûṡân. Man muſs das richtig verstehen; in die mindestens 800 Häuser zählende Stadt Bûsân hat er zwölf Familien gesetzt, in die Stadt Muṡennef vielleicht achtzehn, nach Têmâ und Dûma vielleicht je sechszehn. — Die völlige Verödung jenes Landes regt die Frage an, welches die Schattenseiten desselben wohl sein könnten? Diese sind einmal die Heuschrecken im südlichen Theile desselben. Während ich dort war, fraſsen sie die Vegetation innerhalb des Dreiecks ab, welches die Städte Boṣrâ, Salchat und Umm Rummân (ام الرمان) bilden, und in Boṣrâ selbst wimmelte es so von diesen Thieren, daſs sie immer wie der Regen auf uns herabfielen. In Munêḍire (المنيضرة), dessen Ruinen ich gegen Abend besuchte, bedeckten sie die am Boden liegenden Steine so, daſs man die Steine selbst buchstäblich nicht sehen konnte. Denn gegen Abend setzten sie sich an die des Tags über von der Sonne erhitzten Steine an, um sich gegen die Kühle der Nacht zu schützen. Die Heuschrecke nistet zwar nicht im Culturboden, da aber die Belḳâ hier so nahe ist, welche aus Wassermangel und schlechtem Boden immer Steppe war und es bleiben wird, so können die Heuschrecken im südlichen Haurân nicht ausgerottet werden. Sie suchen das Land alle drei, vier Jahre einmal heim; mitunter kommen sie auch zwei Jahre hinter einander. Eine andere Plage für das Land kann der Regenmangel werden. Unter zwölf Erndten soll man drei rechnen können, die aus Regenmangel verloren gehen. Er kann doppelter Art sein. Entweder mangelt der Frühregen (im November und December) und verhindert die Aussaat, oder es mangelt der Spätregen (im März), in welchem Falle die Feldfrüchte die Nothreife erhalten, noch bevor die Aehre aus der Kapsel hervorbrechen konnte. Die dritte und schlimmste Plage des Landes sind die Beduinen. Zwar ist das Land im Rücken durch das Gebirge und im Osten durch den Wa'r der Ḥarra geschützt, aber im Norden und Süden ist es offen. Im Norden kommen die Beduinen durch die oben erwähnte Straſse der Raubzüge und die Hermîje. Wenige Tage vor meiner Ankunft hatten von dort aus die ʿAneze die Heerden von Sʿuhbe geraubt. In der Nähe der Damascener Seen von den Nachbarn der Beraubten, den Einwohnern von Sʿakḳâ, eingeholt, lieſsen sie ihren Raub erst dann, als ihnen mehrere Leute und Pferde getödtet waren. Aber weit häufiger noch, weil viel bequemer, muſsten diese Streifereien natürlich von der Belḳâ aus geschehen, wo der Haurân in seiner ganzen Breite von der Burg Ezraḳ im Osten bis zur Burg Zerḳa im Westen leicht zugänglich ist. Zwar gab es auf dieser Strecke eine Menge Bergschlösser, welche das Land in gewöhnlichen Zeiten dort eben so gut schützen mochten, wie im

Norden die östlich von den Seen des Merg gelegenen, jetzt Diûra (die Klöster) genannten drei Kastelle, welche die „Strafse der Raubzüge" vollkommen beherrschten, aber bei grofsen politischen Stürmen haben steinerne Bollwerke noch kein Land zu retten vermocht. Ein solcher Sturm war für Haurân der Eroberungszug der Iligâzener im Jahre 635 christlicher Aera. Da diese unter dem Banner einer neuen Religion kämpften und, in der Absicht nicht zurückzugeben, mit Weibern und Kindern und Heerden gekommen waren, so konnte man sich ihrer nicht erwehren, und Syrien fiel in ihre Hände. Gleich nach der Einnahme von Damaskus schickte Ibn ʿObeida ein Heer durch die Hermije in den Osten Haurâns und damals wird das Land zum gröfsten Theil verheert und entvölkert worden sein. Die zahlreichen christlichen Städte und Dörfer, welche laut der von mir in ihnen gefundenen Inschriften vom dritten Jahrhundert nach Christo an im Osten und Süden des Haurân blüheten, scheinen den Druck des römischen und byzantinischen Regiments wenig gefühlt zu haben, ja aus der Liebe zu Kunstbauten und aus dem sorgsamen Fleifse, mit dem der Waʾr in die herrlichsten Aecker umgewandelt wurde, möchte ich schliefsen, dafs man sich dort Jahrhunderte lang eines hohen Grades von Autonomie erfreut haben müfste; um so erbitterter mufste der Widerstand des Volks gegen die Muselmänner sein, die ihnen zugleich mit der Religion auch die lange genossene Freiheit nehmen wollten, um so vollständiger mufste aber auch die Verödung dieses paradiesischen Landes werden. Dazu kam, dafs der bei Weitem gröfste Theil der Eroberer nicht sefshafte (Hadarîje), sondern Zeltaraber (Wabarîje) waren. Ihre Abneigung in Städten und Dörfern zu wohnen, verbunden mit ihrem Verlangen nach den reichen Weideplätzen und unerschöpflichen Cisternen der Ortschaften — diese Momente haben den Osten und Süden Haurâns zur „Städtewüste" gemacht.

Betrachten wir uns diese verödeten Ortschaften näher, so unterscheiden wir vier verschiedene Arten. Die eine Art findet sich auf einzeln stehenden Hügeln und an Abhängen der Wadi-Ufer, und umfafst nur Troglodyten-Wohnungen (Muġr, مغر). Diese Ortschaften können aus dem grauesten Alterthume stammen. Ihre Construction ist folgende: Man grub in eine Felsenwand eine circa 8 Schritte breite und 12 bis 16 Schritte lange Höhle, die wenig über 3 Meter noch war. Der Eingang hat circa 1½ Meter Höhe und 1½ Meter Breite. Das war die Wohnstube der Familie. Im Innern derselben grub man drei andere Höhlen, von denen die eine für Unterbringung des Viches, die andere für Aufspeicherung des Tibn (d. h. des durch den Dreschschlitten zu Häckerling zerschnittenen Strohes) und die dritte für Aufbewahrung der Getreidevorräthe und anderer Gegenstände bestimmt war. Fenster haben natürlich diese Höhlen nicht und das Licht fällt nur durch die äufsere Thüre hinein. Die drei inneren Höhlen blieben daher immer finster. Brauchte man sehr geräumige Höhlen, z. B. Stallungen für eine Menge Vieh, oder Gastzimmer, oder Räume für gottesdienstliche Versammlungen, so stützte man die Decke oft durch natürliche Pfeiler, indem man beim Graben der Höhlen den Felsen säulenartig stehen liefs, oft durch künstliche, indem man grofse Quadersteine ohne Cement über einander stellte, oder auch durch Bogen. Die Eingänge in die Höhlen haben niemals Thüren gehabt. Vor der Höhle wurde durch einen Vorbau ein kleiner Hof gebildet, aus dem eine steinerne Thüre in's Freie führte. In den besseren Troglodytenstädten hatte dieser Vorbau noch zwei bis drei kleinere Zimmer. Die schönste Troglodyten-Ortschaft liegt auf der höchsten Spitze der 'Agêlâ (العجيلة), eines hohen Gebirges zwischen den Städten Umm Ruwâk und Musennef (ام روٱق und المشنف). In dem Vorbau seiner Höhlen war ungewöhnlich viel Kunst verschwendet, und ich habe mehrere griechische Inschriften daselbst copirt. Diese Höhlen waren ein bequemer Uebergang vom Nomadenzelte zum festen Wohnsitze. Alle Hügel des östlichen Haurân-Abhangs bestehen aus einer schwammartig von lauter feinen Bläschen zusammengesetzten violetten, broncefarbenen oder rothen vulkanischen Masse, in welche man mit einem Spitzhammer leicht eine Höhle brechen kann, während wiederum dieses Gestein massiv genug ist, um im Winter kein Regenwasser durchdringen zu lassen. Man versicherte mir, dafs diese Höhlen das ganze Jahr hindurch von der äufsersten Trockenheit seien, und ich selber fand in der Troglodytenstadt S'ibikke (شبكة) den Beweis dafür in einer Anzahl Kawâra's (كوارة), die wir vollkommen gut erhalten in einzelnen Höhlen antrafen. Die Kawâra ist ein grofser irdener Behälter zum Aufbewahren der Getreidevorräthe. Man macht sie aus einer mit Häckerling vermischten Lehm- oder Thonerde und trocknet sie einfach an der Sonne. Das ist die eine Art von Ortschaften. Die zweite Art sind diejenigen Ortschaften, welche in der Bibel gemeint sind, wenn es heifst: und unter seiner Regierung wurde die Unsicherheit im Lande grofs, so dafs das Volk anfing, in Höhlen zu wohnen, oder (Richt. 6, 2): Und da der Midianiter Hand zu stark ward über Israel, machten die Kinder Israel sich Klüfte in den Gebirgen und Höhlen und Vestungen. Man hat dabei nicht an die vorher beschriebene Art zu denken. Sie gewährte keinen Schutz gegen einen starken Feind, weil dieser jene Höhlenwohnungen, die immer nur eine Familie fafsten, mit Leichtigkeit nehmen konnte. Diese zweite Art von Ortschaften ist so construirt: Man trieb an einem felsigen, hochgelegenen, trockenen Orte einen Schacht schräg in die Erde und legte in einer Tiefe von beiläufig 25 Klaftern gerade und 6 bis 8 Schritt breite Gassen an, an deren Seiten die Wohnungen gegraben wurden. An mehreren Stellen erweiterte man diese Gassen um das Doppelte und brach durch die Decke Luftlöcher, die je nach der Gröfse der Ortschaft mehr oder minder zahlreich waren. Diese Luftlöcher heifsen gegenwärtig Rôsen, im Plur. Rawâsin (Fenster). Um für Menschen und Thiere Wasser zu haben, grub man darinnen die nöthigen Brunnen. Ein solcher Ort, der gewöhnlich so angelegt war, dafs er in der Mitte einer steilen Felsenwand einen zweiten Ausgang hatte, kann in einem Lande, das beständigen Ueberfällen von der Wüste her ausgesetzt ist, für eine starke Festung gelten. Sobald von der nächsten Warte (Markab), die sich auf einer freien Anhöhe befand, der Wächterruf einen feindlichen Einfall verkündete, oder wie man sich hier ausdrückt, „sobald der Nothruf in's Land fiel" (waka' eṣ ṣôt fi'l bilâd), eilte der Pflüger mit seinem Gespann und der Hirt mit seiner Heerde unter die Erde und man war in Sicherheit. War der Feind nicht ganz mit der Oertlichkeit bekannt, so zog er an solchen Plätzen vorüber, ohne ihre Existenz zu ahnen. Eine Belagerung hatte ihre Schwierigkeiten, da die Bewohner mit Allem versehen waren, was sie brauchten. Massenhaft finden sich diese Ortschaften im Lande Erbed, wo noch viele heutigen Tags bewohnt werden, z. B. Merw (مرو), dessen Scheich 'Abderrahmân, welcher während der blutigen Fehde zwischen den Familien S'urède und Berekât wiederholt in besonderer Mission in Damaskus gewesen, mir die ausführlichsten Nachrichten über die Einrichtung solcher Plätze gegeben hat. Wilhelm von Tyrus spricht in seiner Geschichte der Kreuzzüge oft von ihnen, und namentlich ist seine Beschreibung der dreiwöchentlichen Belagerung und endlichen Eroberung eines solchen in der Provinz „Suête" gelegenen Platzes im 21. Cap. des 22. Buches sehr interessant. Der am westlichen Fufse der Zumle gelegene lange und schmale Landstrich Ṣnêt (اَلْصُنَوَّيْت d. h. die Gegend des Nothrufs) hat fast lauter solche Ortschaften, von denen viele (wie Rumta) noch auf der Zumle selbst zu liegen scheinen, deren Formation sich dafür vorzüglich eignet. Sie besteht aus abwechselnden Lagen von weifsem Thon und massiven Feuerstein- (Jaspis-) Platten [1]). Die Thonschichten haben die durch-

---

[1]) Statt Zumle braucht man auch die Collectivform الزُّمَل Zumal oder أَزْمَل درعات Ezmul Der'ât d. h. Höhenzug von Der'ât. Es ist ein 7 bis 8 Stunden langes niedriges Gebirge, welches da, wo es am höchsten ist, ohngefähr eine Stunde südlich von Umm el Mejâdin, 1000 bis 1300 Fufs hoch sein wird. Die gröfste Breite kann nicht über fünf Stunden betragen. Der weifse Thon, welcher in

schnittliche Tiefe von drei bis vier Spannen und die Platten von einer Spanne, und diese letzteren bilden vortreffliche horizontale Decken der unterirdischen Wohnungen und Gassen. Auch der von Wilhelm von Tyrus erwähnte Platz wird nach der Beschreibung auf der Zumle gesucht werden müssen. Er sagt: „Die Arbeit der Kreuzfahrer, die, um den Ort zu erobern, den Felsen durchbrechen wollten, ging trefflich von Statten, denn es war ein weicher Kreidefels, der nur stellenweise Adern von sehr hartem Kiesel hatte, von dem die eisernen Instrumente beschädigt wurden u. s. w." Ich besuchte das alte Edrei, die labyrinthartige unterirdische Residenz des Königs 'Og an der östlichen Seite der Zumle. Zwei vierzehn- bis sechzehnjährige Söhne des jetzigen Scheichs Fadl aus dem Hause der Mahâmîd (الحماميد) begleiteten mich. Wir nahmen eine Schachtel Zündhölzer und zwei Stearinkerzen mit uns. Nachdem wir eine Strecke in schiefer Richtung hinabgestiegen waren, kamen wir an ein Dutzend Zimmer, die noch gegenwärtig als Ziegenställe und Häckselspeicher benutzt werden. Dann verengte sich allmählich der Gang so, dafs wir endlich nur auf dem Bauche liegend vorwärts kriechen konnten. Diese äufserst beschwerliche, ja ängstliche Procedur währte ohngefähr acht Minuten, worauf wir eine mehrere Ellen hohe steile Wand hinabspringen mufsten. Hier bemerkte ich, dafs uns der jüngere meiner zwei Begleiter wohl aus Furcht nicht gefolgt war; gewifs weniger aus Furcht vor dem Labyrinthe, als vor dem unbekannten Europäer. Jetzt befanden wir uns in einer breiten Gasse, die zu beiden Seiten Wohnungen hatte, deren Höhe und Weite nichts zu wünschen übrig liefs. Die Temperatur war angenehm, die Luft geruchlos und ich fühlte keinerlei Beklemmung. Weiterhin kreuzten sich mehrere Gassen und mein Führer machte mich auf ein Rösen aufmerksam, das gleich drei andern, an die wir später kamen, oben verstopft war. Bald darauf kamen wir an einen Markt, wo sich eine weite Strecke hin zahlreiche Butiken ganz nach Art der Dukkâne in den syrischen Städten zu beiden Seiten der ziemlich breiten Strafse in den Wänden befanden. Nach einer Weile bogen wir in eine Seitengasse ein, wo ein gröfserer Saal, dessen Decke von vier

---

der Zumle mit dem bunten, meist fleischfarbigen Feuerstein abwechselt, ist sehr hart und heifst dort Ḥaṭṭân (حطّان). Ich fand hin und wieder kleine längliche, gestreifte Conchilien darin. Burckhardt erwähnt die Zumle einige Mal und darauf hin hat man in die Karte zu seiner Haurânreise einen Gebirgszug unter diesem Namen eingetragen. Aber er ist zu klein ausgefallen und die späteren Karten bringen ihn gar nicht wieder. Das hatte die üble Folge, dafs man nunmehr die haurânischen Wâdi's auf dem kürzesten Wege zum Jordan schickte, was durchaus unrichtig ist. Die Zumle gestattet den Wâdi's keinen Durchgang, sondern nöthigt sie, bis drei Viertelstunden nördlich von Der'ât zu fliefsen (wo die Zumle endet), bevor sie sich westlich zum Jordan wenden können.

Pfeilern getragen wurde, meine Aufmerksamkeit fesselte. Die Decke wurde von einer einzigen grofsen, völlig ebenen Jaspisplatte gebildet, in der ich keinen Sprung wahrnehmen konnte. Die meisten Zimmer hatten keine Stützen. Die Thüren waren oft von Quadern aufgeführt, und hin und wieder bemerkte ich niedrige Säulen. Noch waren wir nach einigen Kreuz- und Querzügen nicht in die Mitte dieser unterirdischen Stadt gekommen, als meinem Begleiter das Licht verlöschte. Indem wir es an dem meinigen wieder anzündeten, dachte ich an die Möglichkeit, dafs uns beide Lichter auslöschen könnten, und ich fragte den Knaben, ob er die Zündhölzer habe? „Nein, mein Bruder hat sie." Findest du den Weg zurück, wenn uns beide Lichter verlöschten? „Unmöglich!" antwortete er. Jetzt fühlte ich eine Anwandlung von Furcht in dieser Unterwelt und ich drang auf rasche Umkehr. Ohne Schwierigkeit gelangten wir zum Marktplatz zurück, von wo aus der Junge gut Bescheid wufste. Nach einem mehr als anderthalbstündigem Aufenthalte in diesem Labyrinthe begrüfste ich wieder das Tageslicht. Der zurückgebliebene Knabe bekam von den Alten seine Tracht Schläge und ich mufste meine Kleider wechseln, weil sie von Flöhen wimmelten und mich dabei noch tadeln lassen, dafs ich dem Rathe der Jungen folgend unnöthiger Weise mit solcher Mühe zu erlangen suchte, was ich weit bequemer hätte haben können. Als wir Tags darauf Der'ât verliefsen, machte man uns am Abhange des Wâdi Zêdi auf ein Thor aufmerksam, welches der eigentliche Eingang zu diesen Souterrains ist. Ein späterer Reisender möge aus dieser Notiz Nutzen ziehen. Die jetzige Stadt, welche nach ihrer Ringmauer zu schliefsen eine grofse Ausdehnung gehabt haben mufs, und auch jetzt wieder stark bevölkert ist, liegt grofsentheils unmittelbar über der alten unterirdischen, und ich glaube, dafs man sich bei einem verheerenden Kriege noch jetzt in die Letztere zurückziehen würde. So viel über die zweite Art der haurânischen Ortschaften. Von der dritten, welche förmliche ein- oder mehrstöckige Häuser auf der Oberfläche der Erde hat, werde ich später sprechen. Von der vierten Art habe ich selber nur ein Exemplar zu sehen Gelegenheit gehabt. Sie bildet den Uebergang zwischen den beiden ersten und der dritten. Auf meinem Wege von der grofsen Troglodytenstadt S'a'f (شَعَف) auf dem gleichnamigen Berge zur Stadt Melach eṣ Ṣarrâr (مَلَح الصَرّار) kamen wir zu der auf einem vielleicht 8 Meter hohen Felsenplateau gelegenen Ortschaft Ḥibikke (حِبِكَّ). Sie war ursprünglich festungsartig mit einer Ringmauer umgeben und ihre Häuser waren folgendermafsen construirt. Man hatte in das Felsenplateau Einschnitte gemacht, welche die Tiefe und Breite eines Zimmers hatten, und diese Einschnitte mit einem soliden steinernen Gewölbe bedeckt. Die auf diese Weise gebildeten Wohnungen hatten vollkommen ein keller- oder tunnelähnliches Aussehen. Einige derselben hatten noch einen Ueberbau, aber den meisten fehlte ein solcher. Die Entstehung des Ortes muſs einer frühen Vorzeit angehören, denn ich habe auf dieser ganzen Reise keinen Platz gesehen, dessen Baumaterial so verwittert gewesen wäre, wie das von Ḥibikke war. Vergebens suchte ich nach schriftlichen Denkmälern und meine Gefährten konnten wegen der vielen Schlangen nicht bewogen werden, in den Gewölben herumzukriechen. Diese Thiere kannten in dieser menschenleeren Gegend so wenig die Furcht, daſs sie vor dem Anblicke des Menschen nicht flohen, und ich muſste einigemal die Pistole auf sie abfeuern, um sie zum Rückzug zu bewegen.

Folgende Nachrichten gelten ausschlieſslich von der dritten der genannten Arten von Ortschaften und sind bestimmt, von dem Gesammt-Charakter derselben und ihren gemeinsamen Merkmalen ein Bild zu geben. In der Ferne betrachtet beschäftigen diese Ortschaften Auge und Einbildungskraft aus mehrfachen Gründen. Einmal stechen sie durch die schwarze Farbe des Baumaterials auf das Schärfste gegen die grüne Umgebung und die helle Atmosphäre ab. Zweitens imponiren sie durch die Höhe ihrer Mauern und den gedrängten Zusammenbau der Häuser, die immer ein geschlossenes Ganzes bilden. Drittens werden sie von starken Thürmen überragt. In gröſseren Städten wie Melaḥ, Bûsân, Sâlâ, 'Ormân u. a. geben die Menge dieser Thürme den Orten ein majestätisches Ansehen. Ich habe wohl keinen Ort gesehen, der nicht seine Thürme hatte. Viertens erscheinen sie in so gutem baulichen Zustande, daſs man sich unwillkürlich der Täuschung hingiebt, sie müſsten bewohnt sein und man müſste Leute aus- und eingehen sehen. Obschon verödet sind ihre weiten Wasserbehälter vor den Thoren dennoch gefüllt und erfreuen das Auge durch das Spiel ihrer Wellen, denn die Nomaden, die Erben jener Länder, versäumen es nicht, sie im Winter zu füllen, um im wasserlosen Sommer ihre Heerden daraus zu tränken. Jeder Ort hat deren mehrere, und da es nur in den höheren Gebirgspartien Quellen giebt, so werden sie aus den Winterströmen gefüllt, deren Wasser, falls sie nicht in unmittelbarer Nähe der Orte flieſsen, ihnen durch Canäle zugeführt wird, wie dies bei den Städten Boṣrâ, Umm el Ḳuṭên, Umm el Gemâl und vielen anderen der Fall ist. Von diesen Behältern giebt es vier Arten. Der Maṭḥ (المضح) ist eine natürliche teichartige Niederung mit felsigem Grunde. Die Birke (البركة) ist ein runder oder quadrater, sorgfältig ausgemauerter künstlicher Teich. Die schönsten Exemplare davon hat Boṣrâ und Umm el Ḳuṭên. Die erstere Stadt hat namentlich zwei grofse in Quadratform, die ich gemessen habe. Die Seite des einen Quadrats mifst 233 Schritte; bei dem andern machte mein Pferd (sic) 160 Schritte. Die mit grofser Kunst aus mächtigen, im Rustikstyl bearbeiteten Quadern aufgeführten Dammmauern sind bei dem ersteren Quadrate 3,¹⁸⁰⁄₁₀₀ Meter dick und bei dem zweiten 2,¹⁸⁰⁄₁₀₀ Meter ¹). Eine dritte Art ist der Mukn (المُقْن), eine unterirdische, in massiven Felsen gehauene Cisterne mit enger Oeffnung. Ist der Mukn weit, so ruht seine Decke auf Pfeilern. Man liebte diese Art Cisternen sehr, weil das Wasser darinnen im Sommer frischer blieb. Die vierte Art ist ein künstlicher Mukn. Man grub eine beiläufig 15 Meter tiefe Birke, stellte darein eine oder mehrere Reihen Bogen, auf diese wiederum Bogen und deckte über die obersten steinerne Platten. Dergleichen finden sich häufig. Das schönste Exemplar davon sah ich in dem Kloster Méjâs (مجاس), dem vollendetsten Muster haurânischer Bauart.

Tritt man der Ortschaft näher, so macht man folgende Bemerkungen. Einmal erscheint die schwarze Farbe der Mauern meistens sehr gemildert. Nur die wenigsten Orte sind aus jener weitporigen schwarzen vulkanischen Masse gebaut. In der Regel ist das Baumaterial ein grauer, mit schimmernden Olivintheilchen geschwängerter Dolerit, den man beim Graben der Birke 5 — 6 Meter unterhalb der Oberfläche des Bodens allenthalben in der ebeneren Abdachung des Gebirges findet. Nur die Hügel sind blasige Schlackenmasse. Sodann wird das Auge durch die sorgfältige Bearbeitung des Baumaterials angenehm überrascht. Die Steine verbindet selten Cement, aber die schönen, meist grofsen Quader liegen wie gegossen über einander. Bei den Thürmen und den höheren Gebäuden sind die Lagen oft durch Schwalbenschwänze in dieser Art verbunden:

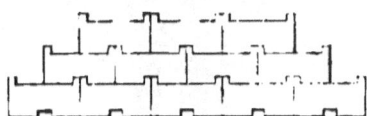

Die Orte haben in der Regel keine Ringmauern; der Rücken der geschlossenen Häuser konnte als solche gelten. Man findet sie nur bei einigen gröfseren Städten. In der Nukra sind sie häufiger, und die von Der'ât gewähren dadurch einen eigenthümlichen Anblick, dafs je-

---

¹) Die Birke wird auch in der Bibel mehrfach erwähnt, z. B. Hohesl. 7, 4: Deine Augen sind wie die Birke's zu Hesbon beim Thore Batrabbim, d. h. entweder so schimmernd, wie ihr Wasserspiegel, oder so lieblich anzusehen, denn der Araber kennt keine höhere Wollust, als den Anblick des hellen bewegten Wassers.

der einzelne Stein einen 4 Zoll hohen griechischen Buchstaben trägt [1]). Diese Buchstaben sind wahrscheinlich die Marke der einzelnen Steinmetzen gewesen, denn sie geben in ihrer Zusammensetzung keinen Sinn, wie man aus folgender Probe sieht, die ich in der Reihenfolge copirt habe:

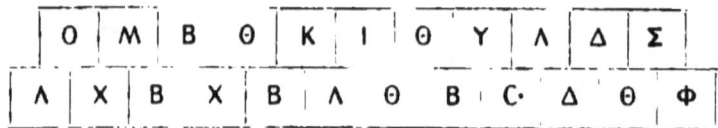

Die meisten in die Gassen oder in's Freie führenden Thüren der Häuser sind so niedrig, dafs man sie nur gebückt passiren kann. Aber die gröfseren Gebäude und die Gassenausmündungen haben hohe Thüren, die immer sehr sauber gearbeitet und oft mit Sculpturen und griechischen Inschriften geschmückt sind. Die beliebtesten, ja constanten Verzierungen des ganzen Landes sind Weinlaub-Gewinde mit Trauben in Hautrelief. Dabei machte ich die sichere Bemerkung, dafs, je weiter die Orte nach Osten und Süden lagen, desto steifer und kunstloser diese Zierrathen wurden. In 'Enâk waren sie plump. Diese gröfseren Thore haben entweder einfache oder (und meistentheils) Doppelthüren. Sie bestehen aus einer Steinplatte von Dolerit und heifsen bei den Drusen Halase (حَلَسَة), in der Collectivform Halas. Andere Thüren giebt es entschieden nirgends. Sie sind durchweg sorgfältig gearbeitet, aber meistens glatt; doch trifft man auch nicht selten eine Halase mit Sculptur in folgender Manier:

[1]) Spätere Reisende werden von der Stadtmauer der alten Residenz von Baran nur geringe Ueberreste vorfinden, weil sie bei stark zunehmender Bevölkerung des

Diesem Thore hat ein in der Stadt ʿAnz (العَنْز) stehendes im Wesentlichen als Modell gedient. Die Jahreszahl 32 wird wohl Bosrenser Zeitrechnung sein. Die mittleren Felder dieser steinernen Thürflügel sind bisweilen mit geschmackvollen Arabesken verziert, da ich aber kein fertiger Zeichner bin, so mufste ich leider das Schönste uncopirt lassen. Durchschnittlich hatte die Ḥalase 2 Meter Höhe und $\frac{7}{100}$ Meter Dicke. Bestand die Thüre aus einem Flügel, so hatte dieser $\frac{8.5}{100}$ bis $\frac{9.5}{100}$ Meter Breite, bestand sie aus zwei Flügeln, so war gewöhnlich jeder $\frac{7.5}{100}$ Meter breit. Es wird leicht zu berechnen sein, wie viel sie wogen. Die beiden klammerartigen Zierrathen zu beiden Seiten der Oberschwelle, welche sich fast an allen besseren Thüren befinden, auch wenn diese sonst keine weiteren Sculpturen haben, weifs ich nicht zu deuten. Sie sind gleich der übrigen Verzierung immer Hautrelief. Nur die Buchstaben sind vertieft eingegraben. Doch fand ich auch Inschriften mit erhabenen Buchstaben, z. B. in der Stadt Dâma el ʿAljâ über einem Portale, das bis auf die Unterschwelle herab mit den schönsten Weinlaubguirlanden in Hautrelief bedeckt war. Eine andere erhabene Inschrift copirte ich in Rimet el Loḥf. Die Ferse der Ḥalase hat die Form eines Kugelsegments und dreht sich in einer tassenförmigen Vertiefung der Unterschwelle. Der obere Zapfen derselben ist cylinderförmig, eine gute Spanne lang, und dreht sich in einer gleich tiefen kreisrunden Aushöhlung der Oberschwelle. Ein Mann kann dergleichen Thüren nur schliefsen und öffnen, wenn er sich mit dem Rücken oder den Füfsen gegen die Wand stemmt und dann mit beiden Händen die Thüre vorwärts drückt. Von dem Erdgeschosse der Häuser gingen keine Fenster in's Freie, wohl aber aus dem obern Stocke. Jedes Fenster besteht aus einer einzigen Steinplatte in der Form eines länglichen Vierecks, und ist zur Erfüllung seines Zweckes durchlöchert. Der Gebrauch von Glas war natürlich ausgeschlossen. Obschon sämmtlich von fast gleicher Gröfse, herrscht unter ihnen dennoch die gröfste Mannichfaltigkeit. In den gewöhnlichen Häusern und an den Thürmen sind sie einfach, ohngefähr in folgender Weise:

Gewöhnlicher Mafsstab für diese Fenster:

Höhe . . . . . . . . . . . . . . . $\frac{7.5}{100}$ Meter,
Breite . . . . . . . . . . . . . . . $\frac{6.5}{100}$ -
Dicke des Steins . . . . . . . . . . . $\frac{1.3}{100}$ -
Durchmesser der runden Oeffnungen für das
Licht . . . . . . . . . . . . . . $\frac{1.2}{100}$ -

---

Ortes abgetragen und zum Häuserbau verwendet wird. Den daraus gebauten Häusern geben die griechischen Buchstaben, womit sie bedeckt sind, ein seltsames Aussehen.

In den Häusern der Reichen, in antiken Tempeln und Basiliken findet man viele dieser für uns so wenig praktischen Fenster, auf die viel Kunst verschwendet worden ist. Das erste der beiden folgenden ist aus der Stadt Ṣamma (ﺻَﻤَّﺎ), das zweite aus der Stadt Ḳrèje.

Das gröfsere Fenster ist ganz durchbrochen und sieht im Originale recht hübsch aus. Es besteht wie alles übrige Baumaterial aus einem feinkörnigen Dolerit, und mag um die Hälfte gröfser sein, als sonst die haurânischen Fenster. In der Zeichnung ist nur der Anschaulichkeit halber der angegebene Maafsstab verlassen worden. Bei manchen Fenstern bilden die Lichtlöcher einen Kreis, der dann von einem Kranze oder von verschlungenen Zweigen umgeben zu sein pflegt.

Treten wir in eine Ortschaft, so machen sich zunächst die engen Strafsen bemerklich und liefern den Beweis, dafs auch früher hier kein Fuhrwerk in Gebrauch war. Selbst zweirädrige Wagen konnten die Städte und Dörfer nicht passiren. Die Gassen sind fast nie über acht Schritte breit, von denen fünf auf die Trottoirs zu beiden Seiten und drei auf den Mittelweg für Reiter und Lastthiere kamen. Meistens aber sind sie noch enger. Nur in Boṣrâ fand ich breitere, und die einzigen vollkommen breiten, mit schönen Quadern belegten und nach Art unseres Kunstpflasters in der Mitte erhabenen Strafsen fand ich in der Stadt S'uhbe (الشُّهَبَة). Sie mögen nicht viel schmäler und eine mag doppelt so lang sein, als die Breite-Strafse in Berlin. Die meist zweistöckigen Häuser sind jetzt verschlossen, indem man hinter die zugemachten steinernen Thüren einige Blöcke gelegt hat. Nach der arabischen Anschauung liegt hierin ein überaus wehmuthsvoller Gedanke. Man sagt: Sie haben ihm sein Haus geschlossen, d. h. man hat ihn zu Grunde gerichtet. „Mein Haus steht seit dreihundert Jahren offen, willst du es schliefsen?" So sagt ein Araber von guter alter Familie zu seinem Gegner, der ihm z. B. in einem Processe einen empfindlichen Schaden zufügen will. Ein offenes Haus aber bezeichnet ein gastfreies Haus. Der Besitzer eines solchen ist der angesehene und in den Augen des Volkes der glückselige Mann. Das gröfste Lob eines Mannes ist, wenn man von ihm sagt: Sein Haus steht offen: zehn gehen und zwanzig kommen. Als nun die Bewohner aus ihren Wohnsitzen wanderten, übten sie noch den symbolischen Act des Thorschliefsens aus, um anzuzeigen, dafs sie ruinirt seien. Wir steigen daher über die Trümmer eines eingestürzten Hauses auf das platte Dach, um in das Innere zu gelangen. Hier bemerken wir eine Menge Thüren; denn jedes Zimmer hatte seine Thüre für sich. Selten findet man (wie noch jetzt in Syrien) ein Zimmer, in welches man durch ein anderes gelangt. Im Erdgeschosse hatten alle Thüren steinerne Flügel. Eine Treppe führte unbedeckt in den obern Stock. Diese Treppen sind erwähnungswerth. Sie gleichen völlig einer Art steinerner Treppen, welche neuerdings in Europa sehr in Aufnahme kommt, deren Stufen nämlich mit dem einen Ende in der Mauer sitzen und mit dem andern in der Freie schweben. Ihr technischer Name ist, glaube ich, freitragende Treppen. Ich hielt sie immer für eine europäische Erfindung, aber hier giebt es keine andern. Hin und wieder fand man in den Stufen Löcher eingemeifselt, z. B. im Kloster Méjâs, was auf das frühere Vorhandensein eines eisernen Geländers schliefsen läfst. Holz scheint von allen diesen Bauten entschieden ausgeschlossen gewesen zu sein. Die Treppe führt zu einem Gange, der äufserlich um den obern Stock herumläuft und zu den einzelnen Zimmern führt. Er besteht aus langen steinernen Planken, die ebenfalls nur mit dem einen Ende in der Mauer befestigt sind und sonst frei schweben. Man kann sich einer gewissen Aengstlichkeit nicht erwehren, wenn man die ersten Male über solche Gänge geht. Die oben beschriebene Partie sieht von oben betrachtet ohngefähr so aus:

Die Fenster im Innern der Häuser haben die Gröfse unserer Fenster und sind nur im Erdgeschosse oft mit steinernen Läden versehen; im obern Stock haben sie keine, und scheinen da gleich den Thüren immer offen gewesen zu sein. Die Thüren rings um den Hofraum und den steinernen Gang im obern Stock sind zugleich die Stubenthüren, wie dies noch jetzt in ganz Syrien der Fall ist. So bemerkt man oft steinerne Wandschränke mit Fächern aus feinen Dolerittafeln, ferner Bänke, die an den Wänden hinlaufen und andeuten, dafs die ehemaligen Bewohner dieser Ortschaften eine Lebensweise hatten, die von der der heutigen sefshaften Araber in Syrien verschieden war. Denn der Gebrauch von Bänken ist jetzt unbekannt. Man zieht es vor, auf der Erde zu sitzen. Auf Stühlen zu sitzen, die neuerdings durch Europäer und Türken (Osmanli's) stark eingeführt werden, ist ihnen etwas Widerliches. Diese Bänke bestehen aus langen, 4 Finger dicken Doleritplanken, sind der Länge nach in die Wand eingefügt und stehen, ohne sich auf Füfse zu stützen, circa $2\frac{1}{4}$ Spanne frei hervor. Desgleichen bemerkt man in den Zimmern schlanke, gewöhnlich einen Meter hohe, viereckige steinerne Leuchter, die oben keine Vertiefung haben, woraus man auf den Gebrauch von Kerzen schliefsen könnte. Man wird also wohl nur die Lampe (Sirâg) gekannt haben. In el Kuseb fand ich eine solche Lampe noch auf dem Leuchter stehen. Sie ist von gebranntem Thon, vollkommen oval, mit Arabesken bedeckt, und gleicht beinahe ganz jenen antiken Lampen, die häufig auf Cypern ausgegraben werden. In den Kirchen sind diese steinernen Leuchter gewöhnlich mit griechischen Inschriften bedeckt und oben capitalartig ausgeschweift oder mit Acanthusblättern geschmückt. Am meisten aber fallen beim Eintritte in ein gleichviel oberes oder unteres Zimmer die beiden merkwürdigsten Theile der haurânischen Bauart auf, nämlich die Bogen und der Plafond. Um die steinerne Decke zu tragen, mufsten die Bogen sehr stark sein; da aber die Masse fast immer etwas Plumpes hat, so wufste man durch die sauberste Bearbeitung der Steine und den meist kühnen Schwung der Bogen eine anscheinende Leichtigkeit herzustellen. Tausende der schönsten Bogen sah ich so unversehrt und fest unter der Last ihrer gleichfalls unversehrten Decke, wie am Tage ihres Aufbaues. Sie werden es noch lange sein. Ohne von den Wohnungen der Armen und dem mächtigen Baumateriale antiker Tempel zu sprechen, hatten die Bogensteine durchschnittlich $\frac{72}{100}$ Meter Breite, $\frac{44}{100}$ Meter Höhe und $\frac{44}{100}$ Meter Dicke. In der Kaisarije (so heifst in den haurânischen Städten das Palais der ehemaligen römischen oder byzantinischen Gouverneure) zu Krêje sah ich zwei Bogenreihen von je drei Bogen, deren jeder $7\frac{1}{4}$ Meter Spannung hatte. Die Bogensteine hatten $\frac{44}{100}$ Meter Breite, $\frac{84}{100}$ Meter Höhe und $\frac{44}{100}$ Meter Dicke. In der Stadt Ṣammet el Berdân sah ich die einzigen Bogen, deren Breite von zwei Steinen gebildet wurde. Sie hatten 10 Meter Spannung, was darum aufserordentlich war, weil sie zu dieser Spannung verhältnifsmäfsig sehr niedrig waren. Ihre Arbeit war das Schönste, was ich auf der ganzen Reise in dieser Art gesehen habe. Ihre eigenthümliche Construction wird folgende Skizze veranschaulichen.

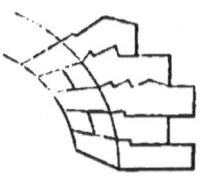

Diese beiden Bogen gehörten zu einem Tempel, welcher unmittelbar vor der Stadt und, wie alle übrigen Tempel, welche ich auf dieser Reise gesehen habe, an einer „Birke" lag.

Die Doleritbalken der Decke, von den Drusen Rebîṭa (رِبِيطْدَ),
das „Band", genannt, sind in den besseren Häusern stets geglättet, so dafs sie wie gehobelte Holzplanken eng an einander schliefsen. Ob sie hin und wieder selbst durch Falsen verbunden sind, wie man mir sagte, mufs ich dahingestellt sein lassen, da ich das nicht selbst gesehen habe. Jedenfalls werden sie, wie ich sie sah, auch ohne die cementartige Masse, mit der sie bedeckt sind, und die auf vielen Häusern sehr gut erhalten ist, wenig Regen durchgelassen haben. Ihr gewöhnliches Maafs ist: Länge $2\frac{1}{4}$ bis $3\frac{1}{4}$, Breite $\frac{1}{3}$ bis $\frac{1}{2}$, Dicke circa $\frac{14}{100}$ Meter. Sie liegen nicht unmittelbar auf dem Bogen oder der Mauer, sondern auf einer Unterlage, welche Mîzân (الميزان), „die Waage", genannt wird. Die Waage hat stets die Breite der Rebîṭa, deren Unterlage sie bildet, und gewöhnlich $1\frac{1}{2}$ Meter Länge. Ihre Form ist bei gemeinen Bauten die der Rebîṭa, aber bei den nur einigermafsen besseren hat sie die Gestalt von Fig. 1 und bei Häusern ersten Ranges von Fig. 2 der folgenden Zeichnung.

Fig. 1.                Fig. 2.

Die beiden Enden *ab* und *cd* reichen in die Zimmer hinein, wogegen *bc* auf dem Bogen oder der Wand aufliegt. Ist auf der einen Seite der Wand kein Zimmer, so fällt *cd* weg. Die Zusammensetzung von Bogen, Waage und Rebîṭa giebt somit folgendes Bild:

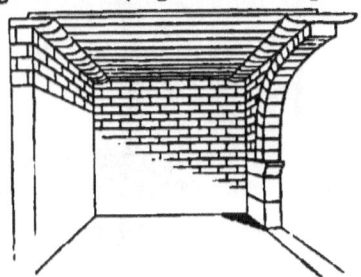

Mitunter bildete man auch durch die mit ihren Längenseiten halbkreisartig zusammengesetzten Rebiṭa's Nischen, dergleichen ich in Musennef, Busân und S'aḳḳâ (شقا) gesehen habe. Die Wölbung wurde dann von schlanken Säulen getragen. In der letztgenannten Stadt fand ich an drei Seiten eines gröfseren Zimmers von bewundernswürdiger Schönheit drei solche Nischen, deren jede sich auf zwei Doppelsäulen stützte. In grofsartigen Bauwerken hatten die Rebiṭa's zu Plafonds verwendet in den Ecken der Zimmer, mitunter auch in der Mitte, hübsche Rosetten in Hautrelief. Auch die Waagen waren zuweilen mit prächtigen grofsen Acanthusblättern bedeckt. In dem gröfsten Gebäude Negrân's (نجران), das, wenn es nicht ursprünglich eine Basilika war, doch später dazu verwendet worden, waren die Waagen mit den schönsten griechischen Charakteren bedeckt, da aber die meisten herabgestürzt waren und in wilder Unordnung dalagen, so liefs sich die Schrift nicht im Zusammenhange lesen. Auch ohne Sculptur trug die Waage viel dazu bei, das Zimmer freundlicher zu machen, da sie die scharfen Ecken zwischen Wand und Decke beseitigte. Ihre eigentliche Bestimmung aber war augenscheinlich, der Rebiṭa einen gröfseren Halt zu geben.

Unter Anwendung des Bogens und der Rebiṭa, die in diesem ganzen Lande die Bedingung *sine qua non* bei jedem Baue waren, hat man in Nimre, Tafchâ (تفخا), S'aḳḳâ und an vielen anderen Orten gröfsere Basiliken errichtet. Die in Tafchâ hat 22 Bogen, die in Nimre 36 nebst einem kleinen Portikus von hübschen aber ganz einfachen Doleritsäulen, und die in S'aḳḳâ 42 Bogen im Innern und 10 vor dem Portale. Ueber die letztere will ich einige Worte sprechen. Sie bildet ein Viereck nach folgendem Grundrisse, zu dem Fig. 2 einen Durchschnitt des Gebäudes in der Breite giebt.

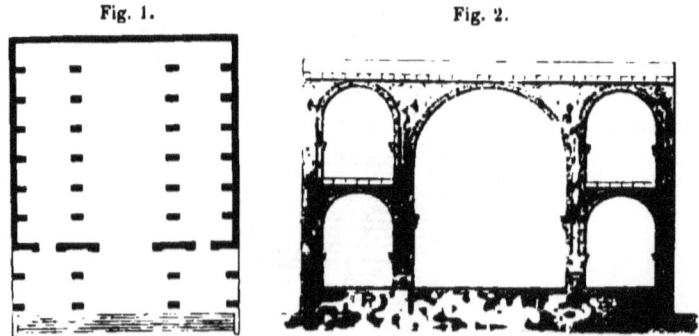

Fig. 1.   Fig. 2.

Die innere Breite des Baues beträgt 20, seine Länge bis zur Treppe 24, die Höhe der Mittelbogen 10¼ und ihre Spannung 8¼, die Spaunung der Seitenbogen 3¼, die Höhe des Hauptportals 5, mit Einschluſs des Architravs 6¼, seine Breite 3, mit Einschluſs der Pfosten 4 7/16. Höhe der Nebenportale 2¼, mit Einschluſs der Architrave 3¼, ihre Breite 1 7/16, mit Einschluſs der Pfosten 2⅔ Meter. Die Biegung der Bogen vor dem Portale begann in einer Höhe von 4¼ Meter.

Die obern Bogengänge der Seitenschiffe scheinen Emporen für die Frauen gebildet zu haben. Noch jetzt besteht hier zu Lande die Sitte, daſs die Frauen in den Emporen ihre Plätze haben. Diese oberen Hallen öffneten sich in das Mittelschiff, da die zwölf mittleren Strebepfeiler wieder unter sich der Länge nach durch Bogen verbunden waren, welche die Höhe der Bogen der unteren Seitenschiffe hatten. Das Innere des Gotteshauses war ohne allen architektonischen Schmuck, nur die Bogenuntersetzer des Mittelschiffes hatten folgende Verzierung, die bis auf die darin vorkommenden Blätter, in welchen groſse Mannichfaltigkeit herrschte, stets dieselbe war:

Die verschlungenen Linien in dieser Zeichnung sind eine Lieblingsarabeske in den transhauranischen Bauten und man findet sie in jeder Stadt. In Megdel fand ich sie statt der Blätter abwechselnd mit einer Arabeske und einem kleinen Vogel ausgefüllt, der mir ein Rabe zu sein schien [1]). Das Juwel der Basilika in S'akkâ bildet das Portal, welches durch seine groſsartige Anlage und seine reiche sorgfältig ausgeführte Sculptur gegen die groſse Einfachheit im Innern überraschend absticht. Gleich den Tempeln, die ich zu Muṣennef, Bûsân, Boṣrâ und Mismiē gesehen, war die Fronte zwischen dem Hauptportale und den Seitenportalen mit zwei groſsen schönen Nischen geschmückt, deren obere Partie mit Muschelwerk verziert war und deren Dach zu beiden Seiten je von zwei Pilastern getragen wurde. Am Fuſse der Pilaster befanden sich reich mit Acanthus geschmückte Statuenuntersetzer. Zwei andere Statuenpostamente befanden sich oben an beiden Seiten des Hauptportals und zwei andere rechts und links von den Seitenportalen. Ueber all diesen Schmuck breitete sich einem schattigen Baume gleich der 1¼ Meter hohe Aufsatz des Hauptportals aus. Die geschmackvolle Vertheilung des üppigen

---

[1]) Der vollständige Name dieser nicht groſsen, ehemals gut gebauten, jetzt aber stark verwüsteten Stadt ist Megdel Eššor (مجدل الشور) „Megdel die Rathsstadt", weil nach der Tradition bei wichtigen Vorkommnissen das Land sich zur Berathung daselbst versammelte.

Blätterwerks macht den befriedigendsten Eindruck. Es war das schönste Portal, das ich auf dieser Reise gesehen habe. Obschon ich in S'aḳḳâ vielleicht an zwanzig griechische Inschriften gefunden, so spricht doch keine von diesem Bau. Ueber das weitläuftige Theater, welches abgesondert von der Stadt gegen Osten liegt, läfst sich nicht viel sagen, da spätere Umbaue und Schutthaufen seine Anlage unkenntlich machen. Es ist kein Amphitheater wie die in S'uhbe und Boṣrâ. Die Inschrift seines Portals ist fast das Einzige, was ich davon habe.

Erwähnenswerth sind die vielen Mausoleen, welche man in Haurân findet. Ganz in dem eben beschriebenen Style gebaut stammen sie aus derselben Zeit und von derselben Nation, auf welche alle übrigen Bauwerke des Landes zurückzuführen sind. Sie stehen meistens etwas getrennt, oft auch in ziemlicher Entfernung von den Ortschaften, haben die Form niedriger viereckiger Thürme von 35 bis 40 Fufs Höhe und 10 bis 14 Schritt Breite und sind immer aus sorgfältig bearbeiteten Quadern aufgebaut. Uebrigens weichen sie im Aeufsern sehr von einander ab. Einige bieten nur vier schmucklose Wände ohne Thür und Fenster, z. B. in S'aḳḳâ und am Fufse des Abû Tumês; bei anderen sind die vier Seiten mit Pilastern geschmückt, wie bei der „Dubêse" in Suwêdâ (vgl. Burckhardt p. 153); zu anderen steigt man auf Treppen, die zuweilen als pyramidale Basis um das ganze Viereck herumlaufen, wie in Dâ'il (vgl. C. Ritter's Palästina und Syrien II, 842); andere haben Thüren, die meist mit Sculpturen verziert sind, wie ein kleines schönes Mausoleum an der Nordwestseite von Rîme; noch andere haben ganz die Façade antiker Tempel, nämlich ein Portal mit Aufsatz und rechts und links Nischen mit Seitenpilastern, Statuenpostamente u. s. w., wie in 'Arâr. Im Innern haben diese Gebäude drei leere Wände, aber die vierte Wand, die, wo eine Thüre vorhanden ist, immer dieser gegenüber liegt, ist von unten bis hinauf an die Decke mit einem eigenthümlichen Fachwerk versehen, welches zur Aufnahme der Sarkophage bestimmt war. Das Mausoleum von 'Arâr, dessen Seiten 9 Meter breit sind, hat drei Reihen mit je sechs, also zusammen 18 Fächern, deren jedes 1 Meter hoch, $\frac{88}{100}$ Meter breit und $2\frac{48}{100}$ Meter tief ist. Gebildet wird dieses Fachwerk durch schöne Doleritplatten, von denen die, welche die horizontale Lage haben, die stärkeren sind, weil sie die schweren steinernen Sarkophage trugen; sie hatten eine Dicke von $\frac{1}{4}$ Meter, während die anderen, welche die perpendiculäre Lage haben, schwächer ($\frac{18}{100}$ M. dick) sind. Gewöhnlich haben diese Mausoleen Souterrains, die wohl aber nicht zur Aufnahme von Todten bestimmt waren. Die Rebîṭa's der Dächer werden durch keinen Bogen geschützt, sie sind lang und reichen von der einen Wand zur andern. Der Bau in 'Arâr hat zwar gegenwärtig einen Bogen, aber dieser ist, wie leicht bemerkbar, nicht ursprünglich. Diese Familienbegräbnisse trugen meistens eine oder zwei griechische Inschriften. Das in S'aḳḳá hat deren drei ziemlich lange in metrischer Form (Distichen). Bei allen, die ich sah, waren die Särge aus den Fächern verschwunden. Solche Särge sieht man allenthalben im Lande; sie dienen gemeinlich als Wassertröge bei den Brunnen, haben oft hübsche Verzierungen, aber selten Inschriften. Doch fand ich einen in Chulchula (خلخلة) mit einer kurzen griechischen und in Boṣrá das abgebrochene Vordertheil eines andern mit einer nabatäischen Inschrift. Der „Siknâni" in Der'ât ist vielleicht das einzige haurânische Mausoleum, dessen Inneres noch unentweiht ist ¹).

Man erwartet, dafs ich hier einige Worte über antike Tempel spreche, aber zweierlei hindert mich daran. Einmal habe ich auf dieser Reise diejenigen Städte, in denen sich die grofsartigsten Bauten finden, wie Ḳanawât, Suwêdâ, Hebrân u. A. nicht gesehen, und durch das königliche S'uhbe bin ich flüchtig und ohne vom Pferde zu steigen geritten. Eine treue Berichterstattung über haurânische Tempel darf aber die Denkmäler der genannten Städte nicht ignoriren. Vielleicht ist auch mein gesammeltes Material nicht werthlos, aber ohne genügende Kenntnifs der architektonischen Terminologie würde ich die nöthige Deutlichkeit nur durch eine Menge Zeichnungen erzielen können. Ich verspare mir daher die weitere Behandlung dieses Gegenstandes für den Druck meines Tagebuchs. Aufserdem bin ich über diese Bauwerke noch nicht mit mir im Klaren. Zwar sah ich Säulen in griechischen und lateinischen Ordnungen, Simse, Portale, Nischen im römischen Geschmack, aber das Ganze ist nicht römisch. Römische Kunst hat hier gebaut, aber nicht als Herrin, wie mir scheint, sondern als Dienerin. Wir haben einen Baustyl von ausgeprägter Individualität vor uns, aber er ist nicht griechisch, nicht römisch, und auch nicht syrisch. Weder in Damaskus, noch in den Küstenstädten, noch im cisjordanischen Pa-

---

¹) Der Siknâni (السكناني) steht am Rande einer grofsen „Birke", die aus dem Ḳanâṭir Fir'ôn gespeist wurde. Eine Menge Quader, die man an der einen Seitenwand herausgebrochen, beweisen, dafs man es einmal versucht hat, in das Innere des Baues zu dringen. Wie dieser Versuch vereitelt worden sei, erzählt die locale Sage also: Vor Alters seien die 'Abbâsije nach Der'ât gekommen, um die Schätze zu holen, die der im Siknâni begrabene König bei sich liegen habe, sie aber angefangen, das Gebäude mit schwerem Geschütz (bi 'l medâfi') niederzuwerfen, sei die faustgrofse „persische Ameise" (en Nimle el Fârisije) gekommen und habe die Frevler insgesammt getödtet. Nachdem man mir diese Geschichte erzählt hatte, führte man mich zur Turbet el 'Abbâsije, einer von den übrigen Begräbnifsplätzen abgesonderten, in der Nähe des Siknâni liegenden Necropolis, die einen weiten Flächenraum einnimmt. In dieser Sage scheint sich die dunkle Tradition von einem tragischen Ereignisse der Vorzeit fortzupflanzen.

lästina sah ich dergleichen. Die römischen Zuthaten abgerechnet, hat er auch keine Aehnlichkeit mit Ba'lbek. Ich weifs den Styl mit keinem anderen zu vergleichen, und nenne ihn darum den haurânischen. Aber welches Volk sein Träger gewesen, wie er sich hier ausgebildet, oder hierher gekommen, diese Fragen sind noch zu beantworten. Ich weifs wohl, dafs es Manchem schwer fallen wird, Barbaren bei den Kunstbauten von 'Ammân, Gerasa, Boṣrâ, Ḳanawât, S'aḥbe und vielleicht selbst am Bau des Sonnentempels in Palmyra nicht nur participiren, sondern selbst die Hauptrolle spielen zu lassen. An eine Untersuchung über diesen Gegenstand knüpfen sich mehrere Fragen von historischer Wichtigkeit, weshalb ihr eine sorgfältige Vergleichung der römischen, byzantinischen und arabischen Geschichtsquellen vorangehen mufs. Den Ursprung der haurânischen Tempel wird man in die Zeit der römischen Herrschaft in Syrien setzen müssen. Da dieselbe jedoch von der pompejanischen Occupation an fast hundert Jahre lang im Osten des Landes eine fast nur nominelle und zu wenig unmittelbare war, als dafs in jener Zeit römische Cultur und Kunst dort Eingang gefunden haben könnte, andererseits aber auf Grund der Inschriften um das Jahr 250 das Christenthum schon so allgemein im Lande war, dafs von da ab nur noch Kirchen und Klöster erbaut wurden, so bleibt uns nur der kurze Zeitraum von weniger als 200 Jahren übrig, in den die Erbauung der haurânischen Tempel gesetzt werden mufs. Ein einziger Tempel möchte aus seleucidischer Zeit stammen; er liegt am östlichen Loḥf des Legâ, und wird durch den Wadi Luwa von der Stadt Ḍekîr (ذكر) getrennt. Sein schönes Material ist durch die ganze Stadt verschleppt. Desgleichen habe ich anfänglich einen kleinen Bau am nördlichen Loḥf des Ṣafâ für uralt gehalten, da er aber eine Inschrift trägt, die denen ähnelt, welche ich später in der Ḥarra gefunden und deren Ursprung ich in nachchristliche Zeit zu setzen Ursache habe, so mufs ich auch diese Ruine, obschon nicht ohne Widerstreben, in diese spätere Zeit setzen. Seine rohe Einfachheit aber nöthigt uns anzunehmen, dafs seine Erbauung noch vor dem Eindringen römischer Kunst unter Trajan stattgefunden habe. Seine gewaltigen kohlschwarzen Quadersteine liegen über einander geworfen und sein aus zwei Steinen bestehendes Portal trug folgende Sculptur:

 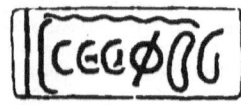

Der gröfsere Stein ist circa 3 Ellen lang, 1¼ Elle hoch und ½ Elle dick. Der kleinere stand vielleicht über dem gröfseren. Die menschliche Figur ist gleich den Schlangenlinien und der Inschrift eingegraben; die Buchstaben sind grofs, $\frac{3}{4}$ Zoll tief und 1 Zoll breit, und so deutlich als wären sie von gestern. Die kleine, circa 8 Ellen in's Gevierte habende Ruine liegt vollkommen einsam und dicht hinter ihr erhebt sich die heifse Wand der träge über einander geschobenen schwarzen Lavawellen. Der Ort ist so schaurig, dafs ein längerer Aufenthalt daselbst zum Wahnsinn führen kann. Als ich hinkam, ruhte auf dem an der Erde liegenden Portale eine grofse schöne kupferrothe Schlange, die sich langsam in die Quadersteine hineinwand.

Einmal in das Ṣafâ zurückgekehrt, schliefse ich hier einige Nachrichten über die „Ruine des Ṣafâ" (Chirbet eṣ Ṣafâ) an, die von den Stämmen des Wa'r auch die „weifse Ruine" (Chirbet el Bêdâ) genannt wird. Da dieses Schlofs aufser der Kirche in Knêse das einzige Gebäude in der Ruḥbe und deren Umgebung ist, dessen Material aus einem feinkörnigen, bläulichen vulkanischen Stein besteht, den eine tausendjährige Einwirkung von Sonne und Witterung um ein Merkliches gebleicht hat, so erscheint es uns im Gegensatze zur schwarzen Lava, auf der es steht und aus der alle übrigen Ortschaften des Ländchens aufgebaut sind, von grauer, und den Beduinen, deren Farbenlehre bekanntlich von der unsrigen verschieden ist, von weifser Farbe. Daher der Name der „weifsen Ruine". Dieses Schlofs ist eines der interessantesten Bauwerke Syriens. Es steht auf dem östlichen Lohf des Ṣafâ und sein Portal öffnet sich gegen die Ruḥbe, die man hier in ihrer ganzen Ausdehnung überschauen kann. Obschon es mit Bastionen umgeben ist, so deutet doch die reiche Arabeskensculptur im Innern, wie die reiche Bildhauerarbeit am grofsartigen durch keine Bastionen geschützten Portale an, dafs man die Kastellform nur der Zierde halber gewählt hat. Auch hat es keinen Wallgraben. Man könnte die ungemein saubere Arbeit für römisch halten und das Schlofs mit der Garnison von Nemâra in Verbindung bringen, um so mehr, als ich im Wa'r zwischen Nemâra und Ruḥbe die Spuren einer Römerstrafse beobachtet habe; aber die schraubenförmigen Pilaster der Byzantiner und die unrömischen Arabesken beurkunden einen späteren Ursprung und die Abbildungen von vierfüfsigen Thieren und Vögeln, die hier als wesentlicher Bestandtheil der Ornamentalsculptur angetroffen werden, bezeugen mindestens die Beimischung eines der römischen und griechischen Architektur fremden Elementes. Das Schlofs steht frei und bildet genau ein Quadrat, dessen Seiten 95 Schritte lang sind, nach folgendem Grundrisse:

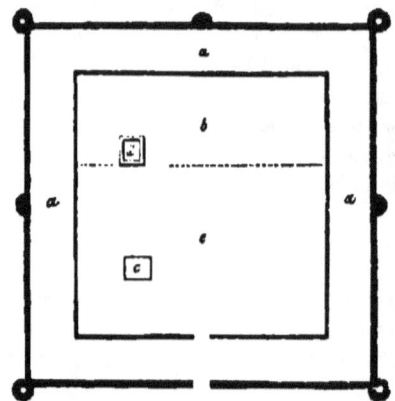

Die vier Eckbastionen sind in der Mitte hohl, die drei Seitenbastionen dagegen mit Mauerwerk ausgefüllt. Die schöne Mauer des Schlosses ist einen Meter dick und in der ersten, dritten und fünften Steinlage reichen die mit Cement verbundenen Quader immer durch die ganze Breite der Wand. Im Innern stofsen die Zimmer (*a*) unmittelbar an die äufsere Mauer, aber bei der Zerstörung und dem späteren rohen Umbau, der auch grofsentheils wieder eingestürzt ist, wird es einige Mühe kosten, den ursprünglichen, obschon wie ich glaube sehr einfachen Bauplan herauszufinden. Die Zerstörung ist eine absichtliche und so totale gewesen, dafs von der äufseren Mauer und den Basteien kaum über 2½ Klafter Höhe übrig geblieben ist. Eine Wand, an deren Westseite einige Zimmer standen, theilt den innern Raum des Gebäudes in zwei ungleiche Vierecke (*b* und *e*) und scheint das gewesen zu sein, was der heutige Bewohner der Ruhbe´an seinem Zelte die Sâḥa (سا‍حة) nennt, nämlich die Scheidewand zwischen der Familienwohnung (Gynaeceum) und dem Theile des Hauses, wo Besuche empfangen, Gäste beherbergt und die männlichen Diener untergebracht werden. Ein Thurm (*d*), welcher an dieser Scheidewand steht, ist aus den Trümmern des Schlosses später aufgeführt, denn die Quader sind ohne Cement und ohne alle Kunst roh über einander geschlichtet, und eine Menge Sculpturen als gemeine Bausteine, oft sogar verkehrt eingesetzt. Das zum innern Hofe führende Thor hatte schöne Arabesken. Ein im äufsern Hofe befindliches Bassin (*c*) ist verschüttet. Der ursprünglich aus einem einzigen Blocke bestehende, jetzt mehrfach zerbrochen am Boden liegende Architrav ist genau 4½ Meter lang, $\frac{84}{100}$ Meter hoch und $\frac{84}{100}$ Meter tief; seine Arabesken, Blumen und Traubengewinde fallen sehr angenehm in's Auge und bei allem Reichthume seiner Zierrathen ist er doch keineswegs überladen. Seine untere, unmittelbar über dem drei Meter weiten Thore stehende Partie enthält in zwölf Kreisen Thiergestalten. Ich wollte die Darstellung für den Zodiacus halten, da das erste Thier zur linken Hand ein Löwe, das darauf folgende ein Stier ist, und das dritte dem Widder ähnelt, aber von da ab scheinen die Figuren mit den Bildern des Thierkreises wenig Gemeinsames zu haben. Der vierte Kreis enthält eine Gazelle, auf deren Rücken ein Vogel mit gespreizten Flügeln steht. Es soll wohl der arabische Sperber (Isbir) sein, der noch heutigentags zur Gazellenjagd abgerichtet wird. Das fünfte Thier ist schwer zu erkennen, vielleicht ist es ein Kameel. Das sechste hat zwei kurze gerade Hörner und einen Höcker auf dem Vordertheile des Rückens; das siebente ist nicht zu erkennen, da es durch den Bruch des Architravs gelitten hat; das achte scheint ein Pferd zu sein; das neunte ist wieder ein Thier, worauf ein Jagdfalke mit ausgebreiteten Flügeln sitzt; das zehnte ist ein Vogel mit kurzem Schnabel, dickem Leibe und kurzen Füſsen: er hat viel Aehnlichkeit mit einem schwerfälligen Wasservogel. Meinem Reisegefährten Muḥammed Effendi schien es der Dûgân zu sein, eine plumpe Falkenart, die noch jetzt zur Jagd verwendet wird und wegen ihrer Schwerfälligkeit, und weil sie nach ihrer Abrichtung die frühere Freiheit vergiſst und keinen Hang zur Flucht verspürt, der „Esel des Jägers" (Ḥimâr eṣ Ṣêjâd) heiſst. Das eilfte ist ein Thier mit einwärts gebogenen Widderhörnern, auf dem eine Gazelle steht. Der zwölfte Kreis enthält einen Steinbock. Ueber dem Rücken der einzelnen Thiere laufen die ¼ Meter weiten Kreise in drei bis vier breite Blätter aus. Da mir eine genaue Zeichnung des Architravs nicht gelungen ist, so mögen die gegebenen Notizen genügen. Um jedoch die Eigenthümlichkeit, ja auffällige Fremdartigkeit der dortigen Architektur einigermaſsen zu veranschaulichen, gebe ich eine Probe der Sculpturen, mit denen mehrere riesige in der Nähe des Architravs liegende Quader bedeckt sind:

Diese ohngefähr ⅔ Meter hohen Hautreliefs mochten zusammengestellt 5 Meter lang sein, und es wechselten in ihnen ein Vogel, eine Blume, darauf ein vierfüſsiges Thier, eine Blume u. s. w. ab. Sie standen ohne Zweifel über dem Architrav und vollendeten den architektonischen Schmuck des Portals. Neben dem Schlosse hat man aus dessen Trümmern und Sculpturen später ein kleines Gebäude roh aufgestellt. Ich bemerkte an ihm auf einem Steine das Bild eines Löwen und Kameels, welche beiden Thiere in dieser Zusammenstellung bei den Arabern das Symbol des Herrschens und Gehorchens sind. Dieselbe Zusammenstellung haben wir als Stickerei auf dem berühmten rothseidenen Kaisermantel in Nürnberg, den die sicilianischen Muhammedaner gegen das Jahr 1150 christlicher Aera ihrem Herrscher, dem

Normannenfürsten Roger, zum Zeichen ihrer Unterwürfigkeit geschenkt haben. Die sehr gut gezeichneten Thiergestalten haben keine abgerundeten Formen, sondern sind oben flach; dasselbe ist mit den Trauben und Blättern der Fall und der Gesammteindruck dieser fast mit heraldischer Strenge ausgeführten Ornamente gab mir das Bewufstsein, dafs wir es hier mit einer in ihrer Art sehr ausgebildeten, aber uns noch unbekannten Kunst zu thun haben. Wer mag das Schlofs erbaut haben? Vergebens suchte ich mit meinen Begleitern nach einer Inschrift, die uns hätte Auskunft geben können. Mit einigen Hebebäumen würden wir die bei dem Thore liegenden grofsen Quader haben umwenden und so vielleicht eine Inschrift entdecken können, aber aufser den schwachen Zeltstangen der Beduinen giebt es in der ganzen Ruḥbe kein Holz. Dennoch lassen sich mit einiger Bestimmtheit folgende Andeutungen geben: Ein mächtiger Herrscher erbaute sich das Schlofs, um die Wintermonate daselbst zu residiren und dem Genusse der in dieser Jahreszeit paradiesischen Ruḥbe zu leben, einem Genusse, der bei der Unzugänglichkeit des Ländchens durch das Gefühl der Sicherheit erhöht wurde. Die das Schlofs umgebende Ortschaft wurde dann von seinen Verwandten, Dienern und den Vornehmen des Volks bewohnt. Andere bewohnten die übrigen in der Nähe gelegenen Schlösser und Ortschaften. Im April oder Anfang Mai verliefs der Fürst mit den Seinigen die Ruḥbe, um sich in kühlere Gegenden seines Reiches zu begeben, denn, wie bereits bemerkt, kann während des Sommers weder Mensch noch Vieh in der Ruḥbe und ihren Umgebungen existiren. Ich fragte die gegenwärtigen Bewohner der Ruḥbe, wo die Herren des Schlosses im Sommer gewohnt haben könnten? und man antwortete mir: Wo anders als da, wo wir im Sommer wohnen? Das wäre am östlichen Haurânabhange. Daraus würde sich folgern lassen, dafs das Schlofs des Ṣafâ eine Winterresidenz der Könige von Ost-Haurân gewesen. Wer waren diese Fürsten? Wann bestand ihr Reich? Zehn Tage später wurde ich beim Anblick eines 10 Minuten von der osthauranischen Stadt Sa'ne (صنع) entfernten Schlosses lebhaft an die weifse Ruine und ihre Erbauer erinnert. Es hatte dieselbe Quadratform, dieselben kreisrunden Eckbastionen, dieselbe Manier des Baustyls; sein $3\frac{49}{100}$ Meter weites Portal befand sich gleichfalls in der Mitte der Ostseite des Quadrats. Obschon es mir nicht vergönnt war, die Sculpturen des Architravs zu sehen, der herabgestürzt und mit einem Berge von Quadersteinen bedeckt ist, so erkannte ich doch sofort, dafs dieser Bau und die weifse Ruine von einem und demselben Volke herrühren müssen. Nur hatte das Schlofs von Sa'ne einen andern Zweck. Es war nicht zur „Fantasia", wie der Araber sagen würde, sondern zu Schutz und Trutz erbaut worden, und daraus erklären sich Abweichungen in der Anlage. Zu drei Fünftheilen wird es von dem tiefen und steilen Wâdi Bûsân umschlungen, seine Umschliefsungsmauer ist 2,30 Meter dick, die Seite des Quadrats 135 Schritte lang und die Zwischenbasteien sind viereckig. Zwischen der äufsern Mauer, auf welche rechts vom Portale eine Treppe führt, und den innern Bauten ist ein 13 Schritte breiter freier Raum gelassen, der jetzt rings um das Schlofs herum voll der schönsten Mandelbäume steht. Desgleichen ist der ganze Bau durch eine von Ost nach West laufende, 13 Schritt breite Strafse in zwei gleich grofse Quartiere getheilt, ein nördliches und ein südliches, die wiederum von Nord nach Süd von zwei Gassen durchschnitten werden. Am Westende des südlichen Quartiers ist ein grofser freier Platz gelassen. Wie bei der weifsen Ruine ist auch hier die Cisterne dem durch das Portal Hereinkommenden zur linken Hand. Auch dieser Bau ist gewaltsam zerstört worden.

Ich komme nun zu einer Errungenschaft meiner Reise, die ich für werthvoll halte. Es ist eine Sammlung von nahe an **sechshundert Inschriften**, von denen ohngefähr zehn unzweifelhaft altsemitische Charaktere haben und zu der Klasse gehören, welche man neuerdings **nabatäische Inschriften** zu nennen beliebt; gegen zweihundertsechzig sind in noch unbekannten Schriftzeichen und gegen dreihundert in griechischer und lateinischer Sprache geschrieben. Von den nabatäischen folgen hier zwei Proben, von denen ich No. 1 über einem kleinen Fenster an der äufsern Wand der Schlofskirche in Salchat gefunden und dadurch copirt habe, dafs wir an ein Seil das Joch eines Pfluges banden, auf das ich mich setzte und die Wand hinaufziehen liefs [1]). Dieses Kunststück, bei dem wegen der Aufmerksamkeit der Araber nichts zu fürchten ist, habe ich an verschiedenen Orten ausgeführt. No. 2 fand ich im Innern desselben Gebäudes rechts von der Thüre in einem dunkeln Winkel. Sie ist als gemeiner Mauerstein nahe am Fufsboden verkehrt in die Wand eingesetzt. Die Steine beider Inschriften sind gleich grofs (2 Spannen hoch, 3 Spannen breit), und von ein und derselben Steinart (einer schwarzen porösen Masse). Die schattirte Stelle in No. 1 bezeichnet einen Schaden im Steine, der mir ursprünglich zu sein scheint. Von No. 2 ist ein Stück abgebrochen.

---

[1]) Das Joch fanden wir in Salchat, weil sich seit vier Monaten eine kleine Gesellschaft von muselmännischen und christlichen Colonisten daselbst niedergelassen und einen Theil der Stadtflur mit Weizen und Gerste besäet hatte. Da ihnen aber die Heuschrecken alle Saaten abgefressen hatten, so schickten sie sich an, die Stadt wieder zu verlassen.

No. 1.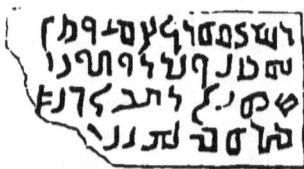

No. 2.

Die zweite Art meiner Inschriften fand ich im Lande Ruḥbe und, so unglaublich es scheinen mag, in der Ḥarra. Doch finden sich auch vereinzelte Spuren davon im östlichen Haurân und im Legâ. Ihre Schreibart ist die bustrophische. In ihrem Alphabete findet man Anklänge bald an das griechische, bald an das alte syro-semitische und sehr oft an das himjaritische, ihr Inhalt aber ist bis zur Stunde noch vollkommen unentziffert und wartet seines Oedipus. Einige Proben meiner Copien findet der Leser auf einer lithographirten Tafel diesen Blättern beigefügt. Die sub „I. Aeltere Inschriften" gegebenen haben grofse und breite Charaktere und müssen, da sie zum gröfsten Theil stark verwittert und oft auch nicht mehr zu lesen sind, aus einer frühen Zeit herrühren. Auch spricht die Form der Buchstaben für ein höheres Alter. Dagegen haben die sub „II. Jüngere Inschriften" gegebenen meist dünne, oberflächlich und flüchtig eingegrabene Buchstaben, die jedoch durchweg sehr gut erhalten sind, weil sie augenscheinlich aus jüngerer Zeit stammen. Zwischen der Entstehung der ersten und zweiten Art mögen mehrere Jahrhunderte liegen.

Diese Inschriften sind häufig mit flüchtigen Zeichnungen verbunden, wie mit dem Bilde eines jagenden Reiters, einer Frauengestalt, die sich die Haare ausrauft, oder die von einem Reiter durchbohrt wird, eines Mannes, der mit erhobenem Stock ein Kameel treibt, eines gefiederten Pfeiles, einer Sonne von Strahlen umgeben, eines Löwen, Steinbocks, Käfers u. s. w.

Alle diese Inschriften stehen auf rohen oft freiliegenden, oft noch im Boden haftenden, unbehauenen vulkanischen Blöcken, welche die Zeit mit einem braunen Lack überzogen hat, und lassen sich fast immer mit Leichtigkeit lesen, weil der dunklere Ueberzug des Steines gegen den helleren Grund der Buchstaben scharf absticht. Da die Steinklumpen selten eine ebene Fläche für die Schrift darboten, so mufste diese allen Erhebungen, Vertiefungen und Biegungen des Steins folgen, oft um zwei oder mehrere Seiten desselben herumlaufen, oft Kreise bilden, oft schlangenartig sich winden, oft schnecken- (spiral-) förmig in sich zurücklaufen. Dadurch werden die Copien erschwert, indem man oft bei einer einzigen fünf, sechs verschiedene Stellungen einnehmen mufs, sie werden unsicher und haben, auf Papier gebracht, die sonderbarsten Formen. Rechnet man die bustrophische Schreibart dazu, so entstehen in vielen Fällen Zweifel, ob man es mit einer oder mehren Inschriften zu thun habe. Diese Momente werden bei der Flüchtigkeit der Schrift selbst nach erkanntem Alphabet und Idiom die Erklärung vieler Inschriften nach Copien unmöglich machen. Anders natürlich ist es, wenn dann ein Kenner an Ort und Stelle lesen und copiren wird. Ich habe einen solchen vielleicht 25 Pfund schweren Stein mit mir nach Damaskus gebracht, auf dem zwei deutliche Inschriften stehen. Sollten die Königl. Museen seinen Besitz wünschen, so werde ich ihn nach Berlin einschicken, oder bei meiner nächsten Urlaubsreise mitbringen. In der Ḥarra wird man noch viele dieser Inschriften finden, aber es gehört ein hoher Grad von Begeisterung für die Wissenschaft dazu, in diesem glühenden, wasserlosen Lande tagelang von Stein zu Stein zu steigen und des Nachts kein freies Plätzchen zu finden, wo man ein Zelt aufstellen könnte. Dabei dürfte es grofse Mühe kosten, die Pferde und Saumthiere von einem Nachtlager zum andern zu bringen, denn inmitten der Ḥarra ist es absolut unmöglich zu reiten, da das von den Vulkanen ausgeworfene Gestein oft in weiten Strecken so eng neben einander geschlichtet erscheint, dafs das Pferd nirgends im Stande ist, sicher aufzutreten [1]). Dennoch sind das Alles Dinge, die eine Durchforschung der Ḥarra nicht unmöglich machen. Lust, verständige Anordnung und Geld werden auch sie überwinden. Das Vorhandensein dieser Inschriften in der Ḥarra ist ein Räthsel, da dieselbe niemals bewohnt gewesen ist und es niemals werden wird. Nur in den Wintermonaten kann der einsame Hirt aus der Ruḥbe in manchen Theilen derselben seine Ziegen auf eine dürftige Weide führen, die zwischen den Steinen hervorsprofst. Stammen also diese Inschriften von Hirten her? Haben dortige Hirten jemals zu schreiben verstanden? Was konnten sie an Orte schreiben, von denen sie wufsten, dafs aufser ihnen Niemand hinkommen würde? Wohl nur Spielereien: ihre eigenen Namen und höchstens Verse, Liebeslieder. Dafür würden die Zeichnungen weiblicher Gestalten sprechen, die immer im Naturzustande sind. Allerdings liegt dem Hirten nichts näher, als seine Ge-

---

[1]) Mit dieser Schilderung steht die Ausführung meiner Reise von Nemâra durch die Ḥarra nach Haurân in keinem Widerspruche. Dafs die Militairstation Nemâra eine Communication mit einem Waffenplatze haben mufste, an den sie sich anlehnte, versteht sich von selbst. Dieser Platz war S'aḳḳa, das mich die Inschriften als Colonia Romana kennen lehrten, und in welcher Stadt noch jetzt der grofsartige Palast der Präfecten (el Ḳaiṣarije) steht. Eine solche Communication hat man dadurch hergestellt, dafs man auf der Strecke von S'bikke bis an den Fufs des Haurânabhanges mehrere Ellen breit die Steine beseitigte, was für einige Tausend Hände keine schwere Arbeit war, da diese Steine durchschnittlich nicht grofs sind. Gegen Süden hin erscheint aber die Ḥarra undurchdringlich.

danken auf glatte Steine zu schreiben, aber welches Grabeinstrument hatte er dazu? Wahrscheinlich eine Lanzenspitze, einen Dolch, den die Beduinen des Wâ'r noch heutzutage viel tragen; namentlich unter den Sulût im Legâ habe ich keinen erwachsenen Mann gesehen, der aufser der Muskete nicht seinen breiten krummen Dolch im Gürtel getragen hätte. Aber die Schrift ist in den eisenfesten Dolerit für ein solches Instrument immer entschieden zu tief eingegraben und die Zeichnungen sind durchgängig für die ungeübte Hand des Hirten zu gut gemacht. Unter den heutigen Beduinen hat sich aufser der koranischen Legende keine Tradition über den Ursprung dieser Schriften erhalten, die uns einen rationellen Fingerzeig geben könnte. Der Koran spricht bekanntlich von einem ungläubigen Volke der Vorzeit, welches Gott durch einen Steinregen von der Erde vertilgt hat. Diese Steine (Sigill) waren in der Glut der Hölle gehärtet und mit den Namen derer beschrieben, welche sie treffen sollten. Eine solche Darstellung genügt dem einfachen Volke, da durch sie das Vorhandensein der Inschriften, die fremdartige vulkanische Natur der Steine, und der Umstand erklärt wird, dafs sie nicht Felsen bilden, sondern wie vom Himmel geregnet in losen Klumpen die wellige Ebene Tagereisen weit bedecken[1])

Dafs diese Inschriften in einer semitischen Sprache, ja speciell in einem arabischen Dialecte geschrieben, steht wohl aufser Zweifel. Haurân und die Trachonen waren immer die Heimath der Araber, die römischen und griechischen Schriftsteller nennen ihre Einwohner immer so und es liegt kein historisches Zeugnifs vor, dafs jene Länder von einer nichtarabischen Bevölkerung überflutet worden wären. Selbst die Syrer und ihr bekannter Dialect sind, wie man mit Sicherheit behaup-

---

[1]) Will man annehmen, dafs der Koranlegende die Thatsache wirklicher Steinfelder mit Inscriptionen zu Grunde liegt, so mufs man vermuthen, dafs im Higâz auf ähnlichem vulkanischen Gestein ähnliche Inschriften vorkommen, wie dergleichen vielleicht auf dem vulkanischen Rayon des todten Meeres zu finden wären. In der Geographie des Abulfeda pag. 129 (Ausgabe von Sohier, Dresden 1846) heifst es: „In der Nähe des todten Meeres liegt das Land des Volkes, unter dem Lot (Abrahams Brudersohn) lebte. Es heifst das umgestürzte Land, ist unfähig der Cultur und erzeugt nichts Grünes. Es ist ein schwarzer Distrikt, der mit Steinen besäet ist, die sich unter einander an Gröfse gleichkommen. Man erzählt sich, dafs sie die beschriebenen Steine (el Higâre el Musawwame) seien, welche Gott auf Lots Landsleute regnen liefs." Die Harra kann nicht besser definirt werden, und ich glaube auch, dafs Abulfeda nur von ihr spricht. Aber es wäre auch möglich, dafs er ein südlicheres Vulkangebiet beschriebe. Fänden sich aber diese Inschriften auf mehreren Punkten der Strafse in den Higâz, so würden sie uns als die Spuren des Weges gelten können, auf dem das Volk, von dem die Inschriften der Harra herrühren, aus dem Süden Arabiens nach Syrien gekommen. Dabei müfste man aber wohl annehmen, dafs dieses Volk, ehe es unter Wanderung und Niederlassung endlich nach Syrien gekommen, nicht wie die Kinder Israel vierzig Jahre, sondern vielleicht ein Jahrhundert und mehr gebraucht habe.

ten kann, niemals bis dahin gedrungen. Die mittelsyrischen Gebirge waren ihre Heimat und Damaskus mit seinen nächsten Umgebungen ihr Gränzgebiet im Osten und Südosten.

Ich breche hier die Untersuchung über die Ḥarrainschriften ab, um zu den arabischen überzugehen. Diese stammen meist aus der Zeit 600 der arabischen Aera und finden sich in den wichtigeren Plätzen des südöstlichen und südlichen Ḥauranabhangs, in Sâlâ, ʿOrmân, Salchat und Boṣra, und beweisen, daſs diese Plätze um jene Zeit (um 1200 nach Chr. Geb., also während der Kreuzzüge) vorübergehend eine starke Bevölkerung und wie es scheint auch eine bedeutende Industrie gehabt haben. Denn der arabische Geograph Jâḳût el Ḥamawi berichtet von dem Städtchen ʿEnak (das er اعناك schreibt), daſs in ihm zu jener Zeit Teppiche (Buṣṭ) und gute Kleiderstoffe fabricirt worden seien. Diese Thatsache ist für die Geschichte nicht ohne Wichtigkeit. Während es factisch ist, daſs die Kreuzzüge Europa entvölkert haben, muſs sich da nicht unwillkürlich die Frage aufdrängen: „und das kleine Syrien konnte diese endlosen Kämpfe führen, ohne entvölkert zu werden?" Darauf giebt uns der noch ungedruckte historische Roman des Dinâri über die Kreuzzüge, den ich in 26 Bänden vollständig besitze, die Auskunft, daſs in jener, das Abend- und Morgenland gleich erschütternden Zeit aus Kurdistân, Maseuderân, Chorasân und dem Turkmannenlande bis über Samarkand hinauf eine Art Völkerwanderung nach Syrien stattgefunden habe. Diese gleich den Kreuzzügen religiöse Bewegung hatte den Zweck, das heilige Land gegen die Franken zu vertheidigen. Aber sie hat wie die Kreuzzüge wenige Spuren im Lande zurückgelassen. Bis auf einige kleine Turkmannenstämme in Golân und dem weidereichen Ḳanêṭra ist diese fremde Colonisation im mittleren und südlichen Syrien verschwunden. — In Sâlâ wurden die Bauten im Jahre 632 arabischer Aera auf Befehl des Sultan ʿIzzeddin Êbek von dessen Mamluken Ḳeimar geleitet. In Salchat finden sich eine Menge der schönsten Inschriften aus dem Jahre 629. Burckhardts Nachricht, daſs das Minaret der Hauptmoschee nur 200 Jahre alt sei, ist ein Irrthum. Der Thurm trägt ganz deutlich die Jahreszahl 630. Die Moschee selbst scheint eine Kirche gewesen und fränkischen Ursprungs zu sein, denn die französischen Lilien finden sich nicht nur in der genannten Moschee, sondern auch auf einem groſsen Quadersteine, der am Hauptthore der Stadt liegt. Ein neben der Moschee gelegenes Gebäude hat einen geräumigen Saal, der von Spitzbogen getragen wird. Diese werden sonst nirgends in Haurân gefunden und können nur von den Kreuzrittern herrühren. Ueber die fränkischen Herren von Salchat und die Wiedereroberung der Stadt durch die Muselmänner lesen wir in dem oben erwähnten Buche des Dinâri ein Langes und Breites, das zwar im Ganzen Dichtung, aber nicht ohne historische Grundlagen sein wird, wenn man auch in Europa allgemein annimmt, dafs Salchat niemals in die Hände der Kreuzfahrer gefallen sei. Die herrliche Citadelle von Boṣrâ, in deren Souterrains, einem wahren Wunder der Baukunst, ich über zwei Stunden lang herumgewandert bin, wurde zwischen 550 und 650 vollständig aufgebaut. Fast jede Bastei hat ihre chronologische Inschrift. Ich gebe nur einige:

„Im Namen Gottes! Es befahl den Bau dieses Burg (حِبْرُج d. h. dieser Bastei) der gerechte König, das Schwert der Welt und des Glaubens, der Schild wider die Ungläubigen und Abgötterer, der Herr der heiligen Städte (Mekka und Medina), Besitzer von Jerusalem, Syrien, Aegypten, Jemen, Chilâẓ (خلاط), Chôi und Suleimanîje, unser Herr Abû Bekr Ibn Ejûb Chalîl u. s. w. Der Bau wurde vollendet im Monat Ṣafar 610." An einer andern Bastei heifst es: „Dieser Burg heifst „der begründete Sieg" (en Naṣr el ma'mûr) und er wurde gebaut in den Tagen des Königs Abû Bekr Ibn Ejûb und seines Sohnes des Königs Isâ. Der Grund wurde gelegt im Jahre 599." Die Moschee der Citadelle, welche in den Souterrains liegt und sehenswerth sein soll, ist laut der Inschrift des Portals im Jahre 620 erbaut. Da sie gegenwärtig als Häckerlingmagazin benutzt wird und bis an die Decke gefüllt war, so konnte ich mir ihr Inneres nicht besehen. Die grofse Stadtmoschee datirt vom Jahre 618. Ihre weifsen Marmorsäulen (welche aus einem Stücke bestehen, 1' 75" Meter Umfang und — Sockel und Capitäler ungerechnet — 4' 30" Meter Höhe haben), sollen nach einer lebendigen Tradition der Bewohner des Orts auf eigens dazu construirtem Fuhrwerke aus den Ruinen von Geras (Gerasa) nach Boṣrâ gebracht worden sein. Wäre diese Tradition wahr (und man wird sie kaum bezweifeln können, wenn sich die Angabe bestätigen sollte, dafs bei jenem Transporte auf dem Wege von Geras nach Boṣrâ einige allzugrofse Säulen liegen geblieben seien), so würden mehrere griechische Inschriften, welche diese Säulen tragen, nicht auf Boṣrâ, sondern auf Geras bezogen werden müssen. Ein Seitenstück dazu würde die grofse aus 85 Säulen und 3 Thoren bestehende Gebetshalle (arab. Ruwâḳ) in Der'ât bilden, welche laut Inschrift im Jahre 650 von Saladin's Statthalter, dem Emir Nâṣireddin 'Oṭmân Ibn 'Alî errichtet worden ist. Nach der Tradition des Volks sollen die benachbarten Orte No'ême und 'Arâr Säulen dazu geliefert haben, was bei der geschmacklosen Verbindung des verschiedenartigsten Materials recht gut denkbar ist. In Boṣrâ fand ich die Baulichkeiten des ehemals so berühmten muselmännischen Wallfahrtsortes „Mebrak en Nâḳa (der Stelle, wo die Kameelin des Propheten bei seiner Reise nach Syrien niedergekniet sein soll) sehr in Verfall gekommen. Das Heiligthum des weitläufigen Gebäudes ist der Mebrak. Er befindet sich in einem kleinen Zimmer und besteht aus einer circa 2 Ellen langen und etwas schmäleren Steinplatte von Dolerit, mit 6 Vertiefungen, deren eine vom Halse, vier von den Knien und eine vom Nabel des Thiers eingedrückt worden sein soll. Vor vier Jahren hat Saʼid Pascha von Aegypten eine eingestürzte Kuppel wieder aufbauen lassen, unter der das Kind seines Vorgängers Abbas Paschas begraben liegt, das den Ruwala-Arabern zur Erziehung übergeben, im Jahre 1854 in der Nähe von Boṣrâ gestorben ist. Auf dem hübschen Grabsteine stehen zwei sinnreiche arabische Verse:

امسيتُ ضيف الله فى دار الهنى

وعلى المضيف كرامة الضيفان

تعفو الملوك عن نازل فى سوحهم

كيف النزيل بساحة الرحمان

Der Tag hat sich geneigt, ich bin als Gast
Im reichem Hause Gottes angekommen,
Und Gäste sind ja freundlich überall
Vom Gastfreund und mit Ehren aufgenommen.

Kann durch den Eintritt in die Königsburg
Ein Fehlender Verzeihung schon erlangen,
Wie dürfte dann nicht hoffen wer ins Haus
Des allbarmherz'gen Gottes eingegangen?

Darunter steht: „Das ist das Grab Muḥammed Paschas, Sohns des verstorbenen Abbas Paschas, Regenten von Aegypten. Starb den 9. Dulḥigge 1270". Das Wort Regent ist mit einer feinen Schmeichelei durch ʼAzîz Miṣr, den constanten Beinamen des pharaonischen Josephs, ausgedrückt. Für den Araber liegt die Hauptschönheit der beiden Verse in der Idee des Gastrechts, welches im ersten und des Asylrechts, welches im zweiten Verse in Anspruch genommen wird. In beiden werden nach arabischer Vorstellung die Erwartungen des Ankömmlings niemals getäuscht. Von den Erziehern des Kindes, den auf ihr Asylrecht stolzen Ruwala, und für die Grabstätte im patriarchalisch gastfreien Haurân hätte kein passenderes Epitaphium gewählt werden können.

**Lateinische Inschriften** finden sich häufig auf den Felsblöcken um Nemâra herum, da sie aber nicht tief genug eingegraben waren, so sind sie gröfstentheils verwittert, nicht mehr mit Sicherheit zu lesen, und lassen uns über die Zeit, wo dieser Militärwachposten besetzt war, in Ungewifsheit. Die oberwähnte Inschrift der III. Legion ist absichtlich zerstört. Auch scheint es, dafs auf diesen einsamen, von allen Annehmlichkeiten des Lebens entblöfsten Posten selten Römer aus guter Familie versetzt worden seien, so wie wohl auch der gröfste Theil der hier gelegenen Legionäre aus Arabern bestanden haben wird, weil diese dem Klima eher trotzen konnten. Wir lesen zwar Namen wie Seleucus, Flavius, Hadrianus, Flavius Maunus, aber in einer griechischen Inschrift wird auch ein Araber Achû Burd ($Ἀχῶος$ $Βόρδου$) als Commandant des Platzes genannt. Lateinische Inschriften sind mir sonst auf meiner Reiseroute seltener vorgekommen, da sich die Römer in diesen Ländern bekanntlich immer der griechischen Sprache bedient haben. Aufser den bereits bekannten in Boṣrâ, die ich verglichen, fand ich eine in S'akkâ, einer römischen Colonie, eine in der Stadt Imtân, eine andere in Rîmet el Loḥf und hin und wieder Meilensteine. Die letzteren haben gewöhnlich 1½ Meter Höhe, ⅓ Meter Dicke und sind rund, so dafs man sie leicht für Säulenstücke hält. Sie enthalten die Namen des Kaisers, unter dem sie gesetzt wurden, mit einem epith. ornans, z. B. victoriosissimus, und darunter die Meilenzahl. Der Raṣîf oder die Römerstrafse ist in jenen Ländern 12 Schritte breit und durch vier Reihen aufrechtstehender Steine in drei gleich weite Felder getheilt. Die zwei äufseren Reihen werden von einem Graben begränzt, welcher, je nach dem Terrain, mehr oder weniger tief ist.

Meine zahlreichsten Inschriften sind die griechischen, und da sie meist in Ortschaften copirt worden, in welche vor mir keine Europäer gekommen sind, so wird ihnen ein archäologischer Werth nicht abzusprechen sein. Es sind Ueberschriften von Tempeln, Theatern, Kirchen, Klöstern, Gemeindegasthäusern ($πανδόχια$), Rathshäusern ($δημόσιοι\ οἶκοι$), Privathäusern, Wasserreservoirs ($λίμναι$), selbst Gemeindetaubenhäusern ($περιστερεῶνα$)[1]. Es sind Votivtafeln, obrigkeit-

---

[1] Noch heutigentags hat man deren, und sie sind für Ortschaften, die in der Nähe grofser Städte liegen, von grofsem Nutzen. Weifs man sie gegen Schlangen und Marder (nims) zu schützen, so giebt oft ein einziges Taubenhaus eine jährliche Rente von mehr als 1000 Thalern. Es ist ein über 30 Ellen hoher, runder oder quadrater freistehender Thurm, el Burg (Tauben-Burg) genannt, von Bruchsteinen oder Ziegeln aufgebaut. Oben ist er offen und seine innern Wände sind mit Löchern für das Nisten und mit Treppen oder Leitern versehen. Unten hat der Thurm eine Thüre. Gefüttert werden die Tauben niemals. Die Jungen werden immer des Vormittags ausgenommen, wenn die Alten, um Futter zu suchen, ausgeflogen sind.

liche Verordnungen, Aufschriften von Leuchtern (λυχνοῦχοι), Grabschriften u. s. w.

Wenn solche Inschriften auf besonderen Tafeln der Vorderseite eines Gebäudes eingesetzt sind, so bestehen diese Tafeln immer aus Dolerit und haben diese Form:

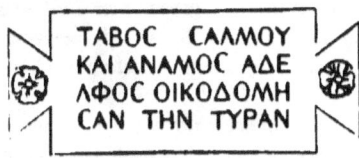

Aber nicht immer faſst das Viereck die ganze Inschrift und man findet oft Buchstaben in den Henkeln, wo alsdann die Rosetten gewöhnlich fehlen. Oft steht ein Theil der Inschrift auſserhalb der ganzen Figur, namentlich das Datum, welches dann auch dem aufmerksamsten Copisten oft entgehen kann.

Alle diese Inschriften stammen aus zwei Perioden, der heidnischen und christlichen. Die erste Art hat einfache, leicht leserliche Charaktere. Die andern tragen häufig das Symbol des Christenthums an sich, nämlich ein Kreuz von variirender Form, dem mitunter noch der Name Jesus oder Christus beigefügt ist, z. B.

Diese christlichen Inschriften haben die verschiedensten kalligraphischen Manieren, lassen sich oft schwer, theilweise nur von den geübtesten Kennern lesen und sehen nicht selten häſslich aus. Wie die Mönche des Mittelalters die einfachen lateinischen Zeichen verzerrt haben, so thaten es diese Araber mit den griechischen. Dabei lieſs sich die Beobachtung machen, daſs die Inschriften an Häſslichkeit zunehmen, je weiter man sich vom Ḥaurângebirge nach Süden und Südosten hin entfernt. Mitunter sind die Buchstaben unter einander geworfen,

---

Wo die syrische Feldtaube keine solchen Thürme findet, nistet sie in Höhlungen steiler Felswände, oder in den Wänden tiefer und weiter Brunnen, die wenig besucht werden.

gleich als habe man das Verständnifs absichtlich erschweren wollen. In Nimre befindet sich eine Inschrift, in der die Ligaturen so übertrieben sind, dafs es vielleicht unmöglich sein wird, sie zu entziffern. Dagegen besitzt die Stadt Imtân zwei Inschriften in einem Lapidarstyl des vierten Jahrhunderts, der sich auf dem Steine selber sehr hübsch ausnimmt. Die Buchstaben sind gegen vier Zoll hoch, gleichen dicken senkrecht stehenden Linien, an denen die unterscheidenden Zeichen auf ein Minimum reducirt und kaum erkennbar oben, unten und in der Mitte angebracht sind.

Die allgemeine Geschmacklosigkeit dieser spätern Inschriften verbunden mit der nachlässigsten Orthographie, bei der grobe Fehler und störende Auslassungen sehr häufig sind (so steht statt τo κρινον „die Obrigkeit" in zwei Inschriften τo κυνον) sprechen für die Ansicht, dafs wir es hier mit einem Volke zu thun haben, bei dem die damals in Syrien so allgemein verbreitete griechische Sprache noch wenig Wurzel geschlagen und im öffentlichen Leben noch keine Geltung erlangt hatte, wenn sie auch als die heilige Sprache der Kirche für Monumentalinschriften im Gebrauche war. Mitunter will es sogar scheinen, als hätte man in den Inschriften für manche griechische Charaktere die entsprechenden des einheimischen Alphabets gebraucht, oder sie nach ihnen umgemodelt. So finden sich in Mâlikîje und in der Stadt Melach ein Paar griechische Inschriften, in denen die sonderbarsten Zeichen vorkommen.

Dagegen enthalte ich mich alles Urtheils über Inschriften von der Art der beiden folgenden, die ich auf S'bikket en Nemâra gefunden habe:

1) ⟨inscription⟩
2) ⟨inscription⟩

Die oben ausgesprochene Ansicht, dafs wir uns die Urheber dieser griechischen Inschriften wohl als reine Araber zu denken haben, erhält dadurch eine weitere Bestätigung, dafs sie der damaligen Sitte, ihre Namen gegen griechische zu vertauschen, noch wenig oder gar nicht gehuldigt zu haben scheinen, denn die vorkommenden Eigennamen sind in der Regel rein arabische, z.B. Ἀζιζος عزيز, Σαβαος سبع, Ὀβειδος, Ὀβαιδος und Ὀβεδος عُبَيْد, Ἀβουδος عَبُود, Ἀβιβος حبيب, Μαλεχος مالك, Μαιημερος مَعِيم (noch jetzt gewöhnlich), Ὀδεναros und Ὀδαι-

ναθος اُنَيْبِْ (vergl. Odenathus, Nebenkaiser in Palmyra), Ἀσουαδατος اسودانى (schwärzlich) oder اسود (schwarz), Ἀνουνος حَنُون, Ζοβειδος زبيد, Σαουδος سَعود, Σαμσος شمس (oder nach der Beduinenaussprache richtiger سمس); auch kann es Abkürzung sein für عَبْدُ الشَّمس, wie das vorhergehende حنون statt عبد الحنون, Μογιτος مُغيث, Γαυτος غَوْث, ein ächt himjaritischer Eigenname, Ὀμειυατα اُمَيْنَة Frauenname, οὐνειναθη حنينة, Deminutiv von حَنّة Ḥanna; Σολεμαθη سليمة Sulêma; Τοβαιαθη, Deminutiv von ظَبِية die Gazelle, Frauenname u. s. w.[1])
Daſs mit solchen arabischen auch lateinische und griechische Eigennamen vermischt vorkommen, braucht nicht bemerkt zu werden, aber ich versichere, daſs man auf der ungeheueren Necropolis in Der'ât, wo sich leicht hunderte von griechischen Grabschriften finden lassen (ich habe deren acht bis zwölf copirt), unter zehn Eigennamen nicht drei griechische antreffen dürfte.

Für unsere Archäologen werden die griechischen Ortsnamen, welche ich in den Inschriften wiedergefunden habe, von besonderem Interesse sein. Das Städtchen Grên (الجُرَيْن) im Legâ hat seinen griechischen Namen in 4 Inschriften aufbewahrt. Drei derselben beginnen mit den Worten τὸ κοινὸν Ἀγραινης „die Obrigkeit von Agraena", und eine nennt den Ort Γραινη. Die Einwohner der bedeutenden Ortschaft Negrân im Lega heiſsen in einer Inschrift οἱ ἀπὸ φυλῆς Μανιηνων. Gewiſs war das Lega schon zur Römer- und Byzantinerzeit von Stämmen bewohnt, die in den Ortschaften des Lohf Ackerbau und im Innern Viehzucht trieben. Reducirt man den Stamm der Maniëner in 'Arab el Mânî (المانع) und weist man einem Theile derselben Wohn- oder Weideplätze an dem Gebirge an, welches von el Kiswe ab gegen den See von el Higâne hinläuft, so wäre es möglich, daſs dieses Gebirge (Gebel el Mânî) vom Stamme, oder dieser von ihm benannt

---

[1]) Formen wie Odenathus, Solematha, Tobaeatha (wofür wir Odêna, Solêma, Tobaea erwarten sollten) sind nicht ohne sprachliches Interesse, da sie beweisen können, daſs das Volk, von dem diese Inschriften herrühren, noch einen antikeren Dialect des Arabischen besessen, das Final-ŭ noch auſser der Annexion angewendet und sich vielleicht selbst der Endvocale bedient habe. — Das T in Τοβαιαθη nöthigt uns nicht, ein plattes oder aramäisches Ṭabja (statt Zabja) zu statuiren, ebensowenig wie uns die Form Tabea in Apostelgesch. 9, 36 dazu nöthigt. Da die griechische Sprache den Laut des ẓ (ظ) nicht hat, so giebt sie ihn oft durch das verwandte t wieder.

worden. Die obenerwähnte Ortschaft auf der Höhe des ʿAgêlât-Gebirges, zwischen den Städten el Museunef und Umm Ruwâḳ, heifst in den Inschriften κωμη Ἔγλων. Ich halte das griechische Wort für den Genitiv einer Pluralform Ἔγλα, die sich dem noch jetzt bei den Beduinen des Waʿr gebräuchlichen ʿAgêlâ anschliefsen und Dorf des ʿAgêlâ- oder ʿAglâ-Gebirges bedeuten würde. Die ruinenreiche Ortschaft Dûr (الدور) am Legâ heifst Δορεα. Von der Stadt Melaḥ (sprich: מֶלַח) hat eine Inschrift die Genitivform Μουλεχου. Dagegen lautet das Städtchen el Mâlikîje Μαλεχα, was auf eine antike Form Mâlika oder Malkâ deutet. Und in der That wird der Ort nur von den Drusen el Mâlikîje, von den Beduinen des Wäʿr dagegen el Malkâ (im Idiome der Wüste el Maldschâ lautend) genannt [1]). Einige Male

---

[1]) Die Tradition der Beduinen ist aufserordentlich treu. So nennen sie das biblische Edreʿi noch jetzt Edreʿât (أَذْرَعَات), wie es Ptolemäus und Abulfeda schreiben, (nur hat Letzterer immer ḏ (ذ) statt d (د). Aber schon die Beni Ṣachr liefsen das Vorschlag-Elif weg, wobei sich in natürlicher Folge die Vocale verrükken und das Wort Derʿât (ذَرَعَات) lautet. In der Stadt selbst, in der Nuḳra und in Damascus verkürzt man den Namen weiter in Derʿâ (دَرْعَا, was man oft noch mit unhörbarem ة — ة دَرْعَة schreibt). Die biblische Form אֶדְרֶעִי, statt der man dem Arabischen analog אֶדְרָעוֹת erwarten sollte, hat ihre Schwierigkeiten. Bei den Beduinen ist אֶדְרָעִי (أَذْرَعِي) die Nisbe und bedeutet den Einwohner von Edreʿât. Bei dieser Gelegenheit mufs ich jener Ruinenstadt am westlichen Legâ, welche die Damascener Ezraʿ (أَزْرَع) nennen, gedenken, weil sie noch fortwährend (trotz der trefflichen Distinction in der Ritter'schen Geographie) mit Edreʿi verwechselt wird. Der Ort heifst bei den Beduinen Zoraʿ (زَرَع) und diese Aussprache stimmt mit der in den Inschriften überlieferten Form völlig überein. Wollten also die Geographen auf meinen Vorschlag diesen Ort künftig Zoraʿ und den ersteren Edreʿât (oder Derʿât) schreiben, so würden jene Confusionen nicht mehr möglich sein. Nicht weniger instructiv erschien mir die Form, die der Ortsname Ḳanawât bei den Beduinen hat. Mit Recht behaupten die Archäologen, dafs diese Stadt dem biblischen Ḳenât (4 Mos. 82, 42) entspricht. Die Etymologie allein ist bei dieser Annahme nicht bestimmend, denn die Ortschaft Ḳenâje in der Nuḳra läge fast noch passender. Der Gleichklang der Endungen will auch nichts sagen, denn Ḳanawât ist eine Pluralform, was Ḳenât wohl sein kann, man müfste denn (abgesehen von sprachlichen Schwierigkeiten) hier einen Arabismus constatiren. Aber das biblische Idiom liebt die Sibolets eben nicht, wenn auch ihr Vorkommen zugegeben werden mufs. Ḳenât ist also für eine mit Ḥamât (die Stadt Ḥamâ, 4. Mos. 13, 22) gleiche Form zu halten, contrahirt aus Ḳenawa (קְנָוָה) oder Ḳenawet (קְנָוֶת) ganz wie Ḥamât, dessen volle Schreibart im Arabischen (הַמָאת) den

fanden sich zerbrochene Inschriften, auf denen nur noch einige Buchstaben vom griechischen Ortsnamen erhalten waren, wie in der Stadt Ijûn [1]), wo die Schrift hinter πολεως Βο... abgebrochen war. Ebenso in Rîma am südlichen Lohf des Legâ, wo die Inschrift hinter Κωμη των Τπογ... endete. Uebrigens findet sich von diesem Orte auch noch der griechische Name Ριμεα, denn es ist nicht ungewöhnlich, dafs hauranische Städte doppelte Namen haben, den einheimischen und den griechischen. Dafs die osthauranische Stadt ʻOrmân (عرمان) nach dem Namen ihres Restitutors, des Kaisers Philippus Arabs, auch Philippopolis heifst, ist bekannt, auch für die Stadt Imtân, die den Beinamen der „Ziehbrunnenreichen" (الزحّاف) hat [2]), habe ich in den Inschriften

---

dritten Radical andeutet und dessen Nisbe Ḥamawi (Einwohner von Ḥamât) diesen dritten Radical selber bringt. Die jetzigen Beduinen nennen die Stadt nur Ḳanawa, niemals Ḳanawât, erkennen also in ihm keine Pluralform an, die mit ihrer arabischen Bedeutung („Wasserleitungen") bei einer Zusammenstellung des Worts mit dem biblischen Ḳenât („sicheres Besitzthum") sehr störend war. Dafs sich aber aus קָנָה (noch jetzt im Arabischen „das sichere Besitzthum" bedeutend) im Hebräischen fast naturgemäfs קְנָת bildet, weifs jeder biblische Philolog. — Die treue Ueberlieferung der Beduinen wird der Archäologie im Sprachlichen wie im Sachlichen noch manche Dienste leisten.

[1]) In der Bibel wird einige Mal Ijôn als nordpalästinische Stadt erwähnt. Sollte bei einer dieser Stellen an unsere Stadt gedacht werden können, so müfste man dem Worte, statt ihm eine hebräische Etymologie („Trümmer") zu geben, wohl seine arabische Bedeutung („Quellen") lassen. Zahllos quellen die Brünnlein um die ganze Stadt herum und trotz der Tausende von weidenden Kameelen der Sirhân-Araber wateten wir bis an die Kniee im Grase der den Ort weithin umgebenden Wiesen.

[2]) Die Brunnen liegen auf einer wadi-artigen Vertiefung des Terrains, durch welches die Stadt in zwei Theile getheilt wird. Die Seile der Eimer haben in die steinernen Ränder der Brunnen tiefe Rinnen geschnitten, so dafs man sich dem Wahne überläfst, als müfsten die Brunnen noch jetzt im Gebrauche sein, und doch ist die Stadt wohl seit 1200 Jahren Ruine. Hierbei mag erwähnt werden, dafs es die Araber lieben, ihren Städten glänzende Beinamen zu geben. Die in diesen Blättern beschriebene Stadt Melaḥ hat den Beinamen eṣ Ṣarrâr „die Tönende", weil, wenn die grofse Ḥalase des Stadtthors früh geöffnet und Abends geschlossen wurde, nach der Tradition der Beduinen die trompetenartigen Töne der steinernen Thürangeln in dem vier Stunden entfernten Bergschlosse Dêr en Naṣrâni gehört worden sind. War dies der Fall, so mufs man mir nicht das rechte gezeigt haben, denn das, welches ich mit Hilfe zweier meiner Begleiter ohne grofse Anstrengung bewegt habe, knarrte zwar in scharfen, beim Oeffnen und Schliefsen verschiedenen Tönen, aber man wird diese Töne höchstens bis zur Entfernung einer halben Stunde gehört haben. Die Stadt Ṣamma hat den Beinamen el Berdân, nach Anderen el Baradân. Die Stadt Megdel hat den Zusatz eš S'ôr, der schon oben erklärt wurde. Wahrscheinlich würde man mir von anderen wichtigeren Plätzen meiner Reiseroute solche Beinamen genannt haben, wenn ich darnach gefragt hätte, denn alle gröfseren Städte Arabiens haben sie. So heifst Mekka el Mušerrefe „die Geadelte", weil das Gotteshaus (die Kaʻbe) daselbst steht; Medina heifst el Munawware „die Lichtstrahlende", weil in ihr das Grab des Propheten ist; el Ḳudus (Jerusalem) heifst

zwei Benennungen gefunden, nämlich *Μοθάν* und *Ἀγαθώπολις*. Im ersten finden wir mit einer geringen Veränderung den einheimischen wieder, der gleichzeitig mit dem griechischen Namen existirend, gewifs auch vor demselben vorhanden war, so wie er ihn auch überlebt hat. Es liegt die Vermuthung sehr nahe, dafs Agathopolis nur eine Uebersetzung von Imtân ist. Aber dieses (אֲמִיתָן) bedeutet in allen semitischen Dialecten eine starke, feste Stadt, welche Bedeutung jenes nicht hat; *ἀγαθός* müfste denn in dem späteren Idiome auch tüchtig, stark bedeutet haben. Einen Beweis übrigens, dafs man gerne einheimische Ortsnamen übersetzt hat, liefert die Stadt el Mismič (المسمينة) im Legâ, die gröfste Ortschaft in der ganzen mittelsyrischen Vulkanregion, Boṣrâ nicht ausgeschlossen. Schon Burckhardt fand sie in den Inschriften *κώμη τῶν Φαινησίων* genannt, und ich habe noch ein Paar andere dazu gefunden. Die Benennung Phaene scheint mir aber nur die Uebersetzung von el Mismič zu sein, was die berühmte, einen glänzenden Namen habende Stadt bedeutet. Ein durch seine Vorzüge Andere überragender Mann ist noch jetzt in Damaskus Mismi, und eine durch Schönheit berühmte Frau heifst Mismič.

eš Sʻerif „die Edle", weil es der Wohnsitz so vieler Propheten war; Miṣr (die Hauptstadt Aegyptens) hat den Beinamen el Ḳâhira „die Unterjochende" (woraus unser Cairo gebildet worden); Baġdâd heifst Zôrâ (الزوراء) „die Auenreiche"; Hille heifst Fêḥâ (الفيحاء) „die Duftende"; Môsul hat den Beinamen Ḥadbâ (الحدباء) „die Gebogene", weil sich die Stadt über einen Bergrücken hinzieht; Haleb wird Sʻahbâ (الشهباء) genannt. Die Uebersetzung dieses Wortes hat seine Schwierigkeit. Die Löwin heifst Sʻahbâ „die Fahle", der Wein ist Sʻahbâ, wenn er eine gelbliche Farbe hat, und Haleb würde von dem weifsgelben Aussehen seiner Stadt oder seines berühmten Castells „Scheich Jebrak" also benannt sein. Nach dem Poeten hiefse die Stadt „Sʻahbâ" von Sʻuhub, was bei uns prosaische Sternschnuppen, bei den Muselmännern aber Flammengeschosse sind, welche die Lichtgeister allnächtlich auf die himmelstürmenden Dämonen schleudern, und die Stadt würde „die Donnerkeilführende" wegen der Tapferkeit ihrer Bürger genannt; Ḥamâ heifst el Meḥmije „die Gottbeschützte" und Ḥomṣ (Emesa) el ʻAdîje (العديه) „die Kühlunghauchende", insofern die Stadt bei ihrer günstigen, gegen Westen hin offenen Lage immer Seeluft hat. Der stolze Damascener aber nennt seine Stadt: Kinânet Allah „den Köcher Gottes", d. h. den Ort, aus dem Gott seine Geschosse zum Verderben der Ungläubigen entsendet. Von hier aus wurden unter Saladin und Bibars die Kreuzfahrer aus Jerusalem und Syrien vertrieben, in den hiesigen Schulen wurden fortwährend die Gelehrten gebildet, welche durch Wort und Schrift den Unglauben siegreich bekämpft haben. In diesem Sinne sagt man auch: eš Sʻâm Kubbet el Islâm „Damascus ist die Kuppel des Islam", d. h. Vollendung und Schmuck des geistigen Doms der Religion. Wogegen sich das junge Volk, wenn es einmal bei seinen nächtlichen Orgien in den Gärten von der Polizei ertappt wird, damit entschuldigt, dafs Damask „der Wohnsitz der Liebe" sei: Dimišḳ dâr el ʻIšḳ.

Am Schlusse dieses Artikels erwähne ich eines kleinen Umstandes, der mir Vergnügen gemacht hat, weil durch ihn zwei griechische Ortsnamen ermittelt wurden. Burckhardt hat in Sâlâ (er schreibt die Stadt irrig „Zaele"), dem östlichsten Orte, zu dem er gelangte, eine Inschrift copirt. Auch ich fand sie vor der nördlichen Stadtmauer neben einer künstlich ausgemauerten und mit einem geschmackvollen Bau umschlossenen reichen Quelle, und da seine Reisebeschreibung bei mir war, verglich und corrigirte ich seine Abschrift:

| Burckhardts Copie: | Dieselbe nach Vergleichung mit dem Originale: |
|---|---|
| ΓΑΟΥΟC ΘΕ | ΓΑΔΟΥΟC ΘΕΜΟ. |
| ΚΑΙ ΑΤΑCΑΘΟC | ΚΑΙ ΑΤΑCΑΘΟC |
| ΓΑΛΑ. ΑΝΘΙΟ | CΑΛΑ. ΑΝΗCΘΙΟΙ |
| ΕΚΤΗCΑΝΤΟ ΕΤ | ΕΚΤΗCΑΝΤΟ ΕΤ |
| . . . . . . . | C̄Ν̄Δ ΕΥΤΥΧΩC |

(„Gaduos Temo... und Atasatos Sala... haben es im Jahre 254 in Gemeinschaft glücklich aufgebaut)[1]. Ich erinnerte mich einen Gaduos

---

[1] Ich verwahre mich gegen die Vermuthung, als hätte ich diese Inschrift bringen wollen, um Burckhardt der Ungenauigkeit zu zeihen. Nach einem mehr als zehnjährigen Aufenthalte in Ostsyrien habe ich ein Recht, den Werth der über jene Gegenden publicirten Reisewerke zu beurtheilen und ich erkläre, dafs Burckhardt's Aufzeichnungen zur Zeit noch unübertroffen sind. Er hat tiefe Blicke in den arabischen Nationalcharakter, in die socialen Verhältnisse und Culturzustände des Landes gethan, und seine geographischen Nachrichten und Monumentalbeschreibungen sind, weil mit der kältesten Objectivität, mit einer Treue niedergeschrieben, die vielleicht jedem Andern unerreichbar bleibt. Seine Inscriptionen anlangend, so ist es schon dankenswerth, dafs er sie in seinen Verhältnissen hatte copiren können. Die Heimlichkeit, Schnelligkeit und Unruhe, mit der dies geschehen mufste, machte eine sorgfältige Vergleichung der Copie mit dem Originale in den meisten Fällen unmöglich, und ohne solche bleibt eine jede Copie unzuverlässig. Die Verzerrung der griechischen Buchstaben, die Ligaturen oder Abbreviaturen, die unbekannten Appellative, die Lichenen, womit die Inschriften bedeckt sind, die schwarze Farbe der Steinplatte, der Umstand, dafs die Inschrift selten mehr an ihrem ursprünglichen Orte, sondern als gemeiner Baustein oft verkehrt und oft so hoch eingemauert ist, dafs man die kaum einen Zoll hohen Buchstaben schwer unterscheiden kann, die schlechte Beleuchtung, insofern die Sonne oft gerade vor der Inschrift steht und die Vertiefungen der Buchstaben nicht beschattet, oder die Inschrift gar nicht bescheint, so dafs Fläche und Vertiefung gleich schwarz ist — diese und andere Dinge erschweren in Haurân das Copiren von Inschriften. In bewohnten Ortschaften kommt dazu das gräfsliche Zetergeschrei der Weiber über das „Bannen" ( Ragd رصد ), wie sie das Copiren nennen, durch welches die in der Inschrift erwähnten Schätze wieder auf mehrere Menschenalter hinaus unentdeckbar gemacht werden. Einige deutsche und mehrere englische Gelehrten haben Burckhardts Fehler in der Wiedergabe arabischer Ortsnamen allzu bitter getadelt. Aber die Herren bedenken nicht, dafs Burckhardt kein arabischer Philolog, und dafs er bei seinen Aufzeichnungen meist nur auf die Autorität eines einzigen, des Schreibens unkundigen Bauern oder Nomaden (seines Führers) angewiesen war. Ich möchte sehen, wie sich jene Herren mit dem Dutzend Buch-

anderwärts gelesen zu haben, suchte in meinem Journal und fand den Namen in einer Inschrift, die ich in Têmâ über der Hausthüre der Scheichswohnung gefunden hatte. Sie lautet:

ΓΑΔΟΥΟϹ ΚΑΙΑΚΛΑΘΟΥ ΕΚΤΗϹΑΤΟ

So stellte sich heraus, dafs in Temo... ein Temiot und in Sala.. ein Saliot stecken mufste. Die Temioten, nur *THMIΩTAI* geschrieben (schon aus dem oben gegebenen Verzeichnisse von Eigennamen sieht man, dafs in diesen griechischen Inschriften das arabische ث bald mit $\vartheta$ bald mit $\tau$ und das ى mit vorhergehendem Fath abwechselnd mit $\epsilon$, $\alpha\iota$ und $\eta$ wiedergegeben wird), werden noch auf einer Tempelinschrift in Genêne erwähnt, welche aussagt, dafs sie zugleich mit den Einwohnern der Ortschaft *Διάθη* (ديات) am Bau geholfen haben. Auch dieses Diâțe existirt noch; es liegt 1¼ Stunden östlich von Muṣennef am gleichnamigen Wâdi; doch bin ich nicht selbst dort gewesen. Es ist eine grofse Ortschaft und scheint gut conservirt zu sein. Ein anderes, nur kleineres Diâțe fand ich im Legâ zwischen Dâmâ und Negrân.

So viel über meine Inschriften, die ich vollständig zugleich mit meinem Reisetagebuche zu veröffentlichen hoffe.

Manchem, der an dieser Reise um den östlichen und südlichen Haurân Interesse genommen, dürften sich dabei nahe liegende Fragen aufgedrängt haben, wie: Stehen wir in diesen Gegenden auf biblischem Boden? Oder: Stammen jene merkwürdigen Bauten Haurâns, an denen hundert Jahre spurlos wie ein Tag vorübergehen, aus späterer Zeit, oder ragen sie aus einem entfernten Alterthume herüber und sind sie in Uebereinstimmung mit der Annahme berühmter Alterthumsforscher (vergl. Carl Ritter's Paläst. u. Syrien II, 964) vielleicht gar noch jene Städte, von denen die Schrift in 5. Mos. 3, 4. 5 spricht, jene unzerstörbaren Denkmäler und Zeugen aus den Zeiten des Riesengeschlechts, von denen der König Og zu Basan einer der letzten war (Vers 11)? Denn hier in Haurân haben wir das Reich des Königs Og zu suchen. Ich beschliefse daher diese Mittheilung mit einer archäologischen Untersuchung, deren geringe Ausführlichkeit ich theils mit der Bestimmung dieser Schrift, theils mit dem mangelhaften literärischen Apparate, dessen ich mich dabei bedienen konnte, zu entschuldigen bitte.

--- --- ---

staben ihres Alphabets und jenem dicken Ohre, das für die feinen Consonantenunterschiede des Arabischen absolut keinen Sinn hat, beholfen würden, wenn sie wie Barckhardt ohne Beihülfe eines arabischen Schreibers in dem menschenleeren Lande herumwanderten! Es möchte wohl kommen, dafs sie unter zehn arabischen Namen nicht zwei richtig schrieben, wären sie selbst die gelehrtesten Arabisten.

Einer Beantwortung der Frage, in wie weit dieses Land zum Erbtheile der Kinder Israel gehört habe, müssen wir einige Bemerkungen über den Umfang des nördlichen Amoriterreichs (Basan) voranschicken, dessen Eroberung Moses letzte grofse That war. Es erstreckte sich nördlich bis an den Hermon (5. Mos. 3, 8.), umfafste Golan (Cap. 4, 43.), alle Städte der Ebene (Cap. 3, 10.), d. h. der Hauranebene von der Südgränze Gedùr's an bis hinab zur Zerḳâ, ferner Kenâth (Cap. 4, 42.), jetzt Ḳanawât, folglich auch den westlichen Abhang des Haurângebirges, und das Land bis gen Salcha (Cap. 3, 10.), bis zum heutigen Salchat, also die ganze südliche Abdachung des Gebirges, desgleichen die sechzig Flecken Jairs (Jos. 13, 30; vergl. mit 1. Kön. 4, 13.) oder das Land Argob bis an die Gränze von Gesùri und Maachati (5. Mos. 3, 14.). Diese meist in Verbindung mit dem nördlichen Gilead (Jos. 13, 11; vergl. mit 1. Chron. 2, 23), dem heutigen 'Aglûn, oder der Stadt Abîl am S'erî'at el Mandûr (1. Mön. 15, 20.) erwähnten Länder können nur in der Nähe der Ostseite des Sees Genezaret gesucht werden. Argob wird das Land sein zwischen dem Jordan und der Zumle; Maachati das spätere Hippene bis in die Nähe des „Rofshügels" (Tell el Faras) und Gesûr das heutige Ḳanêṭra mit dem anliegenden Theile Gôlâns bis an den Fufs des Hermon[1]). Auf die Aehnlichkeit des Wortes Argob mit den Ruinen von Râgib im District el Kûrâ, desgleichen darauf, dafs Gesûr und Ḳanêṭra dasselbe („Brücke") bedeuten könnten, lege ich bei dieser Bestimmung wenig oder kein Gewicht. Vielleicht bedeutet Gesùr nicht sowohl „Brücke", als vielmehr (der arabischen Collectivform Gsûr — جسور — entsprechender) „Brückenland", wegen der häufigen Ueberbrückungen der dortigen zahlreichen Wildbäche mit hohen Ufern.

Nach Allem, was wir somit von Haurân an Basan überlassen mufsten, bleiben uns von diesem nur noch die höchsten Gebirgsparthien und der ganze östliche Abhang übrig. Die Trachonen kommen hier gewifs nicht in Betracht. Der östliche hat, wie aus diesem Berichte ersichtlich, nichts Anziehendes für ein eroberndes Volk,

---

[1]) Bekanntlich hatten die Stämme Ruben, Gad und halb Manasse ihrer grofsen (Kameel-) Heerden wegen die weidereichen Ostjordanlande zum Wohnsitze verlangt. Der wasser- und weidereichste Theil aber nicht nur Peraeas, sondern von ganz Syriens sind die Provinzen von Ḳanêṭra und Golân, weshalb auch dort die heutigen Nomaden (von denen die Wanderstämme allein weit über 300,000 Kameele sechs Monate im Jahre dort weiden, während nach dem Steuerkataster der damascenischen Regierung noch andere 42 Beduinenstämme das ganze Jahr daselbst nomadisiren) alle ackerbautreibende Bevölkerung seit langen Jahrhunderten vertrieben haben. Daher liegen die zwei Hauptstädte Ḳanêṭra und Golân mit allen ihren Ortschaften in Trümmern.

und Moses wird ihn, selbst wenn er ein Theil von Basan gewesen, gewifs unangetastet gelassen haben. Dasselbe scheint auch vom westlichen Trachon (dem Legâ) zu gelten. Für ein heerdenreiches Volk, das üppige Weiden braucht, wäre die Eroberung eines wasserlosen, im Ganzen wenig fruchtbaren Lavaplateau's, das noch dazu von dem Mittelpunkte des neu zu gründenden Staates sehr entfernt war, eine wenig ersprießliche Unternehmung gewesen, die übrigens bei der Leichtigkeit, mit der sich das Legâ selbst gegen den stärksten Feind vertheidigen läfst, eine gröfsere Kraftanstrengung gekostet haben würde, als die Eroberung der „Ebene" von Basan, welche die Israeliten gewifs beim ersten Andrange überflutet und durch den Sieg bei Edrei dauernd in Besitz genommen haben. Ibrahim Pascha, dessen Heere Stambul zittern machten, bestürmte das nur von 5000 Männern vertheidigte Legâ im Jahre 1838 neun Monate lang mit seiner ganzen Macht, opferte über 20,000 reguläre Truppen und kam nicht in seinen Besitz. Dasselbe war im Jahre 1850 der Fall, wo Muhammed Kuprusli Pascha mit dem ganzen Armeecorps von Arabistan vergebens das Legâ bestürmte. Die Ansicht derjenigen biblischen Archäologen, welche das Legâ für das basanitische Argob halten, empfiehlt sich nach meiner Ansicht aufserordentlich wenig. Was endlich den östlichen Haurân betrifft, so giebt uns die Bibel nicht nur keinerlei Andeutung, dafs er zugleich mit Basan erobert worden, sie nöthigt uns sogar durch die Gränzbestimmung von Salcha (5. Mos. 3, 10. Jes. 13, 11) zur Annahme, er habe nicht zu Basan gehört und sei von der mosaischen Invasion verschont geblieben. Und dafs sich der jüdische Staat auch später im Nordosten nicht dauernd erweitert habe, ist bekannt, wenn auch 1. Chron. 6, 14 die salchater Gränze nicht wiederholt erwähnt würde.

Zwar hat der um die syrische Geographie sehr verdiente Herr J. L. Porter, Mitglied der englischen Presbyterianermission in Damascus in einigen Abhandlungen die Behauptung aufgestellt, dafs das Land Batanaea (der aus einer aramäischen, oder vielmehr arabischen Form des Wortes Basan entstandene spätere griechische Name dieses Landes) im östlichen Haurânabhange liege, aber ich fürchte, dafs meinem gelehrten Freunde die Beweisführung nicht gelungen ist, die sich hauptsächlich auf folgende zwei Punkte stützt. Erstens werde der östliche Haurân noch gegenwärtig von seiner Bevölkerung Betenîje (بَتَنِيْه) genannt; zweitens finde sich noch jetzt daselbst eine Ruinenortschaft Betenîje. Es läfst sich nicht läugnen, die beiden Beweise scheinen sehr positiver Natur und einladend genug zu sein, darauf weiter zu bauen. Auch fand die neue These bald Anhänger und die Karten von Syrien haben sich beeilt, sie zu adoptiren, wiewohl mancherlei Umstände zur Behutsamkeit hätten mahnen können. Einmal wufste man noch wenig vom östlichen Hauran, und ich gestehe, es kam mir recht wunderlich vor, als ich zum ersten Male auf den Karten den Namen Batanaea mit Unzialschrift in der östlichen Leere schwimmen sah. Sodann war die Lage Basans im Westen des Gebirgs niemals zweifelhaft gewesen und wenn auch die spätere Tetrarchie Batanaea nur ein Theil des alten Reichs war, so konnte doch dieser Theil nicht aufserhalb des Ganzen liegen, denn die Salchater Gränzbestimmung deutet an, dafs der östliche Hauran nicht zu Basan gehört habe. Aber auch angenommen, er habe dazu gehört, so blieb es doch immer gewagt, eine Provinz, in der sich der alte Reichsname erhalten hat, in den entlegensten Winkel[1]) zu versetzen, statt sie weit natürlicher im Mittelpunkte des Reichs zu suchen. Endlich hatte Basan seinen Namen nicht von einer Stadt erhalten, denn seine beiden in der Bibel oft genannten Hauptstädte waren Astarot und Edrei; wenn sich also neuerdings eine Ortschaft Beṭenîje mit gleichnamiger Umgegend gefunden hätte, so dürfte man nur annehmen, dafs die vielleicht nicht einmal antike Ortschaft ihrer Umgegend den Namen gegeben habe, aber man war keineswegs berechtigt, den Ursprung des Namens Basan auf eine der Bibel unbekannte, oder den des Namens Batanaea auf eine den späteren Autoren unbekannte Ortschaft zurückzuführen.

Nach Carl Ritter (Erdkunde von Palästina und Syrien II, 940) war Eli Smith[2]) der Erste, welcher von einem Lande Beṭenîje im Osten des Gebirges gehört hatte; „nur sei er ungewifs geblieben, ob sich dieser Name südlich bis Salchat erstrecke."

Ich war recht begierig, über die Sache ins Reine zu kommen. Die Ruinen der neuentdeckten Batanaea machen sich auf den Karten so breit, und können wohl Jemanden auf seltsame Gedanken bringen. Vielleicht waren sie am Ende gar die Ruinen von Astarot, das bekanntlich verloren gegangen und zeither vergebens im See von Mezêrib, unter den Schafhürden von Tell Estere und Gott weifs wo sonst noch gesucht worden ist[3]). Das wäre ein Capitalfund gewesen. Noch am

---

[1]) Der Ruinenort Beṭenîje steht in den nach Porters Angabe construirten Karten östlich vom Legâ.

[2]) Der gelehrte Dr. theol. Eli Smith, Vorstand der unirten anglo-amerikanischen Mission für Syrien, starb im Jahre 1857 in Beirût.

[3]) Unter allen, die Astarôt nach Angabe des Eusebius 6 Millien von Der'ât entfernt suchten, hatte Seetzen wohl den besten Gedanken gehabt. In der Kruse'schen Ausgabe seiner Reisen, Bd. I, 384 heifst es: „Og wohnte zu Edrei und Astarôt (Turra?)." In solcher Form giebt Seetzen hin und wieder interessante Andeutungen.

Abende meiner Ankunft aus der Ruḥbe in Têmâ wandte ich mich an eine Anzahl Männer, die uns zu begrüſsen ins Gastzimmer des Scheichs gekommen waren, mit der Frage: „Euer Land heiſst Beṭenîje?" Nein, antworteten sie, Têmâ gehört schon zu Ḥaurân; die Arḍ el Beṭenîje liegt nördlich von uns und S'aḳḳâ, Hît und Hêjât gehören zu ihr. „Sind die Ruinen der Stadt Beṭenîje groſsartig?" fragte ich weiter, erhielt aber keine Antwort; die Leute hatten mich nicht verstanden. Da bezeichnete ich ihnen nach den Karten genau die Lage dieser Ruinen und erhielt nur folgende Auskunft: Es liege dort keine Ortschaft Beṭenîje, sondern nur die Mezra'a (Bezeichnung für ein kleines Dörfchen) Bṭêne (heutige Aussprache der Form بُتَيْنِة Buṭeine). Ruinen gäbe es daselbst nicht. Diese Auskunft stimmte meine Erwartungen bedeutend herab. Während ich von Têmâ aus den östlichen Ḥaurân nach dem Süden hin durchzog, erkundigte ich mich sorgfältig bei den Einwohnern der Städte Umm Ruwâḳ, Muṣennef und Bûsân, ganz besonders aber bei den Jahrhunderte lang dort ansäſsigen Gebirgsbeduinen (Ahl el Gebel), die niemals die Gegend verlassen, und erfuhr mit gröſster Bestimmtheit, daſs das ganze Land vom Gipfel des Gebirges bis zur Ḥarra, und von Têmâ bis Umm el Ḳuṭên nur Ḥaurân heiſse, und der Name Arḍ (Landstrich) el Beṭenîje sich auf die Umgegend von Bṭêne beschränke. Einige zwanzig Tage später kam ich selber nach Arḍ el Beṭenîje und in der Wohnung meines Freundes 'Abbâs el Ḳal'âni wurden seine Gränzen vor mindestens 30 Männern aus S'aḳḳâ und der Umgegend bestimmt, nämlich: Im Osten die Hermîje und im Westen der Wâdi Luwâ, doch wurden die Dörfer des Loḥf sammt ihren Fluren östlich vom Luwâ nicht zu Beṭenîje gerechnet [1]). Seine Länge entspricht der des unterhalb Tafchâ beginnenden und südwestlich von Tell el Aṣfar endenden Luwacanals. Die Orte Nimre, Tafchâ und S'uhbe wurden schon zu Ḥaurân gerechnet. Sonach würde Arḍ el Beṭenîje ein Landstrich von circa sechs Stunden

---

Vor 4 Jahren war der alte Fâḍl el Maḥâmid, Scheich in Der'ât, längere Zeit in Damascus, um die Ortschaft Chirbet el Gazâle wieder zu erlangen, die früher dem Hause Maḥâmid gehört hatte, aber ihm von der in der Nuḳra mächtigen Familie el Ḥarîri entrissen worden war. Zugleich suchte er einen Theilnehmer zum Wiederaufbau von Turra, kam deshalb öfter zu mir, und versicherte immer, daſs Turra der wichtigste Punkt in der ganzen Nuḳra sei. Als ich auf dieser Reise nach Der'ât kam, fand ich es in groſser Bewegung und seine Aeltesten (Ichtiarîje) in permanenter Versammlung, weil man eben zwei neue Colonien gegründet hatte, Na'éme 1¼ Stunde südöstlich und Turra circa 2 Stunden nordwestlich von Der'ât. Ich kam nicht nach Turra, glaube aber, daſs die „Wichtigkeit" des Platzes in seinem trefflichen Boden und seiner geschützteren Lage bestehe.

[1]) Der Wâdi Luwâ hat seinen Namen von lawâ „umschlingen", weil er das Legâ im Osten und zum Theil auch im Norden umschlingt (jelwi 'alâ Loḥf el Legâ).

Länge und vielleicht zwei Stunden Breite (im Norden weniger) sein. Daſs er seinen Namen von Bṭêne hat, scheint kaum zweifelhaft zu sein. Auch kann sprachlich die Gegend von Bṭêne nicht anders als Arḍ el Beṭenîje (الْبَتَنِيَة statt des antiken الْبَتَنِيَة) heiſsen, wie auch die Umgegend von Medîna nur Arḍ el Medenîje heiſsen kann. Das Eine ist nur dabei störend, daſs der Ort so klein ist, der einem gröſseren Striche den Namen gegeben. Ich machte dies der Versammlung in S'aḳḳâ begreiflich, und sprach die Vermuthung aus, der Ort möchte einst wohl gröſser gewesen sein. Aber die Leute erwiderten treffend, daſs zwei Dinge von der ehemaligen Gröſse einer hauranischen Ortschaft Zeugniſs ablegten: Ruinen und Cisternen (Birke's). Ruinen gäbe es in Bṭêne nicht und die Cisternen seien nur zwei kunstlose elende Löcher. Dennoch besuchte ich den Ort selber. Er liegt eine halbe Stunde östlich von Hèjât, am nördlichen Fuſse zweier Hügel von schönen ovalen Formen. Es hat 16 bis 20 unbedeutende steinerne Häuser (andere giebt es in Ḥaurân nicht), von denen ungefähr 10 noch stehen und 6 bis 10 groſsentheils eingefallen sind. Das Dorf ist eng zusammengebaut und hat zwei Wachthürme von circa 45 Fuſs Höhe. Desgleichen fand ich zwei unvollständige griechische Inschriften (die nebenher bemerkt in keiner hauranischen Ortschaft fehlen), von denen die besser erhaltene eine Votivtafel ist. Die zwei ärmlichen Birke's liegen hart am Dörfchen und sind kunstlos in den Doleritfelsen gebrochen. Schon in Burckhardt's Karte von Ḥaurân ist der Ort mit seinen zwei auffallenden Hügeln nur etwas zu nördlich unter dem Namen Bezeine eingetragen, da Burckhardts deutschem Ohre das ṭ (engl. th) wie das französische z gelautet haben mochte.

Man wird vielleicht an diesem Nachweise die allzugroſse Ausführlichkeit tadeln, aber es schien mir in der That nicht unwichtig, zu zeigen, daſs die Relationen falsch sind, auf welche hin man über den ganzen östlichen Ḥaurân zu Gunsten der Tetrarchie Batanaea verfügt hat. Die Karten werden also dort diesen Namen zu tilgen und dafür ein kleineres Arḍ el Beṭenîje längs des Luwacanals im Osten des Legâ zu setzen haben.

Eine Untersuchung über die wirkliche Lage der genannten Tetrarchie würde hier zu weit führen. Sie erfordert eine genaue Vergleichung der alten Quellen und würde selbst die locale Tradition berücksichtigen müssen. So handelt eine in nur wenigen (vielleicht acht bis zehn) Exemplaren in Syrien verbreitete, angeblich sehr alte drusische Geographie, die el Muṣannaf (المصنف) betitelt ist, ganz ausführlich über eine hauranische Gegend Beṭenîje (Batanaea). Die geschichtlichen und geographischen Ueberlieferungen der Drusen aber sind sehr beachtenswerth, da diese mit den ihnen religionsverwandten Noṣêriern (den Ναοαρήτοις des Josephus und Anderer) für Ueberreste der ursprünglichen Bevölkerung des Landes gehalten werden müssen, sowie ihr Cultus (eine Art Aphroditedienst) seinen Grundzügen nach für eine Tochter des alten syrischen Heidenthums gelten muſs. Auch in den Büchern (Defâtir) des ehemaligen Damascener Militärordens Ḳâpiḵôl, welche gegenwärtig im Besitze eines gewissen 'Omar Effendi, früheren Ḳaḍi's von Ba'lbek sind, hat ein Land Beṭenîje seine Rubrik, weil der Orden aus seinen Ortschaften Revenüen bezog. Desgleichen haben die Damascener Getreidehändler ihren batanäischen Weizen (ḥinṭa beṭenîje) und werden seine Heimuth anzugeben wissen. Der gegenwärtige Drusenscheich von Aṣrafîje bei Ṣiḥnâjâ, welcher das Muṣannaf wiederholt gelesen, sagte mir, daſs Beṭenîje der ganze westliche Haurânabhang sei, bis hinauf nach Ḳanawât, Suwêdâ und 'Ire. Ich hoffe das Muṣannaf selbst noch zu sehen, aber was hindert uns, jene Angabe für werthvoll zu halten? Das würde ohngefähr dieselbe Gegend sein, welche Carl v. Raumer nach ernsten Studien für die Tetrarchie erklärt hat. Der vorerwähnte Jâḳût el Ḥamawi, welcher viel von der Bedeutung des Wortes Beṭenîje spricht, bemerkt nur, es sei eine Damascener Gegend, in welcher Hiob gelebt habe, und fügt hinzu, daſs es nach Einigen zwischen Damaskus und Edre'ât liegen soll. Also wiederum ein Zeugniſs gegen die Annahme, Batanaea liege im Osten des Legâ's und des Drusengebirges. Bestimmter noch erklärt sich Idrîsi in seiner Geographie von Syrien (pag. 16 der Rosenmüllerschen Ausgabe) also: „Von Damaskus nach Edre'ât, was (der Hauptort von) Beṭenîje ist, reist man in vier Tagen." Nach dieser durch die drusische Tradition vervollständigten Notiz hätten wir die Nuḵra [1]) mit dem westlichen Abhange des Drusengebirges zusammen für Batanaea zu halten. Für Auranitis bliebe dann immer noch das weite Land um Boṣrâ westlich bis zur Zumle, südlich bis zur Belḵâ und östlich bis Ezraḵ. Bei dieser Annahme wäre die Tetrarchie gerade

---

[1]) Nuḵra (النقرة) nennt man die Zêdi-Niederung zwischen dem Drusengebirge und der Zumle. Daſs die Nuḵra südlich bis zur Wüste und nördlich bis zum Wâdi el 'Agem reiche, wie Eli Smith (s. Carl Ritter's Palästina und Syrien II, 832) angiebt, ist irrig. Weder Gêdûr, noch das Land nördlich vom S'êch miskin (شيخ مسكين, auch Fâmiskîn اشمسكين gesprochen) und südlich von der Zumle gehört zur Nuḵra. Diesen Namen hat das Land von seiner Kesselform und niederen Lage zwischen den östlichen und westlichen Gebirgen und den Terrassen des Legâ's erhalten. Seine gegenwärtigen Herren, die Zeltaraber, welche ihm die Benennung gegeben haben, entlehnten dazu das Bild von dem vertieften Feuerheerde, den sie in der Mitte des Zeltes graben, und der in der ganzen Steppe Nuḵra heiſst. Vielleicht liegt darin nebenbei noch die Anspielung auf die gastlich einladende Fruchtbarkeit der Zêdi-Niederung.

im Herzen des alten Basan geblieben, dessen Eichen (Jes. 2, 13) am westlichen Gebirgsabhange noch heute unvertilgbar fortwuchern. Auf meiner Reise von Boṣrâ nach Der'ât habe ich mir ihre dunkeln Schatten oft angesehen und wäre gern zu ihnen hinaufgestiegen, aber meine Feierkleider gingen zu Ende und mit leeren Händen durfte ich nicht zu den reichen Scheichs des Gebirges kommen, denen unser Besuch die beste Gelegenheit gegeben haben würde, einmal recht mit jener Gastfreiheit zu prunken, die dem Ḥaurân eigen ist. Am östlichen Abhange des Gebirgs dagegen ist kein Strauch zu finden. Es scheint, dafs ein unbekanntes Naturgesetz in diesem sonst so ergiebigen Lande dem Baumwuchse entgegenstände. Nur zwischen 'Ormân und Chaḍrâ el Lôz wuchert die bittere Mandel und der Weifsdorn (Za'rûr). Von Eichen dagegen (Sindiân sowohl als Ballûṭ) wird vom Tell el Aṣfar bis Tell el Ḳu'ês keine Spur gefunden.

Wenn nun auch der östliche Ḥaurân niemals zum Reiche Israel selbst gehört hat, so macht es doch die unmittelbare Nachbarschaft des Landes höchst wahrscheinlich, dafs in der Bibel seiner Erwähnung geschehe. Unverkennbare Anklänge an geographische Namen dieser Gegend finden wir in 1. Mos. 25, 13. 14. 15 verglichen mit 1. Chron. 1, 29. 30. 31, wo die östlich an Palästina angrenzenden Stämme und Orte als Kinder Ismaels personificirt werden. Die Stelle heifst: „Und das sind die Kinder Ismaels, wovon ihre Geschlechter (d. h. die von ihnen abgeleiteten Stämme und Orte) benannt sind. Der erstgeborene Sohn Ismaels Nebajôt, Ḳedar, Adbiël, Mibsam, Misma', Dûma, Massâ, Ḥadar, Têmâ, Jeṭûr, Naphîs und Ḳedmâ." Finden wir hinter dem Ḥaurân Kinder Ismaels, also Blutsverwandte Israels, so verschwindet das Auffällige in der Grenzbestimmung von Salcha. Hätte das Land dem Könige Og gehört, so hätte es occupirt werden müssen, wenn auch nur im Princip und nominell, wie Ḥemâth, Zedad und Siphrôn [1]), da das kleine Volk die weiten Grenzen nicht besetzen konnte, denn das fremde, götzendienerische Volk der Amoriter war dem Ausrottungskriege (Ḥerem) verfallen. Aber gegen die bluts- und annähernd auch religionsverwandten Ismaeliter war ein solcher Krieg nicht zulässig, wie er nicht gegen die Edomiter zulässig war, weil sie Esau's Kinder, und nicht gegen die Moabiter und Ammoniter, weil sie Lots Kinder

---

[1]) Zedad, arabisch Ṣaded (صَدَد) existirt bekanntlich noch jetzt. Die Stadt liegt im östlichen Theile der Provinz Ḥaṣje (حِسْيَه), ist ausschliefslich von Christen bewohnt und hat gegen 3000 Einwohner. Aber auch von Siphrôn, arabisch Zifrân (زفران) sind noch weitläufige Ruinen vorhanden. Der Ort liegt nach meinen Erkundigungen 14 Stunden nordöstlich von Damaskus, in der Nähe der Strafse von Palmyra. Er ist, glaube ich, noch von Niemandem besucht worden.

waren. Sehen wir uns die Namen der Ismaeliter genauer an. Der Erstgeborene heifst Nebajôt. Man hat bei diesem Worte an die Nabatäer gedacht, aber diese werden bestimmt im alten Testamente nicht erwähnt. Die Endung ôt entspricht dem arabischen ât und ist Pluralbildung, die noch heutigentags bei den Stammnamen sehr häufig ist, wie 'Aķêdât, 'Aṭamât, S'urefât. Auch die Nebajôt werden ein grofser Nomadenstamm gewesen sein. Unter Ķêdar wird man sich die Wanderstämme von den Grenzen des peträischen Arabiens bis zur Ḥarra zu denken haben. Sie scheinen das gewesen zu sein, was die 'Aneze, oder wenigstens die Stämme der Ruwala gegenwärtig sind, und wie diese werden sie auch wohl ihre Winterquartiere im Gôf gehabt haben. Näher führen uns schon die Namen Jeṭûr und Naphîs. Nach 1. Chron. Cap. 5 führte unter der Regierung Sauls der Stamm Ruben in Gemeinschaft mit Gad und Halbmanasse einen blutigen Krieg gegen die Hagriden, mit denen sich, aufser der sonst unbekannten benachbarten Völkerschaft „Nôdab", die genannten zwei Ismaeliter-Stämme verbunden hatten. Die Hagriden hatten nach Vers 10 ihre Wohnsitze östlich von Gilead. Die Veranlassung zu diesem Kriege war sicher keine andere, als die noch jetzt fast ausschliefsliche bei allen gröfseren Kämpfen der Nomadenstämme unter einander, nämlich das Bedürfnifs nach Vermehrung der Weideplätze und Tränkorte. Wenn sich nach Vers 9 die Heerden der israelitischen Stämme Peraea's (die wir uns gröfstentheils als Nomaden denken müssen) dergestalt vermehrt hatten, dafs sie bis in die Gegend des Euphrats hin weideten, was recht gut denkbar ist, so mufsten sie sich allerdings durch die ganz in ihrer Nähe wohnhaften und gleichfalls ungeheure Heerden (vgl. Vers 21) besitzenden Hagriden sehr eingeengt fühlen. Dazu kam, dafs diese keine Wanderstämme waren, die etwa, wie gegenwärtig die 'Aneze, nur einen Theil des Jahres in der Belķâ geweidet hätten, denn nach Vers 21 besafsen sie sehr grofse Schafheerden, welche die Wanderstämme nicht haben können; sie waren also, gleich ihren israelitischen Nachbarn, im Lande sefshafte Nomaden, mufsten daher mit diesen das ganze Jahr hindurch in Conflikte gerathen. Unter solchen Umständen mufste es endlich zum Vernichtungskriege zwischen beiden Theilen kommen. Dieselben Motive, welche den Krieg herbeiführten, veranlafsten die drei genannten Ismaeliter-Stämme, sich mit den Hagriden zu verbinden, nämlich die gerechte Besorgnifs, dafs nach der Vertreibung dieser auch an sie die Reihe kommen würde. Denn nach der hier aufgestellten Ansicht haben wir uns diese drei Stämme gegen Salcha hin (V. 11) als Nachbarn des Stammes Gad und im südlichen und südöstlichen Ḥaurân als Nachbarn der Hagriden zu denken. Ueber Naphîs und Nôdab wird sich nicht viel sagen lassen, und durch eine

Zusammenstellung des Namens Nudêbe. einer Ortschaft am Wâdi el Buṭm, mit Nôdab wird wenig gewonnen. Um so beachtenswerther scheint der Name Jeṭùr. Ist er, wie kaum zu bezweifeln, mit den Ituräern der Lateiner und Griechen und der Tetrarchie Ituraea zusammenzustellen, so kann man über seine Wohnsitze unmittelbar an den Grenzen des alten Basan keinen Augenblick zweifelhaft sein. Strabo findet die Ituräer in Syrien an zwei Punkten, auf dem Libanon und in der Nähe der Trachonen in einem schwer zugänglichen Gebirgs- und Höhlenlande. Dieses kann kaum ein anderes als das Drusengebirge im Centrum des Ḥaurân sein [1]). Es ist ein interessantes Zusammentreffen, dafs wir auf beiden Punkten heutigentags die Drusen finden, desgleichen dafs Strabo's Schilderung, nach welcher die Ituräer ein Raubvolk gewesen, das die in der Ebene wohnenden

---

[1]) Wie lange mögen die Drusen dieses isolirte Gebirge schon bewohnen, so dafs es selbst seinen ursprünglichen Namen verloren hat! Zwar nennt man es nicht selten auch Gebel Ḥaurân, weil es von diesem Laude umgeben ist, aber der allgemeine Gebrauch unterscheidet das Wort Ḥaurân bestimmt von Gebel ed Drûz, und der letztere hat ehemals gewifs seinen Eigennamen gehabt. Die Karten nennen ihn nach Ptolemäus „Alsadamus mons" ein Wort, an dessen Richtigkeit gezweifelt werden mufs. Man wird es nur für ein arabisches halten können, aber es erklärt sich auf keine gefällige Weise. Zweimal kommt es in Ptolemäus vor, pag. 365 und 370 der Wilberg'schen Ausgabe, und zwar mit vier Varianten, unter denen zwei $A\sigma\alpha\lambda\mu\alpha\nu o\varsigma$ und $A\lambda\sigma\alpha\lambda\alpha\mu o\varsigma$ wohl eine Erklärung zuliefsen. Das erstere würde man in Zalmân (ظلمان) transscribiren können, was mit dem hebräischen צַלְמוֹן identisch ist. Ein Berg Zalmôn wird Ps. 68, 15 erwähnt: „Und als die Könige zerstreut wurden, fiel Schnee auf dem Zalmôn", d. h. da kleidete sich das Gebirge zur Feier dieses freudigen Ereignisses in ein helles Lichtgewand. Wer in Palästina war, weifs, wie herzquickend der Anblick der fernen mit Schnee bedeckten Berggipfel ist. Die Schönheit dieser poetischen Figur wird dadurch erhöht, dafs Zalmôn nach seiner Etymologie ein finsteres, düsteres Gebirge bedeutet, entweder vom Schatten, Wald, oder schwarzen Gestein. Das letztere würde auf das Haurângebirge passen. Auch Richter 9, 40 wird ein Berg Zalmôn erwähnt, der aber nur bei Sichem gesucht werden kann. Doch mochten verschiedene Berge denselben Namen haben. Die zweite Variante würde einen Gebel al Salâm „Berg des Heils" oder „Berg des Grufses" geben können. So würde das Gebirge entweder wegen seiner unerschöpflichen Fruchtbarkeit, oder von den Wanderstämmen wegen seines Wassers und seiner Weideplätze oder von der in ganz Syrien gefeierten, patriarchalischen Gastfreiheit der Haurânier haben benannt werden können. Sollten die 1. Chron. 6, 24 erwähnten haurânischen Patriarchen ihre „Berühmtheit" nicht gröfstentheils ihrer Gastfreiheit verdankt haben? Jetzt wenigstens wird ein Haurânscheich weder durch Reichthum, noch durch Heldenmuth berühmt, wenn seine Gastfreiheit nicht gröfser ist als jene Eigenschaften. Doch sind das alles nur flüchtige Bilder, die uns beim Lesen jener Varianten einen Augenblick fesseln können. Jedenfalls ist es sehr zu wünschen, dafs alle noch unverglichenen Mss. des Ptolemäus (namentlich der Vaticanus und Ambrosianus) endlich verglichen werden. Dafs aber Ptolemäus mit diesem Worte das Haurângebirge meint, unterliegt keinem Zweifel, denn er erwähnt einer Ortschaft $\Sigma\alpha\kappa\kappa\alpha\iota\alpha$, die unterhalb dieses Gebirges gegen die trachonitischen Araber hin liegen soll. Es ist dies die Stadt S'aḳḳâ, der einzige transhaurânische Ort, der in der Geographie des Ptolemäus vorkommt.

Bauern gebrandschatzt habe, vollkommen auch auf die Drusen pafst, denen, aufser den Ortschaften am westlichen Libanonabhange, besonders das ganze paradiesische Biká'-Thal wörtlich genommen tributär und ein grofser Theil der christlichen und muhammedanischen Bevölkerung Haurâns mindestens frohnpflichtig ist. Man behauptet, die Drusen seien aus dem Libanon in Haurân eingewandert, aber meine eingezogenen Erkundigungen bestätigen diese Behauptung nicht. Familien ziehen herüber und hinüber, aber Niemand wufste, ob sie hier oder dort Aborigines seien. Wenn ich für die Tetrarchie Ituraea die höchsten Parthien und den östlichen Abhang des Drusengebirgs vorschlage, so trete ich allerdings in Widerspruch mit der Ansicht ausgezeichneter Archäologen, welche die Landschaft Gêdûr (جَيْدُر) südlich vom Wâdi el 'Agem dafür halten, aber einmal ist eine Apocope des G und eine Verwandlung des Buchstabens d in t eine unzulässige Willkür, und eine Zusammenstellung des Wortes mit dem biblischen Jetûr ist vollends eine pure Unmöglichkeit; sodann werden die Ituräer von Cicero, Virgil und vielen Anderen ein wildes, rauflustiges Gebirgsvolk genannt, auf welche Prädicate die Vorfahren der gegenwärtigen Gewâdire (Einwohner von Gêdûr) gewifs keinerlei Ansprüche machen konnten. Gêdûr liegt in einer flachen Ebene, mochte in seiner gröfsten Blüthe 25 bis 30 Dörfer haben, von denen jetzt fast zwei Drittheile in Trümmern liegen, weil das Ländchen den Raubzügen der Wüstenbewohner, die von Bosrâ heraufkommen, den Plackereien der Stämme des Wa'r und der Drusen des Haurân, namentlich aber der unersättlichen Habgier seiner Damascener Grundherrn schutzlos preisgegeben ist; da es nämlich fast vor den Thoren der Stadt liegt, so sind seine Dörfer und Gehöfte gröfstentheils in den Privatbesitz der Damascener Patrizierfamilien übergegangen, die ihren Zurrâ' (الزراع), wie die besitzlosen Bauern heifsen, kaum das tägliche Brod übrig lassen. In solcher bedrückten Lage mufsten die Gewâdire ein knechtisch unterwürfiges und feiges Volk werden. Sollte dies im Alterthume anders gewesen sein? Auch damals werden sie die armen, demüthigen Zurrâ' ihrer Damascener Herren und kein freies, wildes, kampflustiges Volk gewesen sein, was die Ituräer doch entschieden waren. Wer Syrien kennt, weifs auch, dafs man derartige Völker dort nicht in den Ebenen, am allerwenigsten in den östlichen Ebenen suchen darf, die heute von einer kostspieligen Einquartierung brutaler Landreiter (Basbuzuk) und morgen von einer Gazwe der Beduinen heimgesucht werden. Selbst die Drusen, die weder der Regierung noch den Beduinen Zugeständnisse machen, und den Genufs einer einzigen aus ihren Gärten abgebrochenen Traube mit einer Flintenkugel würzen, sie selbst haben es niemals gewagt, sich in den Ebenen anzusiedeln, so fruchtbar diese auch sind, sondern bleiben immer nur in den Gebirgen, so mühsam und wenig einträglich daselbst auch die Bodencultur ist, weil sie Männer bleiben und sich nicht erniedrigen wollen. Als Pompejus Coelesyrien eroberte, wird er im Ostjordanlande und namentlich in der Nuḳra und Gôlân wohl nur Beduinenhorden gefunden haben, denn während der vorhergegangenen endlosen Kriege zwischen den kleinen judäischen und syrischen Tyrannen wird dort sicher alle Cultur zu Grunde gerichtet worden sein. In welch elendem Zustande mag er damals das Duzend damascener Meierhöfe in Gêdûr angetroffen haben! Und diese mit Füfsen getretenen Tagelöhner sollen die Ituräer gewesen sein, deren wilde Tapferkeit von jener Zeit an die römischen Dichter besingen? Noch liefse sich anführen, dafs nach heutigem und gewifs altem orientalischen Regimente unselbstständige Ortschaften der Regierung gegenüber weder irgendwie berechtigt noch verpflichtet sind. Dies sind nur die Eigenthümer. Standen also die Gehöfte Gêdûrs schon zur Römerzeit in jenem abhängigen Verhältnisse zu den Damascener Grofsen, so wird man dem Ländchen gewifs keinen besonderen Tetrarchen (Statthalter) gegeben, sondern es direct von Damaskus aus verwaltet haben.

Sollte nach dem Gesagten der Gebirgsrücken und der östliche Haurân für Ituraea genommen werden können, so möchten die Ituräer auch das Volk sein, von dem die dortigen, in diesem Berichte beschriebenen zahlreichen Troglodytendörfer herrühren, die (mit Ausnahme ihrer steinernen Vorbauten, welche für die Zuthat eines späteren Volks gehalten werden müssen) gewifs in ein hohes Alterthum hinaufreichen, und denen wahrscheinlich der gegenwärtige Landesname „Haurân" (vom hebräischen Hôr, die Höhle) seinen Ursprung verdankt [1]).

---

[1]) So einfach diese Ableitung ist, so fällt mir ihre Annahme doch schwer, da mit Ausnahme des östlichen und südöstlichen Haurâns, wo allerdings die meisten vulkanischen Erhebungen, wie oben erwähnt, von den Troglodyten durchwühlt sind, die Höhlenwohnungen sonst in diesem Lande nicht gewöhnlich sind. Das wahre Höhlenland im Osten des Jordans ist Nordgilead, namentlich Erbed und Suêt, und gehörten jene Gegenden zu Haurân, so würden entweder jene Höhlen oder die weifse Thonformation (arab. Hawâra), in welche die Höhlen gebrochen sind, diese Benennung erklären. Aber diese Gegenden gehören nicht zu Haurân. Dagegen springen in diesem selber allenthalben zwei andere charakteristische Merkmale auffallend genug in die Augen, als dafs nicht das Land nach ihnen hätte benannt werden können, nämlich der rothe Boden (woher der Ausdruck diret arḍ el ḥamrâ) und der schwarze Stein (woher diret ḥagar el aswad). Doch würde die Operation, das Wort Haurân aus dem bekannten arabischen Sprachschatze in dem einen oder andern Sinne zu erklären, allzu künstlich ausfallen und zu den schwarzen Augen der Hûri's wird die Farbe nicht von der Lava, sondern das Modell von den Haurânerinnen genommen, laut des galanten Sprüchworts: el ḥûrijât min el ḥaurânijât „die schwarzäugigen Himmelsjungfrauen werden aus den Haurânerinnen genommen".

So viel über Jeṭûr. Ueber mehrere der in dem angezogenen Bibelverse vorkommenden Namen von Ismaelitern läſst sich zur Zeit nichts sagen. Sie mögen Nomadenstämme gewesen sein, und wo wir es in der Bibel mit solchen zu thun haben, da helfen uns die heutigen Namen nichts, denn die Stämme verschwinden durch Auswanderung, Krieg, Verschmelzung mit anderen Stämmen, oder wechseln die Namen, was nicht selten ist. Seit fünfzig Jahren wird der groſse Aeneze-Stamm der Wuld'Alî nach dem Namen seines damaligen Scheichs Zmêr (زمير) allenthalben nur Benî Zmêr genannt. Wo uns aber die Bibel Ortsnamen giebt, da haben wir Hoffnung, sie groſsentheils wiederzufinden, wären auch die Orte selbst bis auf die Grundsteine verschwunden, denn die Tradition der Araber ist von wunderbarer Treue. In der citirten Bibelstelle finden wir dergleichen. Dûma und Têmâ sind noch heutigentags zwei stattliche Ortschaften im östlichen Ḥaurân. Wenn Seetzen gehört hatte, daſs Dûma (دومة) bis auf ein Haus verödet sei (Ritter's vergleich. Erdk. von Palästina und Syrien II, 922), so hat ihn sein Führer belogen, aus Furcht, Seetzen möchte Lust bekommen, den Ort zu sehen, wenn er ihn als gut erhalten schildern würde. Der Ort hat viele wohlerhaltene Häuser und die neuen Ansiedler, von denen ich oben sprach, zogen in die alten Wohnungen ein, ohne Reparaturen nöthig zu haben. Natürlich sind auch hier, wie anderwärts, die Ruinen überwiegend. Nicht die Zeit war's, welche manche ḥaurânische Orte stark verwüstete, sondern die Hand der Beduinen, welche immer in Besorgniſs sind, die wohlerhaltenen und bequemen Häuser möchten Colonisten anlocken, welche dann die Weideplätze in Aecker verwandeln und den Mitgebrauch der Cisternen ihnen wehren würden. Diese Zerstörungswuth hat namentlich in den letzten zehn Jahren, seitdem die Drusen angefangen haben, den östlichen Ḥaurân zu occupiren, sehr zugenommen. Ich war nur zwei Stunden in Dûma und diese Spanne Zeit muſste ausreichen, um die vom Anstande gebotenen Besuche zu machen, die Ehrenmahlzeit einzunehmen, den Ort nach Inschriften zu durchsuchen und diese zu copiren. Aber mein Reiseplan, demzufolge ich am Ramaḍanfeste (den 20. Mai) wieder in Damaskus sein muſste, gestattete mir nirgends einen langen Aufenthalt. Als ich nach Damaskus zurückgekehrt war, erhielt ich aus Dûma einen Boten, der mir die Nachricht brachte, man habe daselbst weitläuftige Souterrains entdeckt, sie in Gegenwart des Jusef S'eref, Scheichs in Genêue, 'Abbâs Kal'âni, Scheichs in Saḳḳâ, und Mezjad Ḳal'âni, Scheichs in Nimre, untersucht und voll Reihen steinerner Särge gefunden. Auf meine Anfrage, mir wissen zu lassen, ob die Särge Inschriften enthalten, habe ich zur Zeit noch keine Rückäuſserung. Es unterliegt keinem Zweifel, daſs auch Dûma seine Blütenzeit gehabt hat, wie alle transhauranischen Orte. Dreiviertelstunden davon liegt Têmâ (تيما). Für die Annahme, dafs es das biblische Têmâ ist, scheint Jes. 21, 13 bis 17 zu sprechen, wo den Ismaelitern vom Stamme Kêdar prophezeit wird, dafs sie sich vor dem Feinde in den Wa'r (יער) flüchten würden. Dann fährt der Prophet fort: „Bringet den Durstigen Wasser entgegen, die ihr wohnt im Lande Têmâ, bietet Brod den Flüchtigen!" Die Ismaeliter von Têmâ waren die Blutsverwandten der Kêdar und von ihnen liefs sich erwarten, dafs sie diesen die Flucht erleichtern würden. In dem „Wasser" läge vielleicht eine Anspielung auf die reichen Quellen, die Têmâ hat, während die östlicheren, der Ḥarra näher gelegenen Ortschaften keine Quellen, sondern nur Cisternen haben. Von Têmâ aus müssen sich dann die Flüchlinge entweder durch die Hermîje in den Wa'r der Ġêle, oder auch in das nähere Legâ gewendet haben. Denn das Wort Legâ bedeutet ein Asyl und als solches ist das Land in ganz Syrien bekannt, von Jerusalem bis Ḥaleb. Schwieriger ist die Erklärung einer anderen Bibelstelle, wenn das in ihr erwähnte Têmâ identisch ist mit dem vorigen, nämlich Hiob 6, 19: „Sie spähen nach den Karawanen von Têmâ und warten auf die Saumthiere von Saba." Die Karawane von Saba ist bekannt; sie vermittelte im Alterthume den Verkehr zwischen Jemen und Syrien und wurde erst durch die grofse damascener Mekkapilger-Karawane unnöthig gemacht und von ihr absorbirt. Aber die rein locale Weizen-Karawane von Têmâ, die ganz dieselbe sein mufste, welche gegenwärtig die Karawane von S'aḳḳâ heifst, und nur nach Damaskus und 'Akkâ geht, was konnte der im Lande Uz wohnende Hiob von ihr wissen? Liefs sich keine entsprechendere Parallele zur Karawane von Saba finden? Man mufs also annehmen, Hiob habe eine besondere Veranlassung zur Erwähnung der Têmäer Karawane gehabt. Eine solche hätten wir wirklich in der Annahme, Hiob habe die Worte mit Bezug auf Eliphas den Temaner (Têmâni) gesagt, einen seiner anwesenden Freunde, die im ganzen Capitel ihrer Theilnahmlosigkeit wegen getadelt werden. Zwar bedeutet das Wort Têmâni nach den biblischen Exegeten den Einwohner von Têmân, einer edomitischen Stadt, die 1. Chron. Cap. 1 von dem ismaelitischen Têmâ streng geschieden wird, und da man sich Hiobs Heimath, das Land Uz, auch in Edom gelegen denkt, so hat diese Erklärung sehr viel Ansprechendes. Dagegen läfst sich jedoch bemerklich machen, dafs ein Einwohner von Têmâ auch nur Têmâni heifsen kann (die defective Schreibart hat dabei wenig Störendes), und dafs die übrigen Opponenten Hiobs auch nicht unbedingt Edomiter waren. Der Eine war aus S'uaḥ, also ein Keturäer, der Andere aus Naema, und dieser Ortsname („die Liebliche") findet sich in Palästina und Syrien vielleicht ein Duzendmal. Der Dritte war aus Bus, und das Wort Bus haben ja schon Andere (vergl. Winer's bibl. Real-Wörterb. unter Bus) in Ermangelung eines Besseren mit der 3½ Stunde von Têmâ entfernten Stadt Bûsân zusammengestellt, selbst noch bevor man wufste, wo dieses Bûsân lag, denn Jerem. 25, 23 heifst es: „Denen von Dedan, denen von Têmâ, denen von Bus". Es könnte daher Eliphas wohl aus dem transhauranischen Têmâ sein, und die Têmâer Karawane somit ihre Erklärung finden. Weit bequemer haben die Erklärung dieser Stelle natürlich Diejenigen, welche Hiob, in Uebereinstimmung mit der syrischen Tradition, in den Haurân versetzen, indem sie sich bei Bestimmung der geographischen Lage von Uz nicht an die Genealogie von Gen. 36, 28 halten, sondern an Gen. 22, 21, wo Uz ein Bruder des Bus und Kemuel, „von dem die Syrer kommen", genannt wird. Hat auch die Angabe des Josephus, der Uz in's Damascenische versetzt, an sich keinen Werth, so beweist sie doch das hohe Alter der erwähnten syrischen Tradition über die nördlichere Lage von Uz.

Die Untersuchung über die Frage, ob transhauranische Oertlichkeiten in der Bibel erwähnt werden, ist neu und statt sie mit dem Vorbemerkten für geschlossen zu erachten, gebe ich vielmehr die Wahrscheinlichkeit gern zu, dafs eine genauere Erforschung Idumaea's und des peträischen Arabiens zu ganz entgegengesetzten Ergebnissen führen kann, wenigstens in Bezug auf die Lage des biblischen Dûma und Têmâ. Vielleicht kennt auch die Bibel mehrere Orte, die diese Namen haben. So liegen zwei gleichnamige Städte an der grofsen nabatäischen Handelsstrafse zwischen den nördlichen Häfen des rothen Meeres und dem 'Irâk: Dûma liegt östlicher, Têmâ westlicher. Noch heute kennt der Araber die Namen der Schlösser Mârid in Dûma und el Ablak in Têmâ und den ihres ehemaligen Besitzers und heldenmüthigen Vertheidigers, des jüdischen Gassaniden-Fürsten Samuel Ibn Hêjâ Ibn 'Âdijâ, einer der hervorragendsten Erscheinungen in der Geschichte des arabischen Volks zwischen Christus und Muhammed.

Ich schliefse hier diesen Bericht, um ihn nicht übermäfsig auszudehnen, obschon ich ihm gern einen ethnologischen Theil über Leben und Sitten der Nomaden beigefügt hätte, die ich auf meiner Reise kennen gelernt habe; denn fast das ganze Land, welches ich durchzog, fand ich in den Naturzustand zurückgekehrt und mit den schwarzen Zelten Kêdars bedeckt.

Damaskus, den 20. Juni 1858.            Wetzstein.

## II.

## Anhang.

Nachdem ich den vorstehenden Bericht durch die Königl. Gesandtschaft in Constantinopel an das Staatsministerium des Auswärtigen eingesendet hatte, wurde derselbe auf meine Bitte jenen zwei Männern mitgetheilt, die wir in der jüngsten Vergangenheit von dieser Erde scheiden sahen, deren Erforschung ihr Dasein geweiht war, zu deren Erkenntnifs ihnen Gott die Pilgerfahrt hienieden verlängert hatte, und deren Gestaltung und Leben ihnen verständlicher geworden war, als wohl je einem Sterblichen vor ihnen. Alexander von Humboldt und Carl Ritter hatten mich wiederholt aufgefordert, zur Bestimmung der Steppengrenze einen Ausflug in den Osten Mittelsyriens zu machen, und ich fand eine Genugthuung darin, dafs ihnen, wie auch immer die Ergebnisse der kurzen Reise sein mochten, der Bericht vorgelegt wurde. Carl Ritter nahm darauf Veranlassung, sowohl in der Königl. Academie der Wissenschaften als in der Geographischen Gesellschaft darüber Mittheilungen zu machen, die zu seiner Zeit in den Organen der Academie und Geographischen Gesellschaft abgedruckt worden sind, und Alexander von Humboldt forderte mich auf, eine auf dieser Reise gemachte Steinsammlung dem Königl. mineralogischen Museum zu übermitteln. Ich brachte sie bei meiner letzten Urlaubsreise selber mit nach Berlin, und Herr Prof. Gustav Rose, Director des Museums, hatte die Güte, mir eine Beschreibung dieser Steine einzuhändigen, die insofern schon interessant ist, als sie die Ausschliefslichkeit der vulkanischen Formation nicht nur des ganzen Haurâns bis südlich zur Belḳâ und nördlich zum Merg, sondern auch des ganzen östlichen Trachons mit Einschlufs der Ḥarra und Hermîje über jeden Zweifel erhoben hat. „Die sämmtlichen Steine", sagt Herr Gustav Rose, „sind merkwürdiger Weise nur zweierlei Art, obgleich sie an sehr verschiedenen Stellen gesammelt sind. Sie bestehen nämlich aus einem körnigen Dolerit und einer bräunlichrothen oder schwärzlichgrünen blasigen und porösen Schlacke, in welcher Gemengtheile nicht zu erkennen sind. Die Gemengtheile des Dolerits sind dagegen in manchen Stücken sehr deutlich erkennbar, wie namentlich in den Bausteinen des Weifsen Schlosses (No. 13) und der Stadt Brâk (39), in dem Steine von Nimre (24), in dem mit Inschriften versehenen Steine der Ḥarra (44) u. s. w., und sie bestehen aus dünnen, tafelartigen Krystallen von graulichweifsem Labrador, auf dessen Spaltungsflächen die charakteristische Streifung sehr gut zu erkennen ist, aus kleinen Körnern und Krystallen von Olivin von gelblichgrüner, mehr oder weniger dunkler Farbe, die aber öfter durch anfangende Zersetzung in eine bräunlichrothe mit metallischem Demantglanz übergeht, und sehr kleinen, selten etwas gröfsern Körnern von schwarzem Augit. Der Labrador ist stets vorherrschend, nächstdem kommt der Olivin; der Augit ist in der geringsten Menge enthalten. Das Ganze hat eine graulichschwarze Farbe. Durch Digeriren mit Salzsäure kann man die Gemengtheile noch besser erkennen; der Labrador wird lichter von Farbe, der Olivin, der eine starke Zersetzung erleidet, schneeweifs, der Augit bleibt unverändert schwarz und kann nun deutlich vom Olivin unterschieden werden. Manche Stücke sind etwas drusig und enthalten in den kleineren Drusenräumen etwas kohlensauern Kalk, so dafs sie mit Salzsäure brausen."

„Der Olivinreichthum zeichnet diesen Dolerit besonders aus; er unterscheidet ihn von dem Dolerite der Auvergne, wo der Olivin im Dolerite nur sehr selten ist (z. B. bei St. Fleurs), dagegen nähert er ihn sehr dem Dolerite von Island, womit der Dolerit vom Haurân überhaupt die gröfste Aehnlichkeit hat."

„Die schlackigen porösen Massen sind von derselben Art, wie sie in allen vulkanischen Gegenden vorkommen, und namentlich auch die Masse der meisten vulkanischen Kegel (Puy's) bei Clermont in der Auvergne bilden."

Alexander von Humboldt hatte diesen Bestimmungen unseres ausgezeichneten Mineralogen mit Verlangen entgegengesehen. Als ich sie ihm brachte, fand ich Carl Ritter bei ihm, und das Gespräch drehte sich um das neu constatirte Vulkangebiet. Carl Ritter, dem ich kurz vorher eine kleine Lavawelle vom Plateau des Ṣafâ gezeigt hatte, äufserte, dafs sich ihm beim Anblicke der frischen, glänzenden Schwärze des Steins, an dem noch keine Spuren von Zersetzung sichtbar gewesen, die Frage aufgedrängt habe, ob nicht die letzten Ausbrüche des Ṣafâ in historischer Zeit stattgefunden haben sollten? Es sei ihm dabei die Ansicht eines namhaften Bibelexegeten unserer Zeit eingefallen, nach welcher sich selbst in der Schrift (nämlich im 18. Psalm) das Phänomen einer vulkanischen Eruption angedeutet fände, die zu Davids Zeit in oder um Palästina stattgefunden haben mufste. So hielt es auch Alexander von Humboldt für sehr wahrscheinlich, dafs der in diesem Berichte erwähnten koranischen Legende von einem höllischen Steinregen die Thatsache einer vulkanischen Eruption in Arabien zu Grunde liege. Hier erweiterte sich der Gesichtskreis der Unterhaltung, und der Grofsmeister der Naturwissenschaften äufserte sich mit Lebhaftigkeit über das Wünschenswerthe einer wissenschaftlichen Durchforschung der in geologischer Beziehung so wichtigen arabischen Halbinsel. Mit welchem Interesse würde der Mann die Nachricht vernommen haben, die ich vor einigen Tagen bei dem Durchblättern von Jâḳûts grofsem geographischen Lexicon gefunden habe, dafs nämlich die Araber zwischen Haurân und Bâb el mandeb die Existenz von acht und zwanzig getrennten vulkanischen Gebieten festgestellt haben! [1]) Schliefslich sprachen die beiden

---

[1]) Diese Nachrichten giebt Jâḳût in einem besonderen Abschnitte unter dem Titel: „Ueber die Ḥarra's im Lande Arabien". Zuerst sucht der Verfasser durch eine Anzahl Citate aus Schriftstellern die wesentlichen Merkmale einer Ḥarra zusammenzustellen. Nach Aṣmaʿî ist sie ein mit schwarzen Steinen bestreuter Landstrich. Kommen darinnen einzelne gröfsere Blöcke vor, so heifst ein solcher Şachra (صَخْرَة, und liegen, wie gewöhnlich, einige Dutzende solcher Blöcke beisammen, so bilden sie einen „Rigm"). Läuft die Ḥarra an einer Stelle in eine Zunge aus, so heifst eine solche „Krâʿ" (ذراع). Nach Naṣr ibn S'emil erstreckt sich eine Ḥarra gewöhnlich zwei bis drei starke Tagereisen weit, und es kommen in ihr Steine vor, die (wegen ihrer Gröfse und abgerundeten Form) liegenden Kameelen gleichen und aussehen, als ob sie im Feuer geschwärzt wären. Unter den Steinen liegt der grobkörnige Humus der Kaʿʿa, der nicht schwarz ist, obschon Alles wegen der Menge und des engen Beisammenliegens der Steine schwarz erscheint. Nach Abû ʿOmar ist eine Ḥarra mehr kreisförmig rund; läuft sie aber einmal in einen länglich schmalen Streifen aus, so heifst dieser „Krâʿ". Die Worte „Lâbe" und „Ḥarra" sind gleichbedeutend. Die meisten der vielen Ḥarra's Arabiens liegen um Medina herum bis hinauf nach Syrien u. s. w. Darauf bringt Jâḳût die Namen von 28 Ḥarra's und bespricht sie einzeln in alphabetischer Aufeinanderfolge. Die von mir bereiste und in diesem Berichte beschriebene heifst nach ihm Ḥarra des Bâgil (حَرَّة راجل), so benannt von dem gleichnamigen, in diesen Blättern erwähnten haurânischen Wâdi, an dessen nördlichem Ufer sich diese Ḥarra von Ezraḳ an in südöstlicher Richtung hinzieht. Seine Nachrichten über sie sind auffällig dürftig. Sollte sie ihm etwa trotz ihrer vier- bis fünfhundert Quadratstunden Flächenraum anderen gegenüber noch unbedeutend erschienen sein? Sie liegt, sagt er, zwischen der Steppe und den östlichen Gegenden Haurâns (بين أنسى ومشارق حوران) und gehörte zu seiner Zeit (um 625 arabischer Aera) zum Lande der Beni Ḥès (بنى حبس, die jetzt verschollen sind). Unter diesen Ḥarra's erwähnt er eine bei der bekannten Pilgerstation Tebûk, welche der Prophet Muḥammed bei seinem Zuge gegen die Griechen passirt hat. Eine andere nennt er die Feuer-Ḥarra (ḥarret en nâr), eine Benennung, in der sich die Erinnerung an vulkanische Ausbrüche erhalten zu haben scheint. Es finden sich in ihr, sagt er, Natron-Gruben und sie liege zwischen Wâdi el Ḳurâ und der (peträischen) Stadt Têmâ im Gebiete der Ġaṭafân, also in der Nähe der ʿAbsiden und

Männer den Wunsch aus, dafs ich den Bericht veröffentlichen möchte, und ich sagte ihnen dies um so bereitwilliger zu, als bei dem damals so umwölkten politischen Himmel (es war im Monat April d. J.) für eine Veröffentlichung des Tagebuches selber wenig Aussicht vorhanden war.

Der Druck des Berichts bedingte einige Abänderungen und Weglassungen. Zu den ersteren gehören namentlich genauere lithologische Angaben, die mir durch die Definitionen des Herrn Prof. Rose ermöglicht wurden. Weggelassen wurden: 1. drei Skizzen, nämlich der Ruḥbe mit ihrer Umgebung, des Vulkans Umm Usdûch mit seiner Umgebung und des Wa'rs von Zâkiê; 2. einige Nachrichten über die Wiesenseen, namentlich über zwei zum ersten Male auf der Karte erscheinende Becken, die Baḥret Bâlâ und den Match Brâk. Ungedruckt blieben diese Notizen, weil sie nicht zu den Ergebnissen dieser Reise, sondern früherer Ausflüge gehörten, weil sie den Gegenstand nicht genügend behandelten, und weil ich die Absicht habe, mein über das Mergland gesammeltes Material zu einer Monographie zu verarbeiten, welche diesen mir vollkommen bekannten Landstrich mit seinen Völkerschaften und seiner Cultur ausführlich besprechen soll.

Die eigentliche Veranlassung zu diesem Nachtrage gab mir eine durch meinen Bericht nahe gelegte, in ihm selbst aber unerledigt ge-

---

der Heimath 'Antars. So erklärt sich, warum in dem grofsen Epos über die Thaten dieses Helden so häufig die Ḳâ''s (الفيعان) erwähnt werden.

Es wäre zu wünschen, dafs eine Uebersetzung dieses ganzen Abschnitts mit dem Commentare eines Sachverständigen in einer geologischen oder geographischen Zeitschrift veröffentlicht würde.

Das oben vorkommende Wort „Lâbe" (اللابة) bildet die Plurale lâb und lûb und die Adjective lâbi und lûbi „schwarz wie Lava". Auch lassen sich die Gentilia lûb und lâbe „Libyer, Nubier" in der Bedeutung „Schwarze" (vergl. die lûbim 2. Chron. 12, 3 u. öfter) mit dieser Radix zusammenstellen. Verwandt mit ihr ist die R. lebb „glühen, brennen". Man kennt sie vielleicht noch nicht, aber ich habe die 'Aneze und Haurânier sehr oft sagen hören: lebb el ḥatab er zündete das Holz an, und lebbet en nâr das Feuer brannte. Diese Bedeutung der Wurzel lebb ist altsemitisch und wir finden sie 2. Mos. 3, 2 bestimmt in Labba „der feurigen Flamme at Horeb" wieder, ebenso in Lebîba 2. Sam. 13, 6. 8; vielleicht selbst Daniel 11, 43 in den sonnenverbrannten Lubbim. In diesem Worte scheint eine Vermischung beider Stämme stattgefunden zu haben. Gewifs vereinigen sich die beiden Bedeutungen des „Schwarzseins" und des „Glühens" in dem aus Harîra (الحرة) zusammengezogenen Worte Ḥarra. In dem citirten Artikel des Jâḳût werden vier Pluralformen dieses Wortes gegeben, unter denen Ḥarrûn (حرون), in den cas. obl. Ḥarrîn statt Ḥarîrîn) als uralte Sprachbildung dem in diesem Berichte verglichenen Harerîm des Jeremia so nahe steht, dafs, die idiomatischen Unterschiede abgerechnet, beide Worte auch formell identisch sind.

bliebene Frage, nämlich: aus welcher Zeit und von welchem Volke jene merkwürdigen Bauten in den Trachonen und Haurân wohl stammen könnten? Da ich bei Beantwortung dieser Frage von sichern historischen Zeugnissen unterstützt werde, die ihrerseits wiederum durch mein Tagebuch bestätigt werden, so wollte ich die Veröffentlichung meines Reiseberichts mit einem Excurse über die Entstehung jener Denkmäler begleiten, der mir in seinen Consequenzen zugleich ein helles Streiflicht über die Sprache und den Ursprung der räthselhaften Harra-Inschriften zu werfen scheint.

Es kann dem Leser meines Berichts nicht entgangen sein, dafs die Ergebnisse eines Versuchs, geographische Namen der Bibel mit Bestimmtheit im östlichen Haurân wiederzufinden, dürftig gewesen sind¹). Aber auch im südlichen und westlichen Theile dieses Landes ist die Ausbeute für biblische Geographie nicht gröfser, eine Thatsache, die um so auffälliger erscheint, als wir hier auf unzweifelhaft judäischem Boden stehen. Zwar fanden hier Manche aufser den bekannten Städten Salcha, Kenât, Edre'î und Gôlân noch andere alttestamentliche Orte; so verglich man die sechs Stunden südwestlich von Boṣrâ im Flufsgebiete des Wâdi 'Aḳib liegende grofse Ruinenstadt Umm Gemâl ²) mit Bêt Gamûl in Jeremia 48, 23, desgleichen die Städte Ḳrêje und Boṣrâ mit den in der angezogenen Bibelstelle (Vers 24) erwähnten Orten Ḳeriôt und Bozra; wären diese Zusammenstellungen richtig, dann würde es nicht mehr keck sein, die 'Egla seliśija (Vers 34) in den drei höchsten runden Kuppen des 'Agêlâ-Gebirges, oder in der dortigen Κώμη Ἐγλῶν wiederzufinden.

---

¹) Noch könnte man das am westlichen Trachon liegende Ḥaḍar (حضر) mit Ḥazar Tîchôn vergleichen, welches in Hesekiel's (47, 16) Vision von einem künftigen idealen Reiche Israels als dessen östliche Grenze zwischen Damaskus und Haurân (Salcha) genannt ist. Das „mittlere (tichôn)" Ḥazar würde es genannt sein, weil es gerade in der Mitte des östlichen Luḥfs oder weil es halbwegs zwischen Salcha und Damaskus liegt. Der Ort ist von fester Bauart und gut erhalten. Viele Häuser hatten an den Ecken der Strafsen maskirte Balkone mit Schiefsscharten. In den Gassen und Höfen der Häuser lagen viele Menschenknochen, die von einem blutigen Kampfe herrührten, der zur Zeit der Expedition Ibrahîm Pascha's gegen das Legâ in Ḥaḍar stattgefunden hatte.

²) Dieser Name (أم الجمال) bedeutet die schöne Stadt; die jetzigen Beduinen dagegen sprechen Umm el Gimâl, die Stadt der Kameele, und sagen, sie sei so grofs und blühend gewesen, dafs unter den Kameelen der Einwohner, die des Morgens auf die Weide geschickt wurden, die Einäugigen (el 'ûr) allein sich auf Tausend belaufen hätten. Es giebt zwei Orte dieses Namens. Der kleinere von beiden liegt ein Paar Stunden nördlicher in der Nuḳra und ich konnte ihn auf dem Dache der Moschee in Sahwet el Ḳamḥ sehen und in meine Winkelmessungen aufnehmen. Vom gröfseren habe ich in Sahwe und Boṣrâ nur die ohngefähre Direction bestimmen können.

Aber dies Alles ist reiner Irrthum. Der Prophet spricht nur vom Lande Moab und die genannten Orte müssen sämmtlich in den östlichen Umgebungen des todten Meeres gesucht werden.

Man darf sich in der That darüber wundern, dafs uns die Bibel, während sie im cisjordanischen Lande und dem südlichen Peräa hunderte von Ortsnamen kennt, aus Basan und Nord-Gilead kaum acht oder zehn überliefert hat. Wohl läfst sich auch zur Erklärung des Mangels an topographischen Nachrichten über diese Gegenden Manches sagen, z. B. hatte die künstliche Abgrenzung der einzelnen Stammgebiete in Josua Cap. 13 bis 19 die Nennung vieler Ortschaften nöthig gemacht, so genügte bei Basan, dessen West- und Südgrenze, auf die es hier allein ankam, bekannt gewesen, die einfache Bestimmung, dafs es ungetheilt dem halben Stamme Manasse zufalle; dafür aber, dafs in der Folgezeit seiner Schicksale wenig gedacht wird, liefse sich anführen, dafs es bei der Verschiedenheit seiner Interessen nur schwache Beziehungen zum Gesammtreiche gehabt haben werde. Aber diese Gründe sind nicht genügend. Als Moses das Land eroberte, fand er in Argob allein aufser den Dörfern sechzig ummauerte Städte, und dürfen wir von der Blüte dieser Provinz einen Schlufs auf die des ganzen Landes machen, so mufs zur Zeit des Culturstaats der Amoriter der ganze Haurân mit einer erstaunlich grofsen Menge von Städten und Dörfern bedeckt gewesen sein. Und doch hören wir in der Folgezeit nichts von ihnen, selbst von den vornehmsten Städten des Landes, wie 'Astarôt, Edre'i, Ķenât, Gôlân und Salcha, weifs die spätere Geschichte Israels nichts mehr. Andererseits sehen wir in den Kriegen der Israeliten mit den Königen von Damaskus und Assyrien, wie der Feind immer ohne Widerstand von dieser Seite her in's Land gefallen ist. Wo waren damals jene festen Plätze? Es liegt die Vermuthung sehr nahe, dafs sich jene sechzig Städte später in die „sechzig Zeltlager Jaïrs" (ḥawwôt Jaîr) verwandelt haben, dafs die basanitischen Israeliten in der Nachbarschaft der Beduinen vollkommene Nomaden geworden oder geblieben sind, dafs sie, um jederzeit zum Schutze ihrer von Weideplatz zu Weideplatz ziehenden Heerden bereit zu sein, sich nicht an Städte und Dörfer binden konnten, die daher verlassen standen, verfielen und endlich verschwanden. So wird es erklärlich, dafs die Wegführung der drei transjordanischen Stämme durch Phul, den König von Assur (1. Chron. 5, 26), anscheinlich so leicht gewesen ist. Denn während er in Galiläa eine Anzahl fester Plätze zu erobern hatte, scheint er in Peräa nach 2. Kön. 15, 29 nur bei Abêl (Abîl in Erbed) Widerstand gefunden zu haben, einem Platze, der wegen seiner ungemein starken Lage am südlichen Ufer des Jermûk selbst als

Ruine noch der Zufluchtsort des Landes bei einem feindlichen Einfalle werden konnte ¹).

Die Cultur ist in Ostsyrien eine künstliche Schöpfung; sie gleicht einem Garten, den man am Meeresufer geschaffen und mit einer starken Mauer gegen den Wellenschlag geschützt hat. Wird die Mauer vernachlässigt, so bricht das Meer durch und verwüstet den Garten. So kann jenes Land dem unablässigen Andrängen der Nomaden gegenüber nur unter einer starken und immer wachsamen Regierung ein Culturland bleiben. Eine solche Regierung hat Syrien (aufser in den Tagen Saladins und kurze Zeit nach ihm) seit der ersten muselmännischen Occupation nicht gehabt, und darum liegen die östlichen Ortschaften seit zwölfhundert Jahren verödet; nur in den schwerer zugänglichen Gebirgen der Belkâ, 'Aglûns und Haurâns haben kriegerische Gemeinden den väterlichen Herd gegen die Beduinen zu schützen gewufst. Der Zustand des Landes zur Zeit des israelitischen Reiches wird dem heutigen sehr analog gewesen sein, und ich möchte mit Ausnahme einiger Burgen, die unter den Herodiern entstanden sind, von keinem einzigen der tausend Ruinenorte, die gegenwärtig Peräa bedecken, behaupten, dafs er israelitischen Ursprungs sei; auch finden wir, nebenher erwähnt, diesseits des Jordans keine Spur von dem Baustyle jenseits des Flusses.

Als ich auf den Zinnen der Citadelle in Boṣrâ einige dreifsig Ortschaften gemessen hatte und mein Auge sich an dem grofsartigen Panorama weidete, bemerkte mein Reisegefährte Muhammed Effendi, dafs er sich in Mugêdil (einem ihm gehörigen Dorfe in der Nuḳra) beim Anblicke der vielen sorgfältig und fest gebauten Dörfer oft die Frage gestellt habe, wer wohl ihre Erbauer gewesen? Nach seiner Ansicht könnten diese nur ein Volk gewesen sein, das es verstanden, sich den Wüstenstämmen furchtbar zu machen, und Jahrhunderte lang in Wohlstand und Sicherheit das Land besessen habe. Er glaube, die Israeliten seien dieses Volk gewesen. Bei dem Glanze, womit die muhammedanische Legende die salomonische Regierung umgeben hat, wäre es unmöglich gewesen, dem sonst sehr verständigen Manne zu beweisen, dafs der judäische Staat die Eigenschaften, Peräa blühend zu machen, zu keiner Zeit besessen hat. Einer langen und tiefen Ruhe hat er sich niemals erfreut, weil ihm die Bedingung dazu, eine dauernd starke Regierung fehlte, und diese konnte nicht geschaffen werden, da

---

¹) Desgleichen diente das südliche Ufer des Jermûk bei Abil im Jahre 635 christlicher Aera dem muselmännischen Heere als Stützpunkt, wo es den Angriff der Griechen erwartete, und noch im vorigen Jahre ermöglichte jene Oertlichkeit dem Heere der Ruwala eine Aufstellung, welche der nachrückende Feind nicht anzugreifen wagte.

die ismaelitischen Stammunterschiede, die sich niemals verwischten, ewige Zwietracht nährten und das Ganze schwächten. Desgleichen gestattete dem Volke der Widerwille gegen allen Zwang und ein starker Hang zur Ungebundenheit, den es gleichfalls mit den stammverwandten Ismaeliten gemein hatte, keine absolute Unterordnung unter ein strenges Regiment. Dabei scheint, trotz der Idee des gelobten Landes, die Liebe zur Scholle bei ihnen niemals so stark gewesen zu sein, wie sie bei einem Volke sein mufs, das in dem Glauben an die Unverlierbarkeit des heimathlichen Bodens diesen mit Städten und Dörfern bedeckt. Die Natur des Beduinen scheinen sie aus ihrem Nomadenleben in Aegypten und der syrischen Wüste mit nach Palästina gebracht zu haben und durch die ganze Geschichte des Volkes bis auf die Gegenwart herab zieht sich gleichsam als der charakteristische rothe Faden jenes Motto aller Stämme der syrischen Wüste, welches der Oberscheich der Ḥsenne [1]) im Jahre 1836 den Drohungen Ibrahim Pascha's gegenüber im Diwane der Stadt Ḥamâ aussprach: „lâ tuheddid men idâ hedd raḥal — Drohe nicht dem, der, wenn er sein Zelt niederwirft, wandert".

Andere Gelehrte führen den Ursprung der transhauranischen Bauwerke sogar auf die Amoriter zurück. Die steinernen Massen, argumentirte man, konnten bei der mosaischen Eroberung nicht zerstört werden und blieben als ewige Zeugen der Siege Jehova's in Basan für die Nachwelt stehen bis heute. Nur seien neue Bewohner eingezogen, die, wie späterhin die Römer und Byzantiner, zierlichere Kunstwerke daneben aufrichten, auch Ornamente und Steintafeln den colossalen Felsbauten hinzufügen konnten, aber die Grundanlage sei geblieben. Solche Ansichten waren möglich und erklärlich, wo man bei seinem Urtheile über jene Bauten nur auf eine entweder zu allgemein gehaltene oder zu stark gefärbte Beschreibung derselben angewiesen war, aber sie werden durch die Anschauung selbst nicht bestätigt. Im Gegentheile erkennt auch das weniger geübte Auge, dafs an allen diesen Bauten — die übrigens nicht aus gigantischen halbrohen Blöcken, sondern aus sorgfältig behauenen, meistens müfsig grofsen und nach den Regeln der Kunst gefügten Quadern bestehen — Sculpturen und Inschriften ursprünglich und keine spätere Zuthat sind. Und da diese Inschriften griechisch sind und nur die Bostrenser Aera kennen, so mufs die Entstehung der Bauwerke in die Zeit nach Christus gesetzt werden. Von den Troglodytendörfern kann natürlich hier nicht die Rede sein, sie sind gewifs sehr alt; auch von Ortschaften wie

---

[1]) Der ʿAneze-Stamm der Ḥsenne (حَسَنة) lagert in der Dîret S'umbul, namentlich in der Nähe der Stadt Ḥoms.

Hibikke, von dessen Alter und Construction in meinem Berichte die Rede ist, muſs abstrahirt werden, sie könnten wohl in die Amoriterzeit hinaufreichen; desgleichen wird sich viel uraltes Baumaterial in Städten wie Boṣrâ und Salchat erhalten haben, denn schon das Vorhandensein von nabatäischen Inschriften zeugt dafür: aber die Masse der transjordanischen Orte ist wie nach der Schablone in einem und demselben Baustyle aufgeführt und kann nur aus der Zeit stammen, welche die griechischen Inschriften dafür angeben.

Um die Frage nach den Urhebern dieser Bauten zu beantworten, müssen wir einen Theil der Weltgeschichte hervorsuchen, von dem die meisten Blätter verloren gegangen und die übriggebliebenen verstümmelt und stark verbleicht sind. Dennoch können wir aus ihnen noch mit Sicherheit lesen, wann und unter welchem Volke jene haurânische Cultur geblüht hat, deren Ueberreste wir noch heute bewundern.

Ohngefähr um die Zeit von Christi Geburt erlebte Süd-Arabien (Jemen) eine grofse Auswanderung, die wahrscheinlich durch Uebervölkerung des Landes veranlaſst wurde. Die arabischen Geschichtschreiber berichten, man habe Ursache gehabt, den Durchbruch der Dämme von 'Arim zu fürchten und wollte durch Auswanderung diesem allgemeinen Landesunglücke entgehen [1]). Zwei sabäische Völker, von denen das eine zum Stamme der Azdiden (Azd), das andere zu dem der Ḥimjariden (Ḥimjar) gehörte, verliefsen die Heimath und wendeten sich nordöstlich gegen Baḥrein hin, wo sie mehrere Jahre gemeinschaftlich nomadisirten, bei einer Quelle Hagar (فَجَر) ein Schutz- und Trutzbündnifs schlossen und davon den Na-

---

[1]) Die 'Arim waren seeartige Andämmungen des Wassers von einer Menge (nach Einigen von siebenzig) Winterbächen und Quellen, gebildet durch starke zwischen drei Bergen gezogene und diese verbindende Kunstmauern mit dreiſsig Schleusen. Sie waren in der Nähe der Stadt Ma'rib, der Hauptstadt des sabäischen Reiches, welche vier Tagereisen (c. 82 Stunden) von Ṣan'â entfernt zwischen dieser Stadt und Ḥaḍramaut lag. Da die 'Arim eine Wasserfläche von ohngefähr einer Stunde Breite und Länge bildeten, so gestatteten sie eine groſsartige Bewässerung und hatten meilenweit Baumgärten, Saatfelder, Dörfer und Meierhöfe in's Leben gerufen. Man erndtete dreimal des Jahres, was in dem heiſsen Lande recht wohl möglich ist, wo z. B. die Gerste zwei Monate nach der Aussaat reif wird. Diese ganze künstliche Cultur muſste sich natürlich mit dem Ruine der colossalen Dämme, der später wirklich erfolgte, wieder in Wüste verwandeln. Jâḳût widmet diesem Gegenstande einen längeren Artikel, der beachtenswerth ist. Interessant sind die in poetischem Schwunge gehaltenen Prophezeiungen der Seherin (Kâhine) Zarîfa, durch welche die Azdiden veranlaſst wurden, ihre Fluren bei Ma'rib zu verkaufen und auszuwandern; desgleichen die Schilderung, wie nach dem Durchbruche der Dämme Ma'rib (das Mariaba des Ptolemäus) und die benachbarten Ortschaften verlassen werden muſsten und die paradiesische Gegend unter dem Flugsande der Wüste begraben wurde. Ueber die erste Untersuchung dieser Ruinen, die einem kühnen Franzosen glückte, findet man das Nähere in Carl Ritter's Geographie von Süd-Arabien.

men Tenuchiden (Tenûch, Eidsgenossen) erhielten. Da aber die Südaraber (Ḳaḥṭâniden) nicht wie die Nordaraber (Ismaeliter) das Nomadenzelt, sondern das steinerne Haus lieben, so sahen sie sich nach festen Wohnsitzen um, sendeten ihre Kundschafter aus und brachen nach deren Rückkehr in zwei entgegengesetzten Richtungen auf. Die Azdiden, nach dem Stammzweige ihres Oberhauptes auch Naṣriden (Naṣr) genannt, setzten sich am Euphrat fest, bauten die verfallene Stadt Embâr auf und gründeten daselbst das Osttenuchidische Reich, dessen Hauptstadt später Ḥîra wurde. Die Ḥimjariden, auch Ḳuḍâ'iden genannt, weil der ḥimjaridische Stamm Ḳuḍâ'a ihre Majorität bildete, wendeten sich gegen Syrien und gründeten in Haurân und der Belḳâ das Westtenuchidische Reich, welches nach Selîḥ (سليح), dem Stammzweige ihres Oberhauptes, gewöhnlich das Reich der Selîḥiden genannt wird.

Was die Niederlassung dieser Völker ungemein erleichtern mußte, war der Umstand, daß sie, wie alle seßhaften und ackerbautreibenden Völker, nicht jenen unbändigen Freiheitstrieb mitbrachten, der den Zeltarabern bis auf den heutigen Tag eigen ist. Wären sie als Eroberer erschienen, so würden sie im Osten, wo die Macht der Arsaciden noch ungebrochen war, übel empfangen worden sein, und auch in Syrien würden ihnen die Römer auf die Länge keinen freien Spielraum gelassen haben; aber von Haus aus an ein strenges, ja tyrannisches Regiment ihrer Tubba''s, wie die jemenischen Könige hiessen, gewöhnt, erboten sie sich, Tribut zu zahlen, und darum wurden sie sowohl von den Parthern als von den Römern um so williger empfangen, als sie die verödeten Länder neu bevölkerten und zugleich einen starken Damm gegen die räuberischen Wüstenstämme bildeten, die durch sie, wie es scheint, sogar vollständig tributär gemacht wurden.

Jetzt wird es hell in Ostsyrien; die tausend steinernen Ortschaften, vom Kastellkranze an, der sich im weiten Bogen von Damaskus gegen den Euphrat hinzieht [1]), bis hinab an die Grenzen von Ṭafîle, stehen nicht mehr wie zeither als Fragezeichen auf den geogra-

---

[1]) Auf diese lange Reihe von Kastellen, welche uns zeither unbekannt waren, bin ich zuerst vom Scheich Muḥammed ibn Dûḥi aufmerksam gemacht worden. Sie ziehen sich von Damaskus gegen Palmyra und von dort an den Euphrat und es sollen ihrer zweiundvierzig sein. Von Damaskus aus liegt das erste bei der Ruinenstadt Maḳṣûra und heißt Chirbet Sumbên (سمبين). Das nächste liegt drei Stunden nordöstlich von dem vorigen bei der Ortschaft Ḏumêr (ضمير), nach der es gewöhnlich das Schloß von Ḏumêr benannt wird; doch heißt es auch der „syrische Chân" (Chân eš šâmi). Dieses ist das einzige dieser Kastelle, welches untersucht worden ist; seine griechischen Inschriften sind in das *Corpus Inscriptionum Graecarum* aufgenommen. Das folgende liegt drei Stunden weiter und heißt el

phischen Karten, man weifs, wer sie gebaut und wie es möglich war, bis tief in die Wüste hinein und oft an Orte zu bauen, wo Sonnenglut, Wassermangel und geringe Bodenproduction kaum die Existenz fristen liefs. Wer aus dem glühenden Ḥaḍramaut und aus der Nachbarschaft der dämonischen Aḥḳâf kam, dem konnte wohl die elendeste Gegend Syriens noch gut genug erscheinen. Jetzt erklärt sich der fremdartige Styl der haurânischen Bauten, von denen Buckingham beim Anblick der Ruinen von Dâ'il (vgl. C. Ritter Palästina und Syrien II, 842) urtheilte, dafs sie ihm weder griechisch, noch römisch, auch nicht saracenisch zu sein schienen, sondern wohl einem älteren einheimischen jüdischen oder chaldäischen Style angehörten. Die Nachrichten, welche uns durch die Engländer von Aden aus immer häufiger über die grofsartigen Bauten der Sabäer in Südarabien zukommen, werden uns bald in den Stand setzen, die völlige Identität der haurânischen Bauart mit der altjemenischen zu erkennen. Schon jetzt wissen wir, dafs sich auch in der letztgenannten das steinerne Dach und die Anwendung jener schmalen und übermäfsig langen Quader findet, welche im Haurân allentbalben so auffallen.

Wie weit sich dieses Volk im östlichen Syrien ausgebreitet hat, wird sich nicht mehr bestimmen lassen, das Centrum seiner Besitzungen wird die mittelsyrische Vulkanregion gewesen sein; der Ḳuḍâ'id Gemîl besafs Batanäa, die Ruinen von Chôlân (خولان) im nördlichen Merg, nach welchem dieses sonst „der Bezirk (kûret) Cholân" hiefs, erinnern an den ḳuḍâ'idischen Bezirk (michlâf) Chôlân in Jemen, sowie die Ruinen von Blêj (بلي) in der Arḍ el Fedajên an den gleichnamigen Stammzweig der Ḳuḍâ'iden und gestatten die Vermuthung, dafs sich das Volk bis an die „Wiesenseen" ausgebreitet habe; ja nach 2. Corinth. 11, 32. 33 möchte man annehmen, dafs ihnen selbst die Stadt Damaskus überlassen worden war. Zwar hält die neutestamentliche Interpretation den arabischen König Aretas, dessen Statthalter den Apostel Paulus gefangen nehmen wollte, für einen der peträischen Fürsten, mit denen früher die jüdischen Könige (die Herodier) mehrfach in Berührung gekommen waren; sind aber, wie man annehmen mufs, die Seliḥiden damals schon im Besitze von Peräa gewesen, so war es unmöglich, dafs ein Fürst des peträischen Arabiens in Damaskus herrschen konnte. Ebenso wäre es unbegreiflich, wie die Römer einem noch nicht unterworfenen Könige Damaskus hätten unterordnen können, wenn es auch denkbar wäre, dafs dieser, frei im eigenen Lande, in Damaskus den

---

Ḥamrâ „Rothenburg"; nach ihm folgt Manḳûra, darauf 'Anêbe, dann Ḳaṣr elabjaḍ „Weifsenburg" u. s. w. Die Distanz beträgt immer drei Stunden.

römischen Vasallen gespielt haben sollte. Denn unabhängiger Besitzer oder gar Eroberer von Damaskus war jener Aretas gewifs nicht, nachdem die Römer noch kurz vorher den Uebergriffen des Zenodorus gegenüber zur Wahrung ihrer Hoheitsrechte so bedeutende Anstrengungen in den nächsten Umgebungen dieser Stadt gemacht hatten.

Leider besitzen wir nicht einmal eine vollständige und chronologisch geordnete Regententafel der Selihiden. Der das Volk aus der alten Heimath führte, hiefs Màlik und sein Sohn 'Amr wird als erster König in Syrien genannt. Aber schon von da ab beginnt die Unsicherheit. Die Nachfolger des 'Amr werden sein Sohn Sa'd und sein Enkel Dag'am (جَعَم), von dem das Gesammtvolk oft die Dag'amiden (الجَعامِدة) heifst, gewesen sein. Man findet noch andere Königsnamen, unter denen sich Hàrit ibn Mendele bemerklich macht, aber es ist noch unermittelt, ob sie wirklich regiert, oder nur den Titel eines Königs geführt, d. h. in jener späteren Zeit gelebt haben, wo die Herrschaft schon auf ein anderes sabäisches Volk, die Gefniden, übergegangen war. Dieser späteren Zeit scheinen unter andern die Namen Diâd ibn Hebûle und sein Vetter Dàud el Letik anzugehören. Der Letztere hatte bereits das Christenthum angenommen, und von ihm wurde das hauränische Kloster Dèr Dàud erbaut.

Es ist gleichgiltig, in welchem Theile Peräa's zuerst die neue Civilisation unter den Sabäern begann, aber wir können mit Sicherheit behaupten, dafs eine Cultur Hauràn's im grofsartigen Mafsstabe nur mit dem Aufbau von Boṣrà, also erst vom Jahre 106 nach Christo an in's Leben treten konnte. Da noch kein Reisender die hohe Bedeutung von Boṣrà genügend hervorgehoben hat, so mufs ich dieser Stadt einige Blätter dieser Schrift widmen. Boṣrà hat unter allen ostsyrischen Städten die günstigste Lage und Damaskus, welches seine Gröfse der Menge seines Wassers und seiner durch den östlichen Trachon geschützteren Lage verdankt, wird Boṣrà nur unter einer schwachen Regierung überstrahlen, während Letzteres unter einer starken und weisen Regierung sich in wenigen Jahrzehnten zu einer mährchenhaften Blüte emporschwingen mufs. Es ist der grofse Markt für die syrische Wüste, das arabische Hochgebirge und Peräa, und seine langen Reihen steinerner Buden legen noch jetzt in der Verödung von einer früheren und der Möglichkeit einer künftigen Gröfse Zeugnifs ab. Von hier ging über Salcha und Ezrak auf geradem Wege die Römerstrafse nach den Häfen am persischen Meerbusen, um die Erzeugnisse des Westens an die Schiffe Indiens und die Karawanen Persiens zu liefern und die Handelsgüter dieser Länder dem Westen zuzuführen. Dafs selbst der Higàz ehedem an Boṣrà gewiesen war, beweisen die Handelsreisen der Mekkaner zu Muḥammeds Zeit. Boṣrà war der Getreidespeicher für das unfruchtbare Arabien. Es liegt in einer Gegend, deren Fruchtbarkeit unerschöpflich ist, und noch heutigentags, wo die Nomaden weder Baum noch Strauch um Boṣrà übrig gelassen haben, gleicht das Land, soweit das Auge reicht, einem Garten. Endlich ist Boṣrà die natürliche Hauptstadt Ḥauràns, der von hier aus mit dem blofsen Auge nach allen vier Himmelsgegenden überschaut und gleichsam bewacht werden kann, und der Schlüssel zum kostbarsten Theile desselben, nämlich der Nuḳra, desgleichen von Gòlàn, Gèdùr, ja von Wàdi el 'Agem und selbst Damaskus, dessen Sicherheit seit der Verödung von Boṣrà auf seine Mauern beschränkt ist, denn während meines Aufenthalts in Damaskus ist es sehr oft vorgekommen, dafs von Boṣrà herkommende Raubzüge der Beduinen unmittelbar vor den Thoren der Stadt Heerden weggenommen, oder Karawanen und Reisende geplündert haben. Die Wichtigkeit des Platzes erkannten die Ejubiden-Sultane, als sie die Citadelle bauten, mit der sich keine andere in Syrien, selbst die gröfsere damascener nicht vergleichen läfst, desgleichen die Kreuzfahrer, die keine geringen Anstrengungen machten, in den Besitz von Boṣrà zu kommen. Als ich auf der Zinne jener Citadelle stand, und Stadt und Land überschaute, drängte sich mir die Ueberzeugung auf, dafs die Hauptstadt Ḥauràns, oder, wie das Land vor der mosaischen Occupation hiefs, Basans nirgends anders gesucht werden könne, als hier.

Die Schrift nennt 'Aśtaròt als die Hauptstadt Basans, Josua 9, 10. Die Stelle 5. Mos. 1, 4., welche in der lutherischen Uebersetzung lautet: „nachdem er den König Og geschlagen hatte, welcher zu Astarot und Edrei wohnte" ist dem Urtexte gemäfs richtiger also wiederzugeben: „nachdem er den König Og, der zu Astarot wohnte, geschlagen hatte bei Edrei"; vergl. 4. Mos. 21, 23 und öfter. Nur im Buche Josua heifst es zweimal (Cap. 12, 4 und 13, 12) vom König Og, er habe zu Astarot und Edrei gewohnt. Zur Erklärung dieser Verschiedenheit in der Berichterstattung liegt die Vermuthung sehr nahe, dafs die Stelle 5. Mos. 1, 4: „be 'Aśtaròt be Edre'ì" später wirklich irrthümlich so verstanden worden sei, als ob ein „und" dazwischen stände, so dafs zur Zeit der Abfassung des Buches Josua die Tradition von zwei Residenzen im Volke gäng und gebe gewesen wäre. Dem sei nun wie ihm wolle, jedenfalls wird überall, wo die beiden Städte in der Schrift zusammen vorkommen, Astarot *primo loco* genannt, wie Josua 13, 31, was beweist, dafs es die vornehmste der beiden Städte war.

Da es nun in Ḥauràn kein Astarot mehr giebt, so wird man sich auf Grund obiger Mittheilungen über Boṣrà veranlafst sehen, es zunächst in Boṣrâ zu suchen, von dem der Syrer noch heutigentags sagt, dafs seine Blüte die Blüte Haurâns und sein Ruin der Ruin Haurâns sei. Josephus, der sichere Führer in Palästina, läfst uns hier rathlos; er spricht nicht von Astarot, woraus man, in Uebereinstimmung mit anderweiten historischen Nachrichten, auf eine vollständige Verödung der Stadt zu seiner Zeit schliefsen mufs. Aber noch zu Eusebius Zeit scheint eine dunkle Ueberlieferung von der Identität Boṣrâ's mit dem alten Astarot vorhanden gewesen zu sein, denn man hielt damals (vgl. Winer's bibl. Realwörterb. unter Astarot) die zwischen Boṣrâ und dem Klêb auf dem Gebirge liegende, noch jetzt vorhandene Stadt ʿAfîne für Ḳarnaim, von dem 1. Mos. 14, 5 Astarot die nähere Bezeichnung „bei Ḳarnaim" erhalten hatte [1]). Eusebius selbst aber unterscheidet Astarot bestimmt von Boṣrâ, und da dies auch Hieronymus thut, so denkt Niemand mehr an Boṣrâ. Nach Beiden soll Astarot sechs Millien (also nicht ganz zwei Stunden) nordwestlich von Edrei (Derʿât) gelegen haben und deshalb suchte man dort nach seinen Ruinen. Wirklich hat man auch 1½ Stunde davon zwar kein Astarot, wohl aber einen Hügel ʿEstere gefunden und dieser gilt jetzt fast allgemein für Astarot; nur Carl Ritter (Palästina und Syrien II, 822) äufsert seine Bedenken und will die Frage noch als offene betrachtet wissen.

Während meines Aufenthalts in Derʿât sprachen wir des Abends im Menzûl (Gastzimmer) des Scheichs von der Vergangenheit des Ortes und es interessirte die Leute in hohem Grade, dafs ihre Stadt die Residenz eines Königs gewesen sein sollte. Neugierig waren sie auf den Namen der zweiten Residenz. Ich nannte ihnen ʿAsterât, ʿAstra, Bêt ʿastra und andere Variationen des Wortes, aber es waren lauter unbekannte Laute. Endlich rief ich aus: Die Stadt liegt ganz nahe, beim Tell ʿEstere. Es erhob sich ein seliges Gelächter; Alle kannten den unscheinlichen Hügel, wie sie die Höfe ihrer Häuser kannten, und versicherten mir, dafs dort nicht einmal ein grofses Dorf gestanden haben könne. Dennoch erklärte ich, am nächsten Morgen den Hügel besuchen zu wollen; da erhob sich aus der Mitte der zahlreich versammelten Gemeindeältesten ein Mann und sagte: „Glaube mir, dafs wir es den Ruinen recht wohl ansehen, ob sie ehemals eine grofse Stadt gewesen, oder nicht, aber auf ʿEstere stand einst ein Kloster oder ein Wachthurm, — lâkin ʿomrhâ ma kânet kursî melik —

---

[1]) Diese Tradition war, insofern sie Ḳarnaim auf dem Haurân-Gebirge suchte, gewifs falsch; dieser Ort wird nur in den Bergen der Belḳâ gesucht werden können. Und dafs „Astarot bei Ḳarnaim" in 1. Mos. 14, 5 nichts mit dem basanitischen Astarot zu schaffen hat, sagt eben der Zusatz „bei Ḳarnaim", wodurch es von jenem unterschieden wird. Die samaritanische Version des Pentateuchs hat bekanntlich an dieser Bibelstelle gar nicht ʿAstarôt, sondern ʿAfinit.

aber sein Lebelang war es keine Residenz eines Königs." Darauf hin ritt ich am nächsten Tage zur „Stadt der Thürme" (Umm el Mejâdin) in der Zêdi-Niederung und nicht nach Tell 'Eśtere.

Hieronymus kennt sogar zwei Astarot genannte Kastelle zwischen Der'ât und Abîl; warum erklärt er sich nicht, welches von beiden die Stadt Og's gewesen ist? Aber was konnte denn der Kirchenvater von dieser längst verschwundenen Stadt wissen? Oder verdient die Eilfertigkeit, womit er auf geringe Lautähnlichkeit hin so oft irrige geographische Bestimmungen gemacht hat, so viel Vertrauen, daſs wir seine Autorität über die der Bibel stellen dürften? Denn diese selber nöthigt uns, Boṣrâ für identisch mit Astarot zu halten. Der halbe Stamm Manasse erhielt bekanntlich das ganze Basan, von dem er jedoch nach 1. Chron. 7, 71 die zwei Städte Gôlân und Astarot an die Leviten abtreten muſste. Dieser Bestimmung wird auch Josua 21, 27 gedacht, nur heiſsen hier diese beiden Städte Gôlân und Be-'ästera. Daſs die Worte 'Astarôt und Be'ästera eine und dieselbe Stadt bezeichnen, steht auſser allem Zweifel, denn die Leviten erhielten nur zwei Städte in Basan, nicht drei oder mehrere, es fragt sich nur, wie die Stadt anscheinlich zwei Namen haben konnte. Die nächstliegende Erklärung ist die, daſs der eigentliche arabische Name der Stadt (und im Ḥaurân wird niemals eine andere als die arabische Sprache gesprochen worden sein) Bêt 'astera (بيت عَشْتَرة) „Tempel der 'Astera (Astarte)" war, der sich im Munde des Volks in Be'astera contrahirt hat, ebenso wie neuerdings ein ausgezeichneter Archäolog (Prof. Dr. Tuch in Leipzig) das Wort Babel als aus Bêt bel „Tempel des Bel" entstanden erklärt hat. In der syrischen Sprache war diese Verstümmelung des Wortes Bêt bei Ortsnamen ganz gewöhnlich, und sie ist es noch jetzt in Syrien. Man verkürzt dadurch die Namen, um sie geläufiger zu machen. So heiſst die Residenz der christlichen Emire vom Libanon Bêt rummâna, aber man spricht und schreibt nur Berummâna. Einige Stunden östlich von Damaskus liegt die Ortschaft Bêt Sawâ (بيت سَوَا), deren Einwohner Besawî (بَسَوِي) und Beswânî heiſst. Die Bewohner der Ortschaften Bêt Sâbir (بيت سابِم) und Bêt Tîmâ im Districte 'Iḳlîm el Bellân (auf dem Hermon) heiſsen Besâbire und Bejâtime. So viel über die Form Be'ästera. Was nun den andern in der Bibel häufigeren Namen 'Astarot anlangt, so ließ man einmal das Wort Bêt gänzlich weg, ein Verfahren, zu dem sich in der Bibel häufige Analogien finden (wie Ba'l Me'ôn statt Bêt Ba'l Me'ôn, 'Azmawet statt Bêt 'Azmawet, Reḥôb statt Bêt Reḥôt u. s. w.), und gab dem übrigbleibenden ʿAstera die Pluralform ʿAsterât, welche in der wahrscheinlichen Bedeutung „Statuen der ʿAstarte" sich mehr zur Bezeichnung einer Oertlichkeit eignete als die Singularform, welche der Name der Göttin selbst war [1]). Von dieser rein arabischen Pluralform ʿAsterât giebt uns die Bibel nur das nom. gentile ʿAsterâti „ein aus ʿAstarot Gebürtiger" (1. Chron. 11, 44), während sie für die Stadt selbst nur die hebraisirte Pluralform ʿAstarôt hat, eine Bildung, die nur im Idiome des cisjordanischen Palästina möglich, in Haurân dagegen, wie im übrigen Arabien unbekannt gewesen sein wird. Dort wird die Stadt immer ʿAsterât oder Beʿastera geheifsen haben. Dafs der letztgenannte wenigstens in der Folgezeit der gewöhnlichere Name der Stadt war, ist daraus ersichtlich, dafs man dieselbe, als sie sich unter Trajans Regierung aus den Ruinen neu erhob, Nova Bostra d. h. Neu-Beʿastera nannte. Jeder Kenner der semitischen Sprachen weifs, dafs die Form Beʿästra (בעשתרה) gar nicht passender latinisirt werden konnte, als mit Bostra, worin der o-Laut das y wiederzugeben sucht. Ueber die Form Boṣrâ (بصرى), den heutigen Namen der Stadt, brauchen wir keine Rechenschaft zu geben, da sie factisch und unbestritten eine spätere Verstümmelung von Bostra ist. Das fremde Volk der Sabäer, welches jene Gegenden neu bevölkerte, hatte keine Traditionen von ʿAstarôt und der Astarte, und sie verwandelten das ihnen nichts bedeutende Bostra in das formell und etymologisch ihnen geläufigere Boṣrâ [2]). So viel über die Identität von Astarot und Boṣrâ.

Es ist kaum denkbar, dafs die neue sabäische Niederlassung in Syrien dem Wiederaufbau von Bostra fern geblieben sein sollte, vielmehr wird sie die eigentliche Veranlassung dazu gewesen sein und die Majorität der Bevölkerung der neuen Stadt geliefert haben. Es ist geschichtlich erwiesen, dafs unter dem Kaiser Trajan keine römische Colonie nach Syrien gekommen ist und Bostra selber die seinige erst unter Alexander Severus erhalten hat; die eingeborene ackerbautreibende Bevölkerung in jenen Gegenden, dem Eldorado der Wanderstämme, wird aber damals kaum so stark gewesen sein, dafs man

---

[1]) Dieser Nachweis würde freilich vereinfacht werden, wenn wir das Wort ʿAsterât für einen dialectischen (phönizischen) Singular nehmen dürften; aber das Vorkommen einer solchen Singularbildung im Phönizischen ist noch zweifelhaft, auch würde ihre Anwendung bei einer arabischen Stadt (statt ʿAstera) und in der hebräischen Bibel (statt ʿAstoret) ungemein auffallend sein.

[2]) Die christliche Kirche Syriens hat eine anscheinlich ältere Form des Namens aufbewahrt; auf dem Amtssiegel des Bischofs von Boṣrâ (in partibus) steht Metropolitan von Busrâ (بسرى); welches durch sein s (ש) dem lateinischen Bostra und älteren Beʿastra näher steht.

für sie auf einmal einige hundert Quadratmeilen neues Ackerland nöthig
gehabt haben sollte, und doch scheint gerade das Bedürfnifs, einer
grofsen ackerbautreibenden Colonisation Land und Schutz zu geben,
die nächste und hauptsächlich mafsgebende Veranlassung zum Aufbau
Bostra's gewesen zu sein. Als im Jahre 1851 die Räubereien der Beduinen in Gêdûr unerträglich wurden, richteten die Damascener an
den damaligen Militair- und Civil-Gouverneur Emîn Pascha, einen
übrigens ganz vortrefflichen Beamten, das Gesuch, er möchte ein Ba-
taillon Linientruppen mit einer leichten Batterie in Boṣrâ stationiren,
weil dadurch nicht nur die Sicherheit des Landes gewährleistet, sondern auch der ganze Ḥaurân für den Ackerbau gewonnen werden
würde. Dieser Zusatz verdarb die Sache, denn sie wurden beschieden,
dafs die Regierung bereit sei, Militair nach Boṣrâ zu schicken, nur
möchten die Bittsteller erst die neue ackerbautreibende Bevölkerung
herbeischaffen. In Winer's bibl. Realwörterbuche finden wir unter
dem Artikel „Bozra" eine Stelle des Damascius angezogen, die über
das Verhältnifs der Selihiden zu dem neuen Bostra beachtenswerthe
Andeutungen zu geben scheint; nach ihr habe man beim Aufbau
dieser Stadt unter Trajan nur ein altes Wachtschlofs (πα-
λαιόν φρούριον) vorgefunden, in dem der Dionysos verehrt
wurde; das Land selber habe unter arabischen Königen
gestanden. Dafs der wichtigste Punkt Ḥauràns bis auf ein altes
Wachtschlofs verschwunden war, beweist die völlige Verödung des Landes in jener Zeit, sowie der Dionysos-Dienst in Astarot die Annahme rechtfertigt, dafs das Volk, welches die Astarte, die syrische
Himmelskönigin (Ἀστροάρχη) dort verehrt hatte, verschwunden war
und einem neuen Volke mit fremden Göttern Platz gemacht hatte.
Dieses neue Volk werden die Sabäer, jenes mit dem Dionysos identi-
ticirte Idol wird das ihrige und die „arabischen Könige, unter denen
damals das Land gestanden", werden ihre Könige gewesen sein. Wollte
man auch zugeben, dafs der Cultus des griechischen Dionysos vielleicht schon zur Zeit der Seleuciden in diesen entlegenen Winkel Syriens gedrungen sein könnte, so zwingen uns doch Geschichte und Nu-
mismatik, diesen Dionysos nicht allein für ein rein arabisches, sondern selbst für ein sabäisches Idol zu halten. Nach Hesychius
und Stephanus Byzantinus war dieser Dionysos eine arabische
Gottheit und sein eigentlicher Name Δουσαρή. Auch Andere sprechen
von diesem Dusares und Tertullian erwähnt die Dusaria als
Spiele zu Ehren des Dusares, mit dem Zusatze, dafs derselbe das
Idol der Araber gewesen, wie die Astarte das der Syrer.
Der einheimische Name dieser Gottheit war Dû S'arâ (ذو شرى) und
die arabischen Schriftsteller erwähnen sie oft, sowie man in jedem

Originallexikon der arabischen Sprache eine wenn auch meist kurze Notiz über sie findet [1]). Allenthalben, wo der Ḍû S'arâ erwähnt wird, finden wir die für uns wichtige Angabe, dafs er der Götze der Dausiden (دَوْس) gewesen, eines Stammzweigs der Azdiden, zu dem nach dem einstimmigen Zeugnisse der arabischen Historiker die Gesammtmasse des Volkes gehörte, welches das osttenuchidische Reich am Euphrat gründete [2]). So kam sein Cult in die syrische Wüste, und er war wohl das vornehmste, wenn nicht einzige Idol der beiden tenuchidischen Reiche, denn der Ausdruck, „er sei der Götze der Dausiden gewesen", will wohl — ohne den Ḍû S'arâ-Dienst bei andern sabäischen Stämmen und namentlich bei den Seliḥiden zu negiren — nur so viel sagen, dafs sich das Heiligthum desselben im früheren Stammgebiete der Dausiden befunden hat, oder dafs dieser Stamm das erbliche Vorrecht des Tempeldienstes und der Tempelwache besafs, wie dasselbe ehrenvolle Vorrecht der Stamm Ḳoreis beim Tempel in Mekka und der Stamm Levi beim Tempel in Jerusalem hatte. Aber selbst diese Erklärung würde unnöthig werden, wenn sich die Nachricht des Ibn Dureid [3]) bestätigen sollte, nach welcher die Seliḥiden selber eine Ḳabîle (ein starker Stammzweig) der Dausiden gewesen wären.

In Haurân scheint sich die Verehrung dieses dem Dionysos ähnlichen Ḍû S'arâ allgemein verbreitet zu haben, wenn wir anders berechtigt sind (und ich glaube, dafs wir es sind), den architektonischen Schmuck der haurânischen Tempel, nämlich die Trauben- und Weinlaubgewinde, mit diesem Cultus in Verbindung zu bringen. Die Menge, ja Ausschliefslichkeit dieser Ornamente ist, wie schon in meinem Berichte erwähnt, sehr auffallend und sie sind auch andern Haurânreisenden keineswegs unbemerkt geblieben. Dazu kommt als wichtiges Moment, dafs die in dem neuen Bostra geschlagenen Münzen grofsentheils die unverkennbaren Symbole des Dionysos- oder Dusarencultus an sich tragen, bald das Bild des Silenus mit dem Weinschlauche auf der Schulter, bald eine Traubenkelter innerhalb einer Mauerkrone, oder auf einer Tafel stehend, an die eine Leiter angelegt ist, sogar mit der Aufschrift Dusar, oder der häufigeren Legende: *Metropolis Bostrenorum Actia Dusaria* [4]).

---

[1]) Vergl. Freytag, *Lex. Arab.* II, p. 417. Osiander, über die vorislamische Religion der Araber, in der Zeitschrift der deutschen morgenländ. Gesellschaft Bd. 7, p. 463 ff.
[2]) Vergl. Fleischer's *Abulfedâ anteislam.* p. 120.
[3]) J. Jac. Reiske, *Historia regnorum arabicorum*, ed. F. Wüstenfeld, 1847, p. 258.
[4]) Vergl. über die Bostra-Münzen Eckhel, *Doctr. Numor.* III, 500 ff. —

Es ist, so viel mir bekannt, noch von Niemandem versucht worden, den bostrenser Dusaren-Cultus mit der sabäischen Einwanderung in Peräa in Verbindung zu bringen, wenn man dies aber nach obiger Darstellung thun muſs, so liegt auch die Annahme sehr nahe, die überwiegende Bevölkerung des neuen Bostra für Sabäer zu halten. Die Thatsache, daſs wir seitdem in der neuen Stadt eine römische Besatzung finden, von der dieselbe in der Geographie des Ptolemäus Bostra Legio genannt wird, würde nur beweisen, daſs diese Garnison zur Behauptung der römischen Oberhoheit unter einem Volke nöthig war, welches in diesem entfernten Theile des Reichs dann und wann Unabhängigkeitsgelüste haben mochte. In der Folgezeit waren die Römer sogar genöthigt, in zehn transjordanische Festungen starke Besatzungen zu legen, um das freiheitsliebende Volk in Zaum zu halten [1]).

Den Seliḥiden, unter welchen die neue Cultur in Peräa begonnen hatte, war es nicht vergönnt, diese zu vollenden; nach einem vielleicht noch nicht 140 Jahre langen Besitze des Landes traten sie vom Schauplatze der Geschichte wieder ab und machten einem andern Volke Platz. Es waren dies die Gefniden (ال جَفْنَة), ein Zweig des bereits genannten sabäischen Volkes der Azdiden. Sie hatten laut Angabe der arabischen Historiker nach dem Durchbruche der Dämme von 'Arim ihre Heimath Jemen verlassen und sich durch den Ḥigâz nach Syrien gewendet. Die zerstreuten Nachrichten über diese Wanderung sind noch nicht gehörig gesammelt und geordnet, doch läſst sich mit genügender Sicherheit angeben, daſs ein Theil der Auswanderer bei den Städten Mekka und Ieṯrib (Medîna) zurückblieb, ein anderer sich in Petrâa festsetzte, und der Rest nach Syrien zog, wo er sich am Wasser Ġassân lagerte, von dem das Volk den Namen der Ġassâniden erhielt, den es in den Geschichtswerken gewöhnlich führt.

Ich war eine Zeitlang der Ansicht, jenes „Wasser" (ماء غسان) bezeichne einen Wâdi oder Cisternen bei der Ortschaft Ġassân, welche zwei Stunden nördlich von Boṣrâ liegt und die Gefniden hätten bei ihrer Einwanderung in Syrien, die mir gegen Ende des ersten oder Anfang des zweiten Jahrhunderts nach Christus stattgefunden zu haben schien, daselbst ihr Lager aufgeschlagen und das benachbarte Be'ästra aufgebaut, das sie dann ihrem neuen römischen Oberherrn — bei dem

---

Ein kostbarer archäologischer Apparat über Bostra findet sich in Carl Ritter's Palästina und Syrien II, 968 ff.
[1]) Vergl. *Notitia Dignitat. Or.* ed. Böcking, Bonn 1839. Cap. XXX.

sie wohl auch um die Erlaubnifs zum Aufbau der Stadt eingekommen sein, und bei dessen Beamten in Syrien sie vielleicht selbst Unterstützung beim Baue gefunden haben mochten — zu Ehren Nova Trajana Bostra benannt hätten. Die Bostrenser Zeitrechnung, welche sich von da ab in den hauranischen Inschriften findet, wäre dann ebensowohl die *aera ab urbe condita*, als die neue Reichsära der Gefniden gewesen, denn Bostra war bis zum Untergange des Gassanidenreichs im Jahre 635 nach Christus die Hauptstadt desselben, und meistens auch wohl die Residenz seiner Könige. Nun gestatten zwar die ziemlich confusen Annalen die Annahme einer so frühen, ja noch früheren Einwanderung der Gefniden, aber ich habe mich schliefslich doch dafür entscheiden müssen, dieselbe in das zweite Viertel des zweiten Jahrhunderts zu versetzen. wonach der Wiederaufbau von Be'âstra um das Jahr 106 nach Christus nicht unter diesem Volke, sondern nur unter den Selihiden stattgefunden haben kann. Auch habe ich unter den übrigens durchweg vagen Nachrichten über die Lage jenes „Gassân" keine gefunden, welche seine Identificirung mit dem hauranischen Gassân begünstigte. Das geographische Lexicon des Jâkût bringt vier Angaben, von denen er die allgemeinste absichtlich voranstellt. Es ist ein Wasser, sagt er, an dem sich die Benî Mâzin ibn el Azd (d. h. die Gefniden) lagerten und von dem sie den Namen der Gassaniden erhielten. Nach Andern liegt es auf dem edomitischen Gebirge, dem Gebel S'erâ (شراة), und von hier aus hätten die Gefniden mit Selihiden und Römern (Rûm) wegen Aufnahme in Syrien Unterhandlungen angeknüpft. Gegen die Verpflichtung Tribut zu zahlen, sei ihnen die Aufnahme gewährt worden, worauf sie unter Anführung des Talabe in die syrische Steppe (bâdiet eš S'âm) d. h. in die Belkâ gezogen seien.

Als die Veranlassung zum Kriege, der bald darauf zwischen Selihiden und Gassaniden ausbrach, nennen die Historiker die Rücksichtslosigkeit, womit der Selihide Sebit, ein Enkel des obenerwähnten Dag'am, beim Eintreiben des Tributs gegen die Gassaniden verfuhr. Durch seine Drohung, die Familie des Talabe bis zur Bezahlung des fälligen Tributs als Pfand zu nehmen, fühlte sich Gida', der Bruder des Talabe, so beleidigt, dafs er ihn auf der Stelle tödtete. Der Krieg, zu dem diese That wohl nur die formelle Ursache gewesen, endigte nach mehrjähriger Dauer damit, dafs die beiden Völker ihre Rollen tauschten. Die Selihiden unterlagen, ihre Machthaber wurden getödtet und das Volk dergestalt unterworfen, dafs sein Name verschwand und der der Sieger an seine Stelle trat.

Wir können uns für den Zweck dieser Schrift die unfruchtbare

Untersuchung ersparen, ob die Ġassaniden ein Vierteljahrhundert früher oder später an die Stelle der Seliḥiden getreten sind, da es uns nicht darauf ankommt, zu zeigen, dafs gewisse hauránische Bauten von dem einen und andere von dem andern Volke herrühren, sondern nur, dafs die Masse derselben sabäischen Ursprungs ist; dieses aber sind sie, sie mögen von den Seliḥiden oder Ġassaniden herrühren, da beide gewissermafsen ein und dasselbe Volk waren. Auch wird sich aufser da, wo Annalen oder Inscriptionen bestimmte Anhaltepunkte bieten, schwer ermitteln lassen, was von diesen Bauten den Seliḥiden oder ihren Nachfolgern angehört, zumal jene von diesen nicht ausgerottet, sondern nach dem Zeugnisse der Historiker nur unterworfen worden sind. Dennoch läfst sich mit ziemlicher Sicherheit annehmen, dafs der bei Weitem gröfsere Theil dieser Bauten von den Ġassaniden stammen müsse, weil diese die lange Zeit von fünfhundert Jahren jene Länder als das herrschende Volk besessen haben. Und in der That haben uns die arabischen Geschichtschreiber die Namen einer ungewöhnlichen Menge von Ġassanidenbauten im Osten des Jordan aufbewahrt. Mehrere derselben wurden auf meiner Reise wiedergefunden, andere von früheren Reisenden besucht, wieder andere werden von den arabischen Geographen erwähnt und bei ihrer soliden Bauart werden sie noch sämmtlich vorhanden sein. Diese Denkmäler, unumstöfsliche Argumente einer grofsartigen transjordanischen Cultur unter den Ġassaniden, wollen wir im Folgenden einer näheren Besprechung unterziehen.

Während meiner ganzen Reise war es mir beim Anblicke dieser Bauten nicht in den Sinn gekommen, ihren Ursprung auf die Ġassaniden zurückzuführen. Es ging mir wie andern Haurân-Reisenden, die gewifs auch recht wohl wufsten, dafs jenes Volk nirgends anders als in diesen Gegenden gehaust haben konnte. Aber es gab Gründe, die den Blick trübten. Das Vorurtheil des Einen sah hier die Wohnungen der Refaim, die Spuren des Römerthums in Boṣrâ und an anderen Orten verleiteten den Andern, überall im Lande Römerbauten zu sehen, während wiederum die zahllosen griechischen Inschriften mit den Zeichen des Christenthums aus dem 4ten und 5ten Jahrhunderte die Ansicht begünstigten, das Ganze für Monumente einer byzantinischen Cultur zu halten. Dazu kommt, dafs die Geschichte der Ġassaniden wenig beachtet, fast gering geschätzt worden war. Die Nachrichten sind dürftig, die Könige waren nicht einmal souverain und als „Statthalter der Cäsaren (Ummâl el Ḳejâṣire) über die Araberstämme" konnten sie selber als halbe Beduinen gelten. Daher nehme ich keinen Anstand, zu gestehen, auf welche Weise ich über die Urheber jener Bauten zur Erkenntnifs gekommen bin. Auf dem Wege von Ḳarṭâ nach No'ême in der Nuḳra stiefsen wir auf einen umfänglichen, schlofsartigen Bau, den man uns Ṣêdâ (صيدا) nannte. Der Name fiel mir auf; ich hatte irgendwo von einem haurânischen Ṣêdâ gelesen und folgendes Hemistich eines Verses, worin es erwähnt wird, war mir noch erinnerlich:

wa ḳaṣrun bi Ṣêdâ'a, allati 'inda Ḥârib
und ein Schlofs in Ṣêdâ, welches bei Ḥârib liegt

Ich fragte meinen in der poetischen und historischen Literatur seines Volkes sehr belesenen Gefährten Muḥammed Effendi, ob er den Vers kenne? Er verneinte es, fügte aber hinzu, dafs ihm das im Verse erwähnte Ḥârib bekannt sei; es liege westlich von Mezêrîb. Indem wir die Ruine nach einer Inschrift durchsuchten, die wir nicht fanden, da das Portal, der gewöhnliche Platz der Inschriften, zu einem wüsten Haufen Quadersteine zusammengestürzt war, interessirte mich die im Wesentlichen völlige Gleichheit dieses Baues mit allen übrigen haurânischen Bauten besonders darum, weil ich mir gestehen mufste, dafs eine Auskunft über den Ursprung dieses Schlosses zugleich eine Auskunft über den der übrigen haurânischen Baudenkmäler sein würde, und gerade diese Auskunft glaubte ich da, wo ich jenen Vers gelesen, zu finden. Diese Combination schien auch meinen beiden intelligenteren Begleitern, Muḥammed Effendi und Derwisch Regeb so richtig, dafs wir später bei allen Orten, die wir in der Nuḳra, im Legâ und im Osten desselben berührten, fast unwillkürlich den Mafsstab von Ṣêdâ anlegten und allenthalben wiederzufinden glaubten. Um so mehr verlangte es mich zu wissen, wo ich den Vers gelesen. In Damaskus legte ich ihn mehreren meiner gelehrten Freunde, aber ohne Erfolg vor und die Sache blieb unerledigt. Erst vor Kurzem fand ich den Vers zufällig wieder. Ich war beschäftigt, zur Herstellung der Karte meiner Reiseroute die Winkelmessungen aus meinem Tagebuche auszuziehen, als mir eine bei der südhaurânischen Ortschaft Kâris, wo ich einige Punkte des Hochplateau's der Gênât gemessen hatte, eingetragene Notiz auffiel. Zu einem dieser Punkte nämlich, dem imposanten Schlosse Gefne. hatte mein dortiger Führer Ḥamed, Sohn des Scheichs in Ḳrêje, bemerkt, dafs es ein denkwürdiger Bau sei, weil es die Residenz des Königs Gefne gewesen, der nach der Tradition sechs haurânische Städte gebaut habe. Eine ähnliche Bemerkung habe ich am Tell el Lôz eingetragen, wo ich in den Zelten der Sirḥân-Beduinen abgestiegen war. Da nun bekanntlich einige Gassanidenkönige Gefne hiefsen, ja der ganzen Dynastie selbst dieser Name beigelegt wird, so veranlafsten mich diese Bemerkungen, in den Annalen des Ḥamze el Isfahâni die Geschichte der Gassaniden nachzuschlagen, und hier fand ich den gesuchten Vers wieder. Ich hatte im Jahre 1844, wo Herr Dr. Gottwaldt in Petersburg (jetzt Professor in Kasan) die Annalen des Hamze in Leipzig drucken liefs, die Correctur übernommen, und aus jener Zeit war mir die Stelle, wahrscheinlich wegen der auffälligen Uebereinstimmung des Wortes Ṣêdâ mit der gleichnamigen Küstenstadt (dem alten Sidon), erinnerlich geblieben. Hamze bringt das Hemistich unter dem Könige No'mân III., wo er erwähnt, dafs 'Amr, der Vater desselben, die Königswürde abgelehnt und es vorgezogen habe, der Armee und dem Kriege zu leben. Es gehört zu einem gröfseren Gedichte des gefeierten Sängers Nâbiga, worin dieser Panegyriker der Gassanidenkönige jenen 'Amr besingt. Der Geograph Jâḳût bringt unter dem Artikel Ḥârib drei Distichen dieses Gedichts, nach denen es scheint, dafs 'Amr in Ṣêdâ begraben worden ¹). In denselben Versen werden aufser Ṣêdâ und Ḥârib noch zwei andere Schlösser der Gassanidenkönige genannt, nämlich Gilliḳ und el Muḥârib. Gilliḳ wurde nach Hamze vom Könige Gefne I. erbaut, der auch daselbst begraben zu sein scheint. Ich habe auf dieser Reise nicht von dem Orte gehört, wohl nur, weil ich nicht darnach gefragt habe. Er scheint im südlichen Haurân zu liegen und ein grofsartiger Bau gewesen zu sein, der noch unter den Umawiden- (Omajaden-) Chalifen existirt haben wird, denn nach Jâḳût haben diese nach ihrer Vertreibung aus Damaskus in ihrer neuen Heimath Spanien eine Stadt nach diesem Orte benannt, wie sie auf gleiche Weise der Stadt Sevilla den Namen der syrischen Stadt Ḥoms und zwei anderen Städten die Namen Tedmor (Palmyra) und Ruṣâfe gegeben haben. Die beiden anderen Schlösser Muḥârib und Ḥârib wurden nach Ḥamze vom Könige Gebele II. erbaut. Das erstere wird wohl derselbe Ort, welcher sonst Dât el Muḥârib heifst, und die Grabstätte des Königs Ḥârit III. gewesen sein. Das Schlofs Ḥârib dagegen, welches, wie bereits bemerkt, in Gôlân, oder (nach Jâḳût) genauer nahe bei Merg eṣ Ṣuffar (مرج الصفر) und innerhalb des (ehemaligen) Gebiets der Ḳuḍa'iden, also an den nordwestlichen Grenzen von Batanäa liegt, ist vielleicht

---

¹) Statt „ein Schlofs (ḳaṣr) in Ṣêdâ" liest Jâḳût nach dem Zusammenhange richtiger „ein Grab (ḳabr) in Ṣêdâ". Auch ist Ṣêdâ nicht ein Dorf, in welchem ein Schlofs stehen könnte, sondern es ist das einsam stehende Schlofs selber. Da wir noch öfter Gelegenheit haben werden, den Text der erwähnten Ausgabe des Hamze zu berichtigen, so mufs hier bemerkt werden, dafs diese Fehler nicht auf Rechnung des Herausgebers kommen, der eine Menge scharfsinniger und glücklicher Conjecturen zur Verbesserung des Textes gemacht hat, aber bei der Verderbtheit der wenigen Codices, die der Ausgabe zu Grunde lagen, keinen correcteren Text herstellen konnte. Dafs sich übrigens Herr Gottwaldt durch die Ausgabe dieser ältesten und kostbaren Geschichtsquelle ein Verdienst erworben hat, ist bereits vielfach anerkannt worden.

derselbe Palast, von dessen Gröfse und herrlicher Aussicht über den
See Genezaret und Galiläa man selbst in Damaskus noch spricht. Es
war die beständige Residenz seines Erbauers Gebele II., wurde von
No'mân III. umgebaut und scheint auch der Lieblingsaufenthalt des
Königs No'mân VI. gewesen zu sein, denn Nâbiga ¹) sagt in sei-
ner Elegie auf den Tod des Letzteren:

Ḥârib in Gôlân weint über seines Herrn Verlust,
Und Haurân ist von Schmerz gebeugt und abgehärmt.

Gôlân scheint überhaupt derjenige Theil ihres Landes gewesen
zu sein, wo sich die Gassanidenkönige am liebsten aufhielten, denn
auch Hârit V. lebte nach Hamze beständig dort und zwar in Gâbiē (الجابية), einer Stadt, die zwischen Nawâ und Tesîl in der Nähe
des Tell el Gumû' (تل الجو ع) an der Strafse von Damaskus nach
Kanêtra liegt. Burckhardt reiste an Gâbiē vorüber (Reisen in
Syrien und Palästina, übers. von Gesenius, p. 443), ohne es zu besuchen. Jâkût sagt, der Ort liege in der Nähe von Merg eṣ Ṣuffar ²) und des nördlichen Haurâns gegen Gôlân zu. Schaue man
von Ṣanamên gegen Süden, so sähe man Gâbiē, desgleichen sei es
von Nawâ aus sichtbar. Dann spricht er von den merkwürdigen Eigenschaften einer nur eine Spanne langen Schlangenart, die sich auf
dem nahe dabei gelegenen Tell el Gâbiē finden soll, worauf er der
im siebenzehnten Jahre der Higra stattgefundenen historisch denkwür-

---

¹) Ist der Name mehrerer Dichter am Hofe der Gassaniden und in Ḥira; der bekann-
teste ist Nâbiga Dubjâni (نابغة الذبياني), einer der gröfsten arabischen Dichter
vor Muhammed; er lebte hochgeehrt am Hofe der Tenuchiden-Könige in Ḥira, bis
ihn eine Intrigue seiner Feinde um die Gunst des Fürsten (damals No'mân 'abû
Magrûr) brachte. Man verbreitete unter seinem Namen eine Satyre auf die bürger-
liche Abstammung des Königs mütterlicherseits. Seine Mutter Selma war nämlich
eine Goldschmiedtochter aus der jüdischen Stadt Fadak. Nâbiga floh nach Syrien zum Gassaniden-Könige Gebele VI., der ihn ehrenvoll aufnahm. Hier dichtete
er einen Cyclus von Gesängen zum Lobe der Gassaniden-Könige.

²) Alfred v. Kremer's „Damaskus und Mittelsyrien" (Wien 1853), ein Buch,
dessen erstes Drittel sehr schätzbare Auszüge aus arabischen Historikern über die
ältere Geschichte von Damaskus enthält, identificirt auf pag. 6 Merg eṣ Ṣuffar
irrthümlich mit Merg Râhiṭ. Letzteres ist gleichbedeutend mit el Merg, einem
Landstriche östlich vom Damascener Gartenreviere, welcher bekanntlich zwischen el
Ḥigâne und 'Adrâ liegt. Dagegen ist Merg eṣ Ṣuffar eine Gegend in Gôlân,
die an den nordwestlichen Haurân angränzt. Hiernach ist auch die Stelle p. 17
zu streichen, wo Hr. v. K. sagt: „Ich weifs nicht, nach welcher Quelle Weil in
seiner Geschichte der Chalifen angiebt, die Ebene Merg eṣ Ṣuffar liege südwestlich von Damaskus; nach meinen Beobachtungen an Ort und Stelle ist die östlich von Damaskus gelegene Ebene allein zum Schlachtfelde für ein so bedeutendes
Heer geeignet, wie das des Abû 'Obeida war u. s. w." Weil's Quellen sind die
richtigeren gewesen. Abû 'Obeida, welcher nach der Schlacht am Jermûk neue Ver-
haltungsbefehle einholte, lagerte sich bis zu deren Eintreffen in dem an den Jermûk
angrenzenden Gôlân, weil er daselbst für seine Pferde und Kameele die nöthige
Weide fand.

digen Reise des Chalifen 'Omar von Medîna nach Gâbië und der berühmten Predigt gedenkt, die der Chalife in dieser Stadt zu halten veranlafst wurde (wahrscheinlich um die in der dortigen Gegend mächtigen Ġassaniden für die neue Ordnung der Dinge zu gewinnen). Endlich erwähnt er noch den sonderbaren Ausspruch des Propheten, „dafs die Seelen der Gläubigen zu Gâbië in Syrien und die der Ungläubigen im Brunnen des Thales Burhût in Ḥaḍramaut ihren Aufenthalt haben würden." Dann folgen mehrere längere Dichterstellen zum Lobe von Gâbië. Die Umgebung der Stadt scheint sehr fruchtbar und ihre Lage eine überaus freundliche zu sein. Früher hatte Damaskus zwei Thore, die nach dieser Stadt benannt waren, ein gröfseres und ein kleineres Thor von Gâbië; gegenwärtig trägt nur noch eines diesen Namen. Jetzt ist Gâbië wie die meisten Ortschaften Gôlâns verödet und unbewohnt. Neben der Anmuth des wasserreichen Landes wird es für den häufigen Aufenthalt der Ġassaniden-Könige in Gôlân noch andere Gründe gegeben haben. Bei dem Ueberflusse, den diese Gegend Sommer und Winter an grüner Weide hat, wird, wie zu allen Zeiten, so auch damals eine grofsartige Pferde-, Rinder- und Kleinviehzucht dort getrieben worden sein, an der die Landesfürsten ohne Zweifel direct betheiligt waren. Um sich die Steppe tributär zu erhalten, mufsten sie immer eine zahlreiche und vorzügliche Reiterei besitzen, während der starke Feldbau des eigenen Volkes für reichlichen Zuwachs an Zugochsen Sorge tragen liefs. Der gröfste Theil Haurâns nämlich kann keine Viehzucht haben, weil es daselbst nur höchstens fünf Monate lang grüne Weide giebt und das Vieh den übrigen Theil des Jahres auf eine kostspielige oft unerschwingliche Stallfütterung angewiesen ist. Ich bemerke dies ausdrücklich, damit man die „Stiere und Widder Basans", die hin und wieder in der Bibel erwähnt werden, nicht etwa im Mittelpunkte, nämlich in der Nuḳra, sondern nur in der nördlichsten Provinz des alten Basan, im Lande Gôlân suche. Auch heutzutage wird nicht nur Gêdûr und Ḥaurân, sondern auch die Umgegend von Damaskus, und der gröfste Theil des südlichen Antilibanons und Palästina's aus Gôlân mit Zugstieren versorgt. Man leistet einem der dortigen Stämme eine Vorauszahlung von einhundert Piastern (oder sechs Thalern preufs. Cour.) und erhält dafür im dritten Jahre einen ausgewachsenen Zugstier. Ein anderer Grund, der den Aufenthalt jener Fürsten in Gôlân wünschenswerth machte, mochte die Ueberwachung der Wanderstämme gewesen sein, die wie gegenwärtig auch in jener Zeit ihre Kameele für die Sommermonate nach Gôlân geführt haben werden. Der Zusammenflufs zahlloser Heerden und die Erhebung der Hutgebühren mochten nicht selten zu Streitigkeiten und Unordnungen Anlafs geben, welche die Anwesenheit oder Nähe des Landesfürsten leichter verhindern oder schlichten konnte.

Es läfst sich aus Ḥamze's Annalen noch deutlich erkennen, wo die ġassanidische Cultur begonnen und wie sich allmählich ihr Feld erweitert hat. Die ersten Bauten finden wir im südlichen Ḥaurân und in der Belḳâ; von da aus verbreiteten sie sich über die Nuḳra und Gôlân, später begegnen wir ihnen am todten Meere anererseits und im Osten Ḥaurâns andererseits, und zuletzt sogar östlich von der Ruḥbe und im Palmyrenischen. Diese Verbreitung der Bauwerke von dem Punkte der ersten Ansiedelung der Ġassaniden aus ging natürlich Hand in Hand mit der Ausbreitung des Volks und zunehmenden Erweiterung der Herrschaft seiner Könige im östlichen Syrien.

Der erste König (Gefne I.) baute nach Ḥamze aufser dem genannten Gilliḳ noch die südhaurânische Stadt Ḳrêje (القُرَيّة) und eine Anzahl Cisternen. Zu den letzteren gehören wohl die von Ḳrêje selber; man findet ihre Beschreibung in C. Ritter's Paläst. u. Syr. II, 962. Nur die schöne Cisterne (λίμνη) mit der achtzehnsäuligen Colonnade ist späteren Ursprungs; sie wurde laut Inschrift um 210 n. Chr. erbaut, während die Stadt selbst um 140 schon beendigt oder wenigstens in Angriff genommen war, denn eine Inschrift im Innern der Ḳaiṣarîje trägt die Jahrzahl 34 (ΕΤΟΥϹ ΛΔ) der Bostrenser Aera. Setzen wir den Regierungsantritt Gefne's I. und den Anfang der Dynastie in die Zeit um 135 n. Chr., so kann dieser Ort wohl die erste von den Ġassaniden erbaute Stadt gewesen sein und diesem Umstande ihre Benennung el Ḳrêje, was im Altarabischen „die Stadt" bedeutet, zu verdanken haben. Die Ruinen sind bedeutend, doch wohl nicht von gleichem Umfange mit denen von Boṣrâ, wie Buckingham annimmt.

Der zweite König ('Amr I.) baute nach Ḥamze und Abû 'l Fedâ (*hist. anteisl.* ed. Fleischer p. 128) eine Anzahl Klöster, zu denen Dêr Êjûb, Dêr Ḥâli und Dêr Hind gehörten. Das erste ist das Hiobskloster, es liegt nahe am nördlichen Ufer des S'erî'at el Menâḍire (Jermûk), nordöstlich von Abîl; hier soll Hiob gelebt und gelitten haben und auch begraben sein; auf einer dort befindlichen Steinplatte soll er während seiner Krankheit gelegen und aus einer daneben fliefsenden Quelle getrunken haben. Die Lage der beiden andern Klöster ist noch unbestimmt. Statt D. Ḥâli (حالى) ist vielleicht D. el Chall (الخلّ) zu lesen, welches nicht weit von D. Êjûb liegen kann, da beide zusammen in der Schlacht am Jermûk dem griechisch-ġassanidischen Heere als Stützpunkte dienten. Die Lesart D. Châlid ist verwerflich, denn dieses Kloster lag ganz nahe bei Damaskus (¼ Stunde vor dem Paradieses-Thore). Ebenso hat man bei D. Hind nicht an das gleichnamige im damascener Bezirk Bêt el âbâr, sondern an ein im Haurân gelegenes zu denken. Es mochten mehrere Klöster den beliebten Frauennamen Hind tragen, wie die Stadt Hira allein zwei Klöster dieses Namens besaſs. Der Bau dieser Klöster beweist, daſs 'Amr I. Christ war; ob dies auch sein Vorgänger, oder schon die letzten Könige der Selihiden gewesen, von denen behauptet wird, daſs sie den Gassaniden nur unter der Bedingung, das Christenthum anzunehmen, die Aufnahme in Syrien gewährt hätten, muſs dahin gestellt bleiben. Unmöglich wäre es nicht; nur der Jordan trennte das Gebiet dieser Völker von Galiläa, der engeren Heimath Christi und dem Felde seiner unmittelbarsten Thätigkeit, wo sich gewiſs zuerst die Bevölkerung in Masse zu seiner Lehre bekannt hatte. Von hier aus verbreitete sich das Christenthum um so schneller unter diesen Stämmen, als es dieselben nicht unvorbereitet traf. Der beispiellose Kampf der Juden mit den Römern und der Sturz von Jerusalem wird unter den arabischen Stämmen bis in die äuſsersten Winkel Jemens hinab einen erschütternden Wiederhall gefunden und alle Blicke jenem Volke und seiner Religion, die als die letzte Ursache des Kampfes anzusehen war, zugewendet haben. Die Flüchtlinge zerstreuten sich darauf über ganz Arabien, und mit ihnen zugleich die Sendboten der neuen Religion, deren Glaube sich am Tempelbrande zur Begeisterung des Märtyrerthums entflammt hatte. Die Gassaniden werden als Nation wohl der erstgeborene Sohn der Kirche gewesen sein. Dabei darf es nicht auffallen, daſs wir noch fortwährend auf den Bostra-Münzen den Namen des sabäischen Dusar finden. Das Münzrecht wird, als Prärogative der Cäsaren, immer unter der Aufsicht der römischen Präfecten in Bostra gehandhabt worden sein, und da der Dusar einmal in das römische Pantheon aufgenommen war, so konnte sein Cultus nur mit der Staatsreligion selber fallen. Doch fehlt der Name auf zwei Bostra-Münzen, die ich auf meiner Reise erworben habe. Die eine trägt Namen und Bildniſs des Kaisers Alexander Severus, die andere der Julia Mammaea, die beide bekanntlich dem Christenthume wohlwollten [1]).

[1]) Von der Julia Mammaea, einer Schülerin des Kirchenhistorikers Origenes in Palästina, vermuthete man, daſs sie selbst heimlich Christin gewesen. Kaum bezweifeln dürfen wir dieselbe Angabe der lateinischen Schriftsteller bei dem Kaiser Philippus Arabs. Wenn das Christenthum um das Jahr 180 schon so allgemein unter den Gassaniden war, daſs die Geschichtschreiber von 'Amr I. nichts als den Bau von Klöstern zu berichten haben, sollte dann der im Jahre 244 zur Kaiserwürde gelangte, aus 'Ormân, einer vier Stunden östlich von Kréje liegenden Stadt, gebürtige, und sicher von gassanidischen oder kudâidischen Eltern abstammende Philippus nicht Christ gewesen sein? Wahrscheinlich war er in der Religion, die er auf dem Throne verläugnen muſste, schon geboren.

Der dritte König (Ṭa'labe) erbaute 'Akka und Ṣarḥ am Gadîr. Die Ortschaft 'Akka ist unbekannt. Ṣarḥ (vielleicht „die Veste") am Gadîr liegt in der Belḳâ am „Vogelteiche" (Gadîr eṭ Ṭêr), in welchen, wie in meinem Berichte erwähnt, der grofse südhaurânische Wâdi el Buṭm ausmündet. Er wird hier, wie noch jetzt im südlichen Haurân wegen seiner Gröfse der Gadîr κατ' ἐξοχήν genannt, und die Gassaniden scheinen dort mehrere Bauten errichtet zu haben, wohl in der Absicht, die Belḳâ gegen Einfälle von Osten her zu decken und die Wüstenstämme vom Mitgebrauche des grofsen Wasserbeckens auszuschliefsen. Wenn es vom Könige Ḥâriṭ II. heifst, er habe seinen beständigen Aufenthalt in der Belḳâ gehabt, so ist wahrscheinlich jenes Ṣarḥ seine Residenz gewesen. Mundir II., sagt Hamze, habe aufser Charabâ (خَرَبَا), einer zwei Stunden nördlich von Boṣrâ gelegenen, vor fünf Jahren durch Herrn Rich. Wood, engl. Consul in Damaskus, colonisirten Ortschaft, noch Zerḳâ (زَرْقَا) in der Nähe des Gadîr erbaut. Aber dieses Schlofs liegt an den Quellen des Zerḳâ-Flusses (des biblischen Jabok), zu weit vom Gadîr abgelegen, als dafs es durch die Worte „in der Nähe desselben" eine genauere Bestimmung erhielte. Vielleicht ist das Wort Zerḳâ aus dem Namen eines dem Gadîr näheren Ortes verdorben. Von 'Amr II. heifst es, er habe seinen Aufenthalt in Sadir (سَدِير) genommen. Dieses Schlofs lag in der Nähe der Stadt Kûfa und hat mit der Geschichte der Gassaniden nichts zu schaffen. Da es aber von Hamze oft in der Geschichte der Hirenser Könige erwähnt wird, so war es den Copisten geläufig und verdrängte an unserer Stelle das allein richtige Gadîr (الغَدير). Sonach residirte 'Amr II. am Gadîr eṭ Ṭêr. Noch kein europäischer Reisender hat diese bisher unbekannte Oertlichkeit gesehen.

Vom Könige Ḥâriṭ I. erwähnt Hamze, dafs er nichts gebaut habe. Auch diese Bemerkung ist nicht unwichtig, da sie den Schlufs gestattet, dafs die andern Könige baulustig gewesen seien. Sein Nachfolger Gebele I. besafs diese Eigenschaft in hohem Grade, denn unter seiner Regierung, sagt Hamze, wurden die Ḳanâṭir, Edruḥ und el Ḳasṭal gebaut. Die Ḳanâṭir sind das Riesenwerk, welches noch heutigentags unter dem Namen des pharaonischen Aquaducts (Ḳanâṭir Fir'ôn) die Bewunderung der Reisenden ist, wenn man sich auch zeither, so viel mir bekannt, über seinen Ursprung keine Rechenschaft geben konnte. Diese Wasserleitung beginnt in dem grofsen quellen- und schilfreichen, el Gâb genannten Sumpf bei Dillî am westlichen Loḥf des Lega', geht, nach meinen wiederholten Erkundigungen, zwischen den Dörfern Dillî und Ṭerâja nach Guwême, Râfe, Dnêbe

(الْلَبْنَة) und Karfe, zieht sich westlich an Nâmir vorüber, durchschneidet die Fluren von Kutêbe und Chirbet el Gazâle, nähert sich dem Tempel von 'Arâr bis auf 5 Minuten Distanz und geht südlich von Der'ât in die Zumle, in welcher sie mehrere Orte (z. B. eṭ Ṭuwêle) berührt. Westlich von diesem Gebirgszuge geht sie quer durch die Landschaft Ṣuêt und endet bei den Ruinen der Stadt Mukês [1]). Auf dieser über 20 Stunden langen Strecke wurden die Vertiefungen des Terrains durch Ueberbrückungen ausgeglichen; so stiefsen wir auf unserem Wege von Dâ'il nach Chirbet el Gazâle auf eine solche Ueberbrückung, von der noch sieben, und weiterhin auf eine andere, wo noch zehn Bogen standen. Desgleichen mufsten alle westhauranischen Wâdi's überbrückt werden. Zwischen 'Arâr und Hubbe lief der Aquaduct über eine lange, prächtig conservirte und meisterhaft gearbeitete Flufsbrücke; 40 Minuten westlich von Der'ât schwang er sich auf einem einzigen (jetzt eingestürzten) kühnen Bogen über den Zêdi, der hier in einem vielleicht 40 Ellen tiefen Felsenbette fliefst. Westlich von der Zumle wird der wahrscheinlich vom Hochgebirge 'Aglûns kommende und in den Jermûk mündende Wâdi der Katarakte (eś S'ellâle) nach der Beschreibung meiner Berichterstatter durch „ḳanâṭir fôḳ ḳanâṭir" (übereinanderstehende Bogen) überbrückt. Wie vielen Ortschaften mufste nicht diese schöne Schöpfung dadurch die Existenz sichern, dafs sie ihnen während der sieben wasserlosen Sommermonate das nöthige Trinkwasser für Menschen und Vieh zuführte! Auch die Stadt Der'ât, welche jetzt nur an Ziehbrunnen gewiesen ist, erhielt auf eine für jene Zeit kunstreiche Weise ihr Trinkwasser aus dieser Wasserleitung. Da das Bett des Zêdi, welcher die Stadt von den Ḳanâṭir trennt, dort aufserordentlich breit und tief ist, so wurde das Wasser auf Bogen in einen am oberen Abhange des Wâdiufers stehenden, „Pharaosthurm" (ma'denet Fir'ôn) genannten Bau geleitet, von wo es in Röhren unter der Erde auf das Niveau der Brücke herabfiel, die dort, nach der Messung eines meiner Gefährten, 300 Schritte lang über den Wâdi führt. Innerhalb der $1\tfrac{1}{4}$ Meter dicken Brustwehr dieser Brücke liefen nun die gebrannten, ungemein harten Thonröhren (arabisch ḳasâṭil, mit $1\tfrac{1}{4}$ Meter Länge und $\tfrac{1}{10}$ Meter Ka-

---

[1]) Dieselbe Stadt, welche man nach Burckhardt gewöhnlich Umm Keis nennt und für das biblische Gadara hält. Der richtige Name ist مُكَيْس Mukês, was im Lande selbst, wie auch Seetzen immer schreibt, Mkês gesprochen wird, und wohl aus Bêt Mukês oder Umm el Mukês, was „Zollstätte" bedeutet, abgekürzt sein mag. Da der Ort am Jordan, der Grenze des Gassanidenreiches, und noch dazu nahe bei der grofsen Brücke (Gisr el megâmi') lag, so mochte daselbst eine wichtige Grenzzollstätte sein, die der Stadt den Namen gab.

über) über den Flufs, um am andern Ufer wieder innerhalb der Erde das Wasser auf das Hochplateau hinaufzuleiten, auf welchem Der'ât liegt. Hier füllten sie das schöne Becken, das nach dem in meinem Berichte erwähnten Mausoleum Birket es Siknâni benannt ist. So viel über die unter der Regierung Gebele's I. erbauten Ḳanâṭir. Die beiden Orte anlangend, welche unter demselben Könige entstanden sind, so liegen sie, Edruḥ (nicht Edrug) sowohl als el Ḳasṭal in der Belḳâ, nahe bei 'Ammân. Auch Jâḳût kennt sie. Der Name Ḳasṭal, augenscheinlich aus dem lateinischen *castellum* entstanden, ist in Peräa nicht selten; man findet Orte dieses Namens im Legâ, 'Aglûn und anderwärts.

Unter dem folgenden Könige Ḥâriṯ II. wurde Ḥafîr mit seiner Cisterne gebaut. Die Lage dieses Ortes ist nach Ḥamze zwischen dem Schlosse Ubeir und Da'gân (دعجان). Der letztere Name ist unbekannt, vielleicht ist er aus 'Argân (عرجان) verdorben, was eine Ortschaft in der Belḳâ ist; dagegen sind Ubeir und Ḥafîr bekannter. Sie liegen in der Belḳâ (Ḥafîr an einem gleichnamigen Neben-Wâdi des Jordans) und gehörten beide zum Gebiete des (Gassaniden-) Geschlechts Ḳein ibn Gisr, auf das wir noch einmal zurückkommen werden. Ebenso baute Ḥâriṯ II. die Stadt Me'ân auf; sie ist das alte Ba'l Me'ôn im Ammoniterlande, das also bis auf die arabische Färbung seinen biblischen Namen behielt. Doch ist schon oben unter „Astarot" die Ansicht ausgesprochen worden, dafs wohl alle ähnlichen Ortsnamen, z. B. 'Ammân, Dîbân, Ḥesbân, Mâab, schon im Alterthume in Peraea selbst mit dem hellen arabischen â, und nur im Idiome des Hebräers mit dem dunkleren ô-Laute (wie 'Ammôn, Dîbôn u. s. w.) gesprochen worden sind.

Unter den Bauten des Königs Gebele II. wird aufser den schon genannten noch ein Menî'a (منيعة) erwähnt, was noch unbekannt ist. Der Name wird richtig sein, wenn man auch dabei an eine Umstellung aus No'ême (نعيمة) denken möchte.

Eihem I. erbaute mehrere Klöster, wie Dêr el lebwe (اللبوة) „das Kloster der Löwin", nicht Dêr en nubuwwe „das Kloster der Prophetie") und Dêr Ḍachm. Das erstere liegt in Gôlân, das zweite ist unbekannt. Die Gassaniden haben eine zahllose Menge Klöster gebaut, denn überall findet man mit solchen Gebäuden die Gipfel der Berge in einem Lande bedeckt, in welchem das Christenthum mit diesem Volke begann und das Bauen von Kirchen und Klöstern wenigstens zugleich mit ihm endete, wo man also an einen anderweitigen Ursprung der Klöster kaum wird denken können. Nach Jâḳût waren die Völker, von denen die meisten Klöster gebaut wurden, die Gassaniden in Syrien und die Familie Mundir (Âl Mundir d. h. die Angehörigen des königlichen Hauses in Ḥira, nachdem sich dieses unter Mundir zum Christenthume bekannt hatte). Sie bauten, sagt er unter dem Artikel „Dêr", die Klöster immer in Gärten, Haine, an Flüssen, auf schönen Anhöhen, überkleideten ihre Wände oft mit Mosaik und vergoldeten die Plafonds. Das grofsartigste Kloster der Gassaniden scheint Dèr Negrân, eine Stunde südwestlich von Boṣrâ gelegen, gewesen zu sein. Jetzt heifst es einfach Dèr. Nach Jâḳût (Muśtarik, herausgeg. von F. Wüstenfeld 1846) ist es ein mächtiges Kloster, das noch zu seiner Zeit für einen Gnaden- und Wallfahrtsort galt. Seinen Namen hatte es wohl von dem grofsen Gotteshause zu Negrân in Jemen erhalten, welches zuerst vielleicht ein Götzentempel, später jedoch eine Kirche war und vor Muḥammeds Zeit die Kaʿba von Jemen hiefs, weil es der religiöse Vereinigungspunkt der südarabischen Christen war. Nachdem der Chalife ʿOmar den christlichen Cultus auf der arabischen Halbinsel ausgerottet hatte, schufen die verbannten jemenischen Christen eine zweite Copie dieses Heiligthums in einem Dêr Negrân, das sie zwischen Kûfa und Wâsiṭ bauten.

Unter dem Könige Eihem I. erwähnt Ḥamze zum ersten Male die Erbauung eines transḥaurânischen Ortes. Es ist die Stadt Sʿaʿf (شَعَف, so statt Saʿf شَعَف zu lesen), die auf dem Gipfel eines weithin sichtbaren, von mir bestiegenen Kegels liegt. Ursprünglich gab es daselbst nur Troglodytenwohnungen, wie diese in meinem Berichte beschrieben sind, und der Neubau der Ġassaniden wird wohl darin bestanden haben, dafs sie vor der Höhle einige steinerne Zimmer bauten und das Ganze mit einer Mauer umgaben, die eine Halase oder Steinthüre hatte. Die Höhlen blieben dabei für Vieh und Vorräthe fortwährend mit in Gebrauch.

Ich mufs hier hervorheben, dafs zahlreiche transḥaurânische Orte, z. B. Sʿrèche, Sʿibikke bei Saʿne, Hôje bei Sâlâ, Umm Dubêb, ʿArâgî, Tell Maʿz und vielleicht noch zwanzig andere, ganz dieselbe Construction haben, wie Sʿaʿf, und von demselben Volke herrühren müssen, von welchem Sʿaʿf herrührt, damit man nicht daraus, dafs Ḥamze von ihnen schweigt, den Schlufs zieht, sie könnten nicht gassanidischen Ursprungs sein. Es scheint, der Annalist habe darum Sʿaʿf allein genannt, weil es die gröfste dieser eigenthümlich construirten Ortschaften im Osten des Gebirges ist. Die Entstehung einer andern von gleicher Bauart erwähnt er unter Eihems Nachfolger ʿAmr II., und ist sie diejenige, welche ich gesehen habe, so wird er sie wohl darum namhaft gemacht haben, weil sie unter allen diesen, Haus und

Höhle vereinigenden Ortschaften die schönste ist, nicht aber, weil 'Amr II. außer ihr nichts dieser Art gebaut hätte. Hamze nennt sie Ṣafât el 'Agelât (صفاة العجلات) und läſst sie gleichzeitig mit den beiden uns unbekannten Schlössern Kaṣr el Faḍâ (الفضا) und Kaṣr menâr (منار) entstehen. Die Identität von el 'Agelât mit dem in meinem Berichte erwähnten Gebirgszuge hinter Umm Ruwâḳ, welchen die Beduinen der Ruḥbe el 'Agêlâ und die Drusen Haurâns el 'Agêlât nennen, scheint kaum zweifelhaft zu sein. Die Schreibart des Hamze würde die alte richtigere, und die beiden heutigen Formen würden Deminutive davon sein. Auf den ausgebreiteten Gebrauch der Deminutive bei den Haurâniern und syrischen Beduinen haben schon andere Reisende aufmerksam gemacht. Daſs die Ortschaft ursprünglich Ṣafât geheiſsen, ist eben so leicht möglich, als es erklärlich ist, warum es jetzt nur „das Dorf der 'Agêlât" heiſst, weil nämlich kein anderes auf jenen Bergen liegt, von dem es unterschieden werden müſste. Hieſs es aber Ṣafât, so war der Zusatz „auf dem 'Agêlât-Gebirge" nöthig, weil der östliche Haurân noch ein zweites Ṣafât bei Melaḥ hat. Auf meiner Karte ist dieses nach drusischer Benennung Ṣafiêt Melaḥ (صافية ملح) eingetragen, aber die Stämme der Zubêd heiſsen es Ṣafât Melaḥ (صفاة ملح), welches der Orthographie des Hamze analog, auch wohl das antikere ist.

Je weiter sich die Gassaniden ausbreiteten, desto häufiger muſsten sie mit den Lachmiden (wie die Hirenser Dynastie unter den Nachfolgern des Königs Gezime heiſst) in feindliche Berührung kommen. Gefne II. überfiel einmal Hira selber und verbrannte die Stadt, eine That, die ihn in den Augen des Volkes schändete, denn seine Nachkommen hieſsen davon „das Geschlecht des Brenners". Es ist erklärlich, daſs Zerstören unter Völkern brandmarken muſste, die am Rande der Wüste nur durch die mühsame und langwierige Herstellung von Canälen und Wasserbehältern einen Platz bewohnbar machen konnten und mit bewundernswürdiger Kunst und Sorgfalt ihre Wohnungen aufbauten. Schon die unter diesen Sabäern so vorzugsweise häufigen Eigennamen 'Amr, 'Omar, 'Âmir, 'Ammâr, 'Omeir, 'Imrân, Mu'êmir u. A., die alle „Erbauer" bedeuten, beweisen, daſs wir es hier mit einem schaffenden und nicht zerstörenden Volke zu thun haben.

No'mân III., für den sein Vater zu Felde zog, scheint nicht aus dem Mittelpunkte seines Landes herausgekommen zu sein; zu seinen Bauten gehört das Schloſs in Suwêdâ. Ueber die Bedeutung dieser auf dem nordwestlichen Abhange des Haurângebirges liegenden Stadt verweisen wir auf Burckhardt's Reisen (übersetzt von Gesenius pag. 152 bis 157). Am Schlusse der Seite 155 scheint vom Schlosse No'mân's die Rede zu sein. Die Trümmer der Stadt haben nach Burckhardt einen Umfang von wenigstens 4 engl. Meilen.

Dagegen sehen wir No'mân's Nachfolger Gebele III. entfernt vom Mittelpunkte des Reichs in Ṣiffîn residiren, einer gröfseren Stadt an der Westseite des Euphrats zwischen Raḳḳa und Bâlis¹). Desgleichen setzte er sich in den Besitz von 'Ain Ubâg, einer bis dahin den Ḥirensern gehörigen, wahrscheinlich befestigten Oertlichkeit zwischen Syrien und dem Euphrat, westlich von Embâr, bekannt durch eine später zwischen den Gassaniden und Lachmiden daselbst gelieferte Schlacht, in welcher Munḏir IV. von Ḥira gefallen ist. Ḥamze verwirrt hier die Thatsachen und läfst Munḏir III. von Ḥira unter Gebele III. fallen, während er doch weit später in der Schlacht bei 'Adn gegen Ḥâriṯ den Lahmen (V.) fiel.

Ueber diese und andere chronologische Irrthümer wollen wir mit dem Annalisten wenigstens in einer Untersuchung nicht rechten, bei der uns seine Nachrichten in den Stand setzen, den Ursprung jener ohne sie vielleicht niemals erklärlichen Denkmäler am Rande der syrischen Wüste nachzuweisen; aber zu bedauern ist der völlige Mangel an Aufschlufs über die Kämpfe, durch welche sich die Gassaniden im Palmyrenischen festsetzten, wo aufser Ṣiffîn später auch Ruṣâfe und selbst Tedmor als ihnen gehörig genannt wird. Einen Theil dieser Gegenden werden sie den Ḥirensern, einen andern einheimischen Häuptlingen entrissen haben, die vielleicht noch Nachkommen jenes alten amalekidischen Königsgeschlechts der Uḏèniden (آل أُذَيْنَة) waren, mit denen die ersten Könige von Ḥîra und später die Römer bis nach Zenobias Besiegung und Tedmors Zerstörung viel zu thun hatten. Von Ruṣâfe berichtet Ḥamze, dafs No'mân V. seine von einem Lachmiden-Könige verwüsteten „Brunnencanäle" wieder herstellen liefs. Nach Jâḳûts Beschreibung mufs Ruṣâfe und namentlich sein Kloster äufserst prachtvoll gewesen sein. Noch 600 Jahre nach dem Untergange des Gassanidenreichs konnte er von diesem Kloster berichten: „ich habe es selbst gesehen, und sage, dafs es seiner Schönheit und Construction wegen eines von den Wundern der Welt ist." Die gegenwärtig verödete Stadt liegt vier Farasangen (3'Stunden) westlich von Raḳḳa in der Wüste, und heifst in den geographischen Werken der Araber zum Unterschiede von andern gleichnamigen Städten im

---

¹) Denkwürdig wurde Ṣiffîn später durch den Streit zwischen 'Alī und Mo'âwiś, der dort ausgefochten wurde. Die beiden Heere standen sich bei dieser Stadt 110 Tage lang gegenüber, während welcher Zeit in 90 Treffen 75,000 Mann auf beiden Seiten fielen.

'Irâḳ, in Spanien u. s. w. gewöhnlich Ruṣâfet Hiśâm, weil der Umawiden-Chalife Hischâm (starb 742 n. Chr.) die Stadt wieder bevölkert und wegen ihrer reinen gesunden Luft zu seiner Sommerresidenz gemacht hatte. Jâḳût bestätigt die Angabe des Ḥamze, daſs No'mân V. die Canäle der Stadt wieder hergestellt habe und fügt hinzu, daſs der gröſste „Brunnencanal" (Ṣahrîg صهريج) der Stadt damals von No'mân geschaffen worden sei, denn Ruṣâfe — bemerkt er erläuternd — sei an solche Canäle gewiesen, da es zu entfernt vom Euphrat liege, als daſs es sein Wasser zur Bewässerung der Felder benutzen könnte. Das Wort Ṣahrîg bedarf einer Erklärung. Liegt eine Ortschaft, für die man Wasser braucht, so, daſs das Terrain hinter ihr in der Richtung gegen ferne Gebirge hin steigt, so schlägt man in der ohngefähren Entfernung einer Stunde von der Ortschaft in jenes aufsteigende Terrain bis zu einer Tiefe ein, wo man reichliches Wasser findet, welches dann unter der Erde fortgeleitet wird, bis es in der Nähe jener Ortschaft als Bach an die Oberfläche der Erde kommt und sich nunmehr zur Bewässerung, zum Treiben der Mühlen u. s. w. verwenden läſst. Um den Stollen gegen Verschüttung zu sichern, hat man längs seines Laufes alle 60 Schritte ein senkrechtes, einige Klaftern weites (bei nicht felsigem Boden oben weites und unten enges) Luftloch gegraben, durch das man sich hinablassen und ihn reinigen kann. Ein solcher artesischer Fluſs heiſst Ṣahrîg. Sein eigentliches Vaterland ist Jemen, wo er sich, wie alle Berichte übereinstimmend melden, in Unzahl finden soll. Von dort haben ihn vielleicht die Sabäer nach Syrien gebracht. Schon acht Stunden nordöstlich von Damaskus beginnen diese gegrabenen Flüsse, doch sind die meisten verfallen, weil die Orte verödet sind, für die sie angelegt waren. Da die ganze westliche Hälfte des Damascener Kessels bis zu den Wiesenseen hinab eine schiefe Ebene ist, also die Anlegung derselben gestattet, so besitzt das Merg deren vielleicht fünfzig; sie haben, bis auf sehr wenige, alle reichliches Wasser, dessen Quantum sich im Sommer bei manchen gar nicht, bei anderen mehr oder weniger vermindert. Nur heiſsen sie hier nicht Ṣahrîg sondern Knêje (قنيبة), was den gewöhnlichen, aus einem Flusse abgeleiteten Canal bedeutet, weil sie nicht wie der Ṣahrîg unter der Erde flieſsen; denn da man bei dem Wasserreichthume der Gegend nur einige Klaftern tief einzuschlagen brauchte, um Wasser zu finden, so liegen diese gegrabenen Bäche schon von ihren Quellen ab aufgedeckt, gleichen also ganz den 25 oder 30 Canälen, welche zur Bewässerung der Fluren rechts und links aus dem Baradâ-Flusse abgeleitet sind.

Um jene sabäische Cultur in Ostsyrien richtig zu würdigen, muſs man vor Allem eine Anschauung von der Wichtigkeit jener zur Beschaffung des Wassers angelegten Werke haben. Sagt Ḥamze z. B. von einer Ortschaft, man habe sie „und ihre Cisterne" (maṣna' ¹) gebaut, so kann man mit grofser Sicherheit behaupten, dafs vorher an dieser Stelle kein Ort gestanden hatte, weil ein solcher ohne Cisterne in einem Lande nicht existiren kann, wo die Flüsse zwei Drittheile des Jahres wasserlos, die Quellen selten sind und noch seltener das ganze Jahr hindurch aushalten, auch Ziehbrunnen nur an sehr wenigen Orten möglich sind. Im Legā' sollen, wahrscheinlich der basaltischen Formation wegen, keine möglich sein, und auf meiner Reise um Haurân habe ich sie nur in Imtān gefunden. So wird auch der pharaonische Aquaduct die Bestimmung gehabt haben, die Anlegung verschiedener Dörfer längs seines Laufes zu ermöglichen. Von dem sogenannten „Dämonencanale" (Knèjet el 'Ifrît) habe ich keine klare Einsicht gewonnen. Er beginnt bei den reichen Quellen auf den Genât, soll Berge durchschneidend und Wâdi's überbrückend den östlichen Haurânabhang hinab und durch die Ḥarra nach 'Odêsîje in der Ruḥbe gehen. So ungemein fabelhaft es auch klingen mag, dafs man durch die glühende Ḥarra einen Canal legen könnte, und so sehr ich dies auch noch bezweifle, so darf man doch an der Existenz des Canals selbst nicht zweifeln. Nach der Sage der el Ḥasan-Beduinen und der Drusen in Krêje habe ein Dämon ('Ifrît) um die Tochter eines im Schlosse der Genât residirenden Königs gefreit und dieser von ihm als die Morgengabe der Braut die Herstellung dieses Canals verlangt; der Dämon habe die Bedingung erfüllt und die Prinzessin erhalten. Dieser Canal wird wohl von den Gassaniden herstammen. Wer sich überzeugen will, wie zahlreich und grofsartig die derartigen Werke dieser Völker waren, der Nachkommen des alten Königs Saba', des mythischen Urhebers der Dämme bei Ma'rib, der vergleiche die Nachrichten der arabischen Geographen über die Euphratgegenden, wo eine Menge Canäle und „Kanâṭir" namhaft gemacht werden, die der sabäischen Dynastie in Ḥira ihren Ursprung verdankten.

Sollte nicht auch der Luwâ-Canal gassanidischen Ursprungs sein? Eine Untersuchung seiner verödeten, aber gewifs ganz unversehrten Dörfer würde die Frage wohl beantworten. War er es aber, so wäre dem Streite über das neuentdeckte Batanäa im Osten des Legā' auf einmal ein Ende gemacht. Die Herstellung des Canals ge-

---

¹) Die maṣna' (مَصْنَع) umfafst zwei Arten von Cisternen, den Mukn und die Birke (vergl. hierüber den Bericht), weil beide Kunstbauten sind, was das Wort maṣna' bedeutet. Gegenwärtig bezeichnet man um Damaskus, wo es deren mehrere auf der Ṣahrā bei Dimâs giebt, nur den Mukn mit dem Namen Maṣna'.

stattete die Urbarmachung eines Landstrichs, welcher an Fruchtbarkeit wohl der alten Batanaea (d. h. der Nuḳra) gleichkommen mochte, so dafs man das erstentstandene oder fruchtbarste oder auf eine andere Art bevorzugteste Dörfchen „Buṭêne" d. h. Klein-Batanaea heifsen konnte, von dem dann das ganze Bereich des Canals Beṭenîje genannt wurde. Seine Dörfer, von denen auf unserer Karte vielleicht keines fehlt, könnten dann recht gut erst aus dem fünften oder sechsten Jahrhunderte n. Chr. stammen. Bei zweien wenigstens zeugt der Name für den christlichen Ursprung: Duwêr el ʿAdes („Linsenkloster") und Duwêr el Mezrî‘ (المزريع „Kloster des Meierhofs"), während der Name eines dritten, Gabîb el aʿmâ (غبيب الاعمى „der blinde d. h. der wasserlose Wâdi"), jemenisch zu sein scheint. In Buṭêne selbst (dessen Flur die Drusengemeinde in Hêjât ihrer Fruchtbarkeit wegen als ich dort war mit Kichererbsen besäet hatte) fand ich wohl Kreuze, auch eines mit dem Namen Jesus, aber einschliefslich seiner beiden Inschriften keine Spur aus vorchristlicher Zeit.

Zu dem Namen dieses Dörfchens mag bemerkt werden, dafs es die Gassaniden geliebt zu haben scheinen, für Orte, die sie neu anlegten, oder Gegenden, die sie zuerst cultivirten, die Namen von anderweiten bekannten Oertlichkeiten zu entlehnen. Wir erwähnten oben ein Ṣêdâ (Sidon) in der Nuḳra; ein Ṣûr (Tyrus) liegt in Gôlân, ein Bêrût (بيروت) in Gêdûr; Gilliḳ soll der Sage nach zur Zeit des Heidenthums ein Lustgarten mit schönen öffentlichen Gebäuden bei Damaskus gewesen sein, weshalb die Dichter noch heutigentags die Worte Gilliḳ und Damaskus synonym gebrauchen; Boṣrâ (für Bostra substituirt) ist eine Stadt in Jemen, Brâḳ (eine Stadt im Legaʿ und eine andere gröfsere im südöstlichen Ḥaurân) ist häufig in Jemen, und die Stadt Negrân im südlichen Legaʿ finden wir in der bekannten gleichnamigen Stadt Jemens wieder. Selbst das Ġôr (الغور die Jordanniederung) könnte nach dem grofsen Ġôr von Tehâma benannt sein. Vielleicht verlangt Jemand, ich solle auch Dûma und Têmâ mit auf die Liste setzen. — Warum nicht? Zu dem, was ich in meinem Berichte über diese beiden Orte gesagt, werden sich schwerlich neue Beweise für ihr biblisches Alterthum bringen lassen, und wenn wir ihren Ursprung richtiger in die christliche Zeit setzen müfsten, so würde diese Berichtigung zugleich ein heilsamer Fingerzeig für alle diejenigen werden können, welche geneigt sind, von jedem transjordanischen Orte anzunehmen, dafs er schon zu Mosis Zeit vorhanden gewesen.

Wir eilen zum Schlusse der Nachrichten Ḥamze's über die Gassanidenbauten. Eihem II., führt er fort, der Herr von Tedmor, besaſs auch Ḳaṣr birke (?) und Ḍât Anmâr (Ḍât menâr in der südlichen Belḳâ?) und — — hier folgt eine völlig verdorbene Stelle, die sich aber aus Abulfedâ's *hist. anteisl.* (edit. Fleischer p. 130 l. 2 oben) glücklicherweise also emendiren läſst: — „und sein Statthalter Ḳein ibn Gisr baute ihm in der Wüste ein groſsartiges Schloſs mit Cisternen, von dem ich (bemerkt Abulfedâ erklärend zu seinem Citate aus Ḥamze) glaube, daſs es das Schloſs Burḳu' (برقع) war." Als Commentar zu dieser Stelle theile ich aus meinem Tagebuche folgende Notiz mit, die ich von den Bewohnern der Ruḥbe erhalten habe: „Der gröſsere von den beiden aus der Wüste in die Ruḥbe strömenden Flüſsen ist der Amlûd Gumâr; er kommt weit aus Osten und bildet in der Nähe der Ruḥbe drei groſse Gadîr's. Der nächste liegt innerhalb der Ḥarra beim Doppelberge Ḳarîn und breitet sich von Wa'r zu Wa'r so weit aus, daſs er dort einen feindlichen Einfall in die Ruḥbe unmöglich macht. Der zweite ist der Gadîr el Maḳâṭi' (المقاطع); er liegt an der östlichen Grenze der Ḥarra auf nicht mehr vulkanischem Terrain, und in den Steinbrüchen, welche bei diesem Gadîr liegen, sind die Steine zur Festung von Ṣalchat gebrochen worden ¹). Eine halbe Tagereise weiter gegen Osten und ganz in der Wüste liegt der Gadîr Burḳu' (برقع), in dessen Mitte ein Pfeiler (wohl ein Wassermesser), und an dessen Ufer ein Maḥḳan (مَحْقَن Kunstdamm mit Schleuſsen?) und auſser anderen Ruinen das groſse Schloſs Burḳu' steht." — Also lag jenes Schloſs östlich von der Ruḥbe in der groſsen Steppe. Diese Lage ist eine so kecke und allen Wüstenstämmen Hohn sprechende, daſs Nâbiga mit Bezug auf diesen Bau sagen konnte:

> In's Weite griffen ihre Pläne, denn in den Reiterhaufen
> Lag ihre Stärke auf Weideplatz und fernem Feldzug.

So weit gehen Ḥamze's Berichte. Sein Verzeichniſs dieser Bauwerke würde sich aus den arabischen Geographen und Historikern gewiſs erweitern laſsen, wir aber begnügen uns, demselben nur einen

---

¹) Es ist mir nur an einem Portale, das spätere Reisende an zwei Löwenköpfen und seiner vorzüglich schönen griechischen Inschrift wiedererkennen werden, aufgefallen, daſs es nicht aus vulkanischen Steinen bestand, da ich aber das Material der Citadelle sonst nicht beachtet habe, so mögen noch andere Theile derselben aus Kalkstein bestehen, den man, woher er auch sein mochte, immer aus weiter Entfernung geholt haben muſste. Ist die Tradition der Beduinen richtig (die dann wohl mindestens 1800 Jahre alt sein würde!), so werden die Steine wahrscheinlich auf der Römerstraſse, die von Ṣalchat durch die östliche Steppe führt, und von der sich vielleicht östlich von der Ḥarra eine andere Straſse nach Norden abzweigt, transportirt worden sein; denn daſs durch die Ḥarra selbst eine Straſse gelegt worden wäre, halte ich für undenkbar.

Namen beizufügen, nämlich den des Weifsen Schlosses in der Ruḥbe. Die Untersuchung über den gassanidischen Ursprung dieses Baues führt uns auf die Ḥarra-Inschriften zurück und macht es nöthig, über dieselben speciellere Mittheilungen zu geben, als sie in meinem Berichte möglich waren, der unmittelbar nach der Reise niedergeschrieben wurde, wo neben dem Totaleindrucke des Gesehenen das Einzelne noch nicht zu seiner Geltung kommen konnte. Zunächst ist zu bemerken, dafs sich die älteren von den jüngeren Inschriften noch dadurch unterscheiden, dafs jene meist auf grofsen und am Boden haftenden, diese auch auf kleinen freiliegenden Feldsteinen stehen, dafs jene sorgfältiger und diese nachlässiger geschrieben sind, dafs jene niemals und diese oft von Figuren begleitet werden. Folgende Punkte beziehen sich auf die jüngeren Inschriften allein:

1) Obschon dieselben vereinzelt auf dem ganzen Wege von der Ruḥbe nach Nemâra und Ḥaurân gefunden werden, so waren doch ihre hauptsächlichsten Fundorte vier: *a*) einige Rigm um ʿOdêsîje herum, *b*) der Rigm bei Ġarz, *c*) der Rigm Sʾibikke bei Nemâra und *d*) ein Rigm in der Ḥarra, drei Stunden östlich von Mâlikîje.

2) Die Fundorte *a* und *b* sind die Arbeitsstellen, wo man die dort zu Tage liegenden klaftergrofsen Doleritblöcke zu Quadern verarbeitete, aus denen das Weise Schlofs und Knêse erbaut sein müssen, weil sich in der Ruḥbe keine anderen Gebäude befinden, zu denen dieses Material verwendet worden wäre, denn alle übrigen Ortschaften des Ländchens sind aus behauener Lavarinde aufgebaut. Die Spuren der Steinmetzen sind an den beiden Orten *a* und *b* auf das Deutlichste zu erkennen; es liegen da fertige und angefangene Quader, nebst vielen gewaltsam zerschlagenen und aus dem Boden gehobenen Blöcken. Die Fundorte *c* und *d* dagegen sind Nachtlager für diejenigen, welche aus der Ruḥbe nach dem östlichen Ḥaurân reisen und umgekehrt.

3) Die Buchstaben der Inschriften bestehen häufig nicht aus Linien und Strichen, sondern aus einzelnen, mit einem spitzigen und schweren Instrumente dicht neben einander geschlagenen Punkten in dieser Weise ┼· Þ ⋀.

4) Viele Inschriften haben am Anfang und Ende ein Kreuz, das sich als solches von einem kreuzähnlichen Buchstaben in den Inschriften selbst auf das Unzweideutigste unterscheidet; desgleichen befindet sich neben der Arbeitsstelle bei Ġarz ein Grab mit zwei Kreuzen und einer kurzen griechischen Inschrift.

Diese Umstände zusammen machen es sehr wahrscheinlich, dafs die jüngeren Inschriften von den Steinmetzen und Bauleuten des Weifsen Schlosses und der „Kirche" (Knêse) herrühren. Bei dieser Annahme erklärt sich nicht nur das Vorhandensein der Inschriften an den Arbeitsstätten, die Entstehung der Figuren und die Anwendung eines geeigneten Werkzeugs zum Eingraben, sondern auch die Erscheinung, dafs die Inschriften häufig aus Punkten bestehen. Es unterliegt keinem Zweifel, dafs man sich dabei des noch jetzt bei den Damascener Steinmetzen allgemein gebräuchlichen Spitzhammers, der Debbûra, bedient hat. Dafs jeder Schlag immer an die gehörige Stelle fiel, läfst auf die geübte, sichere Hand des Steinmetzen schliefsen. Das Flüchtige, Spielende an den Inschriften würde beweisen, dafs sie von den Arbeitern mehr zum Zeitvertreibe in den Ruhestunden und an Feierabenden gemacht worden sind. Diese Arbeiter konnten nach der Arbeit nicht in den Schoofs ihrer Familien eilen, denn sie waren in der Ruḥbe Fremde und wohl in den haurânischen Städten wohnhaft, wo sie auch die Ibrigen zurückgelassen hatten, weil sie in der Ruḥbe keinerlei Bequemlichkeit, nicht einmal ein Nachtquartier gehabt haben werden. Auf der Stelle, wo man Tags über gearbeitet hatte, schlachtete man des Abends ein Lamm oder eine Ziege, sammelte man Kameelmist, um die Mahlzeit zu kochen, wickelte man sich des Nachts in die Mäntel, um im Freien zu schlafen. So ist es noch heute. Nach dieser Hypothese würden die Inschriften an den beiden Seiten des Weges zwischen der Ruḥbe und Ḥaurân und an den Fundorten *c* und *d* entstanden sein, wenn die Steinmetzen während des Baues in die Heimath reisten und zum Baue zurückkehrten. Reisten sie früh von der Ruḥbe weg, so gelangten sie vor Sonnenuntergang zum Rigm *d*, der zugleich eine kleine Anhöhe bildet, freien Luftzug hat und eine weite Aussicht über Ḥaurân und die Ḥarra gewährt. Dicht dabei fliefst der Wâdi Ġarz, der dort einen wasserreichen Ġadîr bildet und mit üppigem Grase bedeckte Ufer hat, also alle Eigenschaften eines guten Lagerplatzes besitzt. Der Rigm ist noch nicht hundert Schritte vom Ġadîr entfernt. Am zweiten Tage kamen sie in der Heimath an. Reisten sie dagegen vom östlichen Ḥaurân ab, so übernachteten sie beim Rigm S'ibikke (*c*), wo sie denselben Vortheil des fliefsenden Wassers und der Weide hatten, denn der Wâdi S'âm bildet dort eine kleine Insel, welche zugleich mit den beiden Ufern des Flusses im Winter und Frühlinge reichen Graswuchs hat. Am zweiten Tage kamen sie in der Ruḥbe an.

Bei dieser Ansicht über den Ursprung dieser Inschriften wird man sich von ihrem Inhalte nicht allzuviel versprechen dürfen, obschon sie darum immer, wie alle monumentalen Ueberreste aus dem Alterthume, ihren Werth behalten. Die Zeit ihrer Entstehung anlangend, so weisen uns die Zeichen des Kreuzes in die christliche Zeit, welche dort im zweiten Jahrhundert begonnen haben kann, und mit der muhammedanischen Eroberung Syriens geendet haben wird; wenigstens würde später bei der strengen Handhabung des Kirchenbauverbots Knêse nicht haben entstehen können. Es fiele sonach die Entstehung der Inschriften in den Zeitraum von 150 bis 635 n. Chr., also gerade in die Zeit der Gassaniden-Herrschaft über Ostsyrien und natürlich auch über die Ruḥbe selbst. Schon die Existenz des Schlosses Burḳu', dessen Erbauung östlich von der Ruḥbe ohne den Besitz derselben unmöglich gewesen sein würde [1]), zeugt dafür, dafs die Gassauiden in der Ruḥbe gehaust haben.

Sollte es nach dieser Darstellung schwer halten, die Inschriften selbst für gassanidisch zu halten? Mein Bericht giebt bereits die Andeutung, dafs ihre Charaktere dem ḥimjaridischen (sabäischen) Alphabete sehr ähnlich sind, und mehrere Sachkenner, denen die Inschriften vorlagen, haben diese Aehnlichkeit gleichfalls anerkannt. Ein paar Entzifferungsversuche, die ich mit Zugrundelegung des äthiopisch-himjaridischen Alphabets gemacht habe, überzeugten wenigstens mich selbst, dafs die Inschriften sabäischen Ursprungs sind. Sind es aber die Inschriften, so müfsten es nach obiger Darstellung auch das Weifse Schlofs und Knêse sein, und wird dies zugestanden, so können wir durch eine einfache Combination auch für die Zeit, in welcher die Inschriften entstanden wären, mit grofser Wahrscheinlichkeit bestimmtere Data gewinnen. Knêse nämlich ist ein Bau, der ungemein weitläuftig angelegt, aber nur zum kleinsten Theile vollendet ist; das Vollendete scheint das Nebenschiff einer Kirche zu sein. Alles Uebrige hat sich nicht über die Fundamente erhoben, die aus schön bearbeiteten Quadern bestehen. Man braucht nicht Bauverständiger zu sein, um zu sehen, dafs diese Fundamente niemals überbaut waren, auch liegt zu wenig Baumaterial da, als dafs man glauben könnte, der Bau sei vollendet gewesen und später nur zerstört worden. Dieselbe Beobachtung macht man beim Weifsen Schlosse. Dafs es selbst vollendet gewesen, getraue ich mir weder zu verneinen noch zu bejahen; seine Trümmer sind nicht unbedeutend, aber gewifs nicht hinreichend für die weit ausgedehnten Fundamente, die sich an der Südseite des Schlosses befinden. Diese projectirten Nebenbauten waren gleichfalls unausgeführt geblieben. Dafs das Weifse Schlofs gleichwie Burḳu' und gleich den vielen von Ḥamze aufgezählten Schlössern für einen der Gassaniden-Könige erbaut worden, ist sehr wahrscheinlich, aber warum ist es nebst Knêse unvollendet geblieben? Darauf läfst sich zwar keine bestimmte Antwort geben, da aber sein Material

---

[1]) Der Name Burḳu' (Gesichtsmaske der jemenischen Weiber) scheint anzudeuten, dafs das Schlofs die Bestimmung hatte, die hinter ihm liegenden Wasserbecken und die Ruḥbe, welche im Winter von den Heerden der Gassaniden angefüllt gewesen sein wird, zu decken.

und das von Knêse ein weit jüngeres Aussehen hat, als alles, was mir in Haurân und den Trachonen sonst vorgekommen, und da auch die Inschriften bei den Arbeitsstellen der Steinmetzen so frisch und unverwittert aussehen, dafs sie unbedingt um 4 bis 500 Jahre jünger sein müssen, als die älteren bei Rigm el Marâ, Ka'kûl und Nemâra, die ihrerseits doch auch nicht in die vorchristliche Zeit hinüberreichen können [1]), so fühlt man sich gedrungen, die Entstehung jener beiden Bauwerke in die letzte Zeit des Gassaniden-Reiches zu setzen, und wäre es dann nicht möglich, dafs sie deshalb unvollendet geblieben, weil sich noch während ihrer Erbauung urplötzlich jene Flut aus dem Higâz über Syrien ergofs, unter welcher Reich und Volk der Gassaniden begraben wurde? —

Das Gassaniden-Reich ist dem sonstigen Verlaufe der Dinge zuwider in seiner Blüte untergegangen. Ungenügend von den Griechen unterstützt, wurde es im dritten Jahre nach Muḥammeds Tode und bald nach dem Sturze der Hirenser Dynastie von 'Omar's Feldherrn Abû 'Obeida zugleich mit dem übrigen Syrien der Herrschaft des Chalifats unterworfen. Sein letzter König Gebele VI. nahm zwar den Islam an, kehrte aber bald zum Christenthume zurück, weil er für eine in Damaskus erlittene Beleidigung nicht die gewünschte Genugthuung erhielt, und ging an den griechischen Hof nach Constantinopel, wo er starb.

Das Volk wird zum Theil als Christen, zum Theil als Muselmänner noch eine Weile das Land bewohnt haben, das die Nomaden-Herrschaft und die schrecklichen Kämpfe unter den Prätendenten des Chalifats sehr bald zur Einöde machen mufsten. Mancher aber, welcher bei der muselmännischen Occupation geflohen war, mag der früheren Heimath seine Liebe bewahrt und diese auch auf seine Nachkommen vererbt haben, die dann wohl später zu den Sitzen der Väter gepilgert sind, denn hin und wieder trifft man mitten unter jenen Ḥarra-Inschriften aus den folgenden Jahrhunderten eine kufische Inschrift wie: „Gott erbarme sich ihrer!" oder: „es besuchte diesen geweihten Ort 'Ali ibn 'Arafât" (ḥaḍar fî ḍâlik el mekân eṭ ṭâhir) u. s. w.

Wer das Land gesehen, wird mit mir darin übereinstimmen, dafs, käme es auch wieder einmal in Flor, dennoch sehr viele seiner Ortschaften Ruinen bleiben müfsten, weil das Geheimnifs, die glühenden

---

[1]) Die älteren Inschriften mögen aus den ersten Jahrhunderten n. Chr. und von den Seliḥiden herrühren; ihre Entstehungsart ist vielleicht derjenigen der jüngeren Inschriften analog gewesen. Die Herstellung der Cisterne von 'Alḳâ, die gegen acht Klaftern tief in das Loḥf des Ṣafâ gebrochen ist und deren Wasser am längsten in der Ḳubbe aushält, fällt gewifs in eine sehr frühe Zeit.

Gegenden mit Wasser zu versorgen, überhaupt in ihnen zu existiren, mit jenen Sabäern wohl für immer untergegangen ist.

So weit waren diese Mittheilungen über das Ostjordanland und seine Denkmäler zum Abschlusse gekommen, als wir den eben ausgegebenen 28sten Band (Jahrgang 1858) vom *Journal of the Royal Geographical Society* erhielten, in welchem von pag. 226 bis 263 eine Relation des Herrn Cyril Graham über seine Reise in der Ḥarra und Ḥaurân nebst einer kleinen Skizze seiner Route steht, und da hielten wir es für Pflicht, die Freunde der syrischen Geographie auf diesen Artikel wenigstens aufmerksam zu machen, wenn uns auch die Grenzen dieser Schrift ein weiteres Eingehen in seinen Inhalt verbieten. Ueber den speciell geographischen Theil der Graham'schen Entdeckungen hat bereits Herr Dr. Kiepert, dessen Güte wir die Construction unserer Karte verdanken, Veranlassung genommen, sich zu äufsern[1]). Doch dürfen wir nicht unterlassen, Herrn Graham zum Besuche der Ruinen von Umm el Gemâl, die vor ihm kein Europäer gesehen hat, Glück zu wünschen.

Ich bin nicht nach Umm el Gemâl gekommen. In Damaskus, wo man die übertriebensten Vorstellungen von der Gröfse und Schönheit dieser Stadt hat, weil aufser den kurdischen Baśbuzuk nicht leicht ein Damascener hinkommt, glaubte man es kaum, dafs ich nicht dort gewesen, und da nach meiner Ankunft in Berlin auch mehrere Freunde der biblischen Geographie ihr Bedauern über diese Unterlassung ausgesprochen haben, so will ich die Ursache angeben, oder, wenn man will, mich rechtfertigen, warum ich diese neben Boṣrâ und Ṣalchat gewifs merkwürdigste Stadt des südlichen Haurâns nicht besucht habe. Der Besuch von Umm el Gemâl war einer der Hauptzwecke meiner Reise gewesen und nur um seinetwegen war ich nach Boṣrâ gekommen, von dem es noch sechs Stunden entfernt ist. Alles war zu dem kleinen Abstecher vorbereitet worden; wir hatten frische Pferde gemiethet, um die unsrigen, welche sehr angegriffen waren, ausruhen zu lassen, hatten Proviant auf vier Tage mitgenommen, weil ich im westlichen Wâdi el Buṭm und im Wâdi el ʿĀḳib — lauter unbekannte Gegenden, in die noch kein Europäer gekommen war — *tabula rasa* machen und keinen Ort unbesucht lassen wollte, und den ersten Mai früh brachen wir unter Führung des Scheich Sâlim, eines Stammhauptes der Sirḥân-Araber, den wir in Boṣrâ mit Eintreibung der Chuwwe beschäftigt fanden und in Dienst genommen hatten, nach Umm

---

[1]) Dr. H. Kiepert, Ueber die Construction der Karte zu Consul Wetzstein's Reise, Zeitschr. f. allg. Erdkunde. N. F. Bd. VII, p. 204.

el Gemâl auf. Noch hatten wir Boṣrâ nicht eine halbe Stunde hinter uns, als einige Reiter uns entgegenkamen, unter denen ich schon von fern den alten Nahàr el Meshûr, Scheich einer Ḥamûle [1]) der S'a'lân, erkannte. Er war das Jahr vorher in Begleitung Fêṣals, des Oberherrn der Ruwala, bei mir in Damaskus gewesen, und verwunderte sich nicht wenig, mich auf dem Wege in die Wüste zu sehen. „Bêg, bêg, min ên ẓahart (wo kommst du her)?" rief er aus. Wir erzählten ihm von unserer Reise und Muḥammed Effendi, der seit unserem Nachtlager in den Zelten der Ribsân zwischen Imtân und 'Enûk bei jeder Gelegenheit auf das Thema zurückkam, dafs er seine Lebtage keine häfslicheren Meerkatzen (Kurûd) gesehen, als die Weiber der Ribsân, fragte den Scheich Nahâr, wozu man dieses nackte bestialische Volk, das Niemanden verstehe und von Niemandem verstanden werde, aus der Wüste gezogen habe? „Zum Kampf!" erwiederte der Scheich, „heuer mufs sich entscheiden, ob die Nuḳra den Benî Zmêr gehören soll oder den S'a'lân [2])." Auf unsere Frage, ob denn eine Verständigung unmöglich sei, rief der Mann aus, — indem er die Lanze gegen eine lange Reihe vorüberziehender Kameele ausstreckte, auf deren Rücken hunderte jener sonderbaren, nur bei den 'Aneze gebräuchlichen Frauenzelte (el Ḳatab) wie Kähne auf bewegter See hin und her schwankten —: „Bêg, siehe jene Kameelheerden, seit sechs Tagen ziehen sie von Ost nach West, und nach zehn Tagen kannst du sie noch ziehen sehen. Die Ruwala sind wie die Heerschaaren Gottes [3]) geworden und das Land fafst nicht mehr die beiden Völker. Entweder wir besiegen die Benî Zmêr und werfen sie hinaus in die Wüste oder sie besiegen uns. Ein Drittes giebt es nicht. Ein Abkommen wäre möglich, wenn es noch andere Weideplätze gäbe, aber wo sind diese in Syrien? Die Belḳa ist angefüllt von den Stämmen des Ahl es S'emâl, der Ḥaurân von den Zubêd, im Merg breiten sich die Nu'êm und 'Aḳêdât immer mehr aus und die hohen Getreidepreise colonisiren die verödeten Dörfer, und in der Dîret es S'umbul [4]) sitzen Stämme, die ihre Weiden mit Musketenfeuer schützen."

---

[1]) Ḥamûle oder Finde ist ein Stammzweig.

[2]) Die Beni Zmêr (بَنِي زمير) sind ein Zweig der Wuld 'Ali, und die S'a'lân (شَعْلَان) ein Zweig der Ruwala, weil aber aus ihnen die Familien der beiden regierenden Oberscheiche stammen, so stehen sie hier als *pars potior pro toto*.

[3]) Die Heerschaaren Gottes, Gunûd Allâh, heifsen bei den Beduinen die Heuschrecken.

[4]) Dieser bereits erklärte geographische Begriff bedeutet eigentlich die Gegend, wo man das Getreide nicht nach dem Mudd, dem Damascener Hohlmaafse, sondern nach dem S'umbul, einem gröfseren Hohlmaafse verkauft. Die Damascener Bauern

Als er hörte, dafs ich nach Umm el Gemâl wollte, sagte er: „Du wirst Fêṣal ¹) dort finden, und alle S'a'lân mit ihm; er erwartet einige nachziehende Stämme, um sich mit Uebermacht auf Muḥammed ²) zu werfen."

Die Nachricht, dafs Fêṣal bei den Cisternen von Umm el Gemâl lagerte, machte meiner Hoffnung, diese Stadt zu sehen, auf einmal ein Ende. Ich schickte das Gepäck zurück, besuchte einige Ruinen in der Nachbarschaft und kehrte gegen Mittag nach Boṣrâ zurück.

Zwar hatte ich schon beim Antritte meiner Reise gehört, dafs es in diesem Jahre zu Feindseligkeiten zwischen Fêṣal und Ibn Dûḥi kommen würde, nur hoffte ich zurück zu sein, bevor die Ruwala aus der Wüste kämen. Aber schon bei 'Ormân traf ich mit ihnen zusammen. Ich stieg dort im Zelte des Fâiz ibn Gendal, Oberscheichs der Sawâlime, eines Zweigs der Ruwala, ab, um mir von ihm einige Führer nach Imtân und Ṣamma geben zu lassen. Als ich ihm das rothe Ehrenkleid umhängen liefs und sah, dafs er es sofort wieder abnahm und zusammenlegte, machte ich die Bemerkung, dafs es allerdings nicht gut genug für ihn sei; da zog er es wieder an und sagte, indem er mir die Hand drückte: Es ist nicht für den alltäglichen Gebrauch, aber ich werde es dir zu Ehren tragen in der Schlacht mit Ibn Dûḥi. Diese Bemerkung, verbunden mit dem Anblicke einer Anzahl eiserner Panzerhemden, die vor dem Zelte des Scheichs ausgebreitet lagen, und den Mittheilungen der Leute, die wir als Führer mitnahmen, liefsen uns an dem Ausbruche des Kriegs nicht mehr zweifeln.

Hätte ich nun die Zelte Fêṣals bei Umm el Gemâl besucht, so würde ich zwar bei diesem eine vorzügliche Aufnahme gefunden haben, nicht nur, weil wir uns persönlich kennen, sondern auch weil Fêṣal der gastfreieste und hochherzigste Araber ist, wie er zu den reichsten und mächtigsten Fürsten der Steppe zählt: aber ich mufste ihm dagegen auch den Ehrenmantel geben, und diese nach dortiger Anschauung bedeutende Auszeichnung konnte unter den damaligen Umständen leicht an zwei Orten gemifsdeutet werden. Einmal von Seiten der Damascener Regierung, denn obschon diese an dem Streite zwischen Muḥammed und Fêṣal nicht unschuldig ist, insofern sie dem Letztern die zeit-

---

sagen dafür sehr oft auch Diret el Gebes, d. h. die Gegend, wo man die Wassermelonen nicht Baṭṭich sondern Gebes nennt.

¹) Fêṣal (فَبْصَل) ibn Nâif ibn S'a'lân, das gegenwärtige Oberhaupt der Ruwala (الرّوَلَة).

²) Muḥammed ibn Dûḥi ibn Zmêr, das gegenwärtige Oberhaupt der Wuld 'Ali.

her von Muḥammed besorgte einträgliche Spedition der Mekkapilgerfahrt zusagte, wenn er diesen aus der Nuḳra vertreiben würde, so überwacht sie doch alle Handlungen der Damascener Consuln zu eifersüchtig, und hat sich über deren Eingriffe in ihre vermeintlichen Prärogative schon zu oft in Constantinopel beklagt, als daſs sie nicht meinem Besuche im Lager Fêṣal's die Absicht, in dieser Fehde meinen Einfluſs geltend zu machen, untergelegt haben würde. Aber mehr noch muſste ich bei einem solchen Schritte fürchten, den Scheich Muḥammed zu verletzen. Seit länger als sechs Jahren besteht zwischen mir und ihm ein inniges Freundschaftsverhältniſs, welches mir — abgesehen von den unvergeſslich schönen Herbstabenden, wo ich, mit ihm auf der Terrasse meines Landhauses in Sekkâ sitzend, seinen Erzählungen vom Leben in der Steppe, von seinen Siegen und Niederlagen lauschte, — auch von groſsem materiellen Nutzen für meinen Grundbesitz im „Wiesenlande" gewesen ist, wohin sich alljährlich gegen Ende August Muḥammed's Stämme mit ihren Kameelheerden ziehen, um die westlichen Ufer der Seen abzuhüten. Dann wird fast sechs Wochen lang zwischen den oben erwähnten Ortschaften Kufrên und Gedêde der „Markt der Benî Zmêr" abgehalten, der in einem groſsartigen Tauschgeschäfte zwischen den Beduinen und den Damascener Händlern besteht. Während dieser Zeit leiden die benachbarten Dörfer furchtbar. Zwar verhindert Muḥammed offenbare Räubereien seiner Beduinen, aber jedes Dorf hat allabendlich wohl fünfzig und mehr Gäste, die für sich und ihre Pferde Essen und Fütterung (Gerste) verlangen. Die dadurch verursachten Unkosten belaufen sich alljährlich im Durchschnitt bei der Gemeinde von Gedêde auf 20,000, von Ga'idîje auf 15,000, von Dêr Selmân auf 25,000, von Ḥarrân auf 30,000, von 'Abbâde auf 33,000 Piaster; im Defter (Communalausgaben-Buch) von Higâne waren diese Avanien mehrere Jahre hindurch mit 50 bis 55,000 Piastern (gegen 1000 Dukaten) notirt, bis diese Ortschaft darüber zu Grunde ging und vor fünf Jahren von ihren Einwohnern verlassen wurde. Zwar liegen die von mir aufgebauten und bevölkerten Dörfer Ġassûle und Sekkâ näher gegen Damaskus, als die genannten, aber auch sie würden sich der beschwerlichen Gäste nicht erwehren können, wenn diese nicht das Freundschaftsverhältniſs respectirten, das zwischen mir und ihrem Scheich besteht. Damit also dieses für mich so werthvolle Verhältniſs durch kein Miſsverständniſs gestört würde, das war der hauptsächlichste Grund, welcher mich angesichts des Kampfes, der zwischen Muḥammed und Fêṣal unvermeidlich ausbrechen muſste, verhinderte, des Letzteren Gast zu sein, um die Ruinen von Umm el Gemâl zu sehen.

So viel über die Ursachen meines Nichtbesuchs dieser Ruinen. Leider aber hat die Beantwortung dieser nur Wenige interessirenden Frage eine neue angeregt, die von allgemeinerem Interesse ist, und Mancher dürfte es mir verargen, wenn sie unbeantwortet bliebe; ich beschliefse daher diese Nachrichten mit einer kurzen Beschreibung des später erfolgten Ausbruchs der Feindseligkeiten zwischen den genannten beiden Wanderstämmen der 'Aneze. Vielleicht möchte auch die Zugabe eines frischen Bildes aus der lebendigen Gegenwart neben dem farblosen Theile dieses archäologischen Anhangs nicht überflüssig sein.

Als es in Damaskus bekannt wurde, dafs sich Ibn Dûḥi in Gôlân, wo seine Heerden weideten, zum Empfange des Gegners rüstete, mit einigen haurânischen Drusenfamilien Verträge schlofs und Zuzug aus der Belḳâ erhielt, schickten die Dorfgemeinden aus Gêdûr Boten über Boten an die Damascener Regierung, um Schutz flehend gegen die Verwüstungen eines Krieges zwischen zwei barbarischen Völkern, vor deren entfesselter Habsucht kein Lumpen sicher war, deren Pferde und Kameele die anstehenden Erndten niedertreten und das vorräthige Getreide auffressen mufsten. In Damaskus steht das Ordu von Arabistân, ein stattliches Armee-Corps, das nach Abzug der Beurlaubten und der detachirten Garnisonen von Ḥaleb, Ḥoms, Ba'lbek, Bêrût, Dêr el Ḳamar, 'Akkâ und el Ḳudus (Jerusalem) immer noch gegen 9000 Mann Truppen aller Waffengattungen zählt, und da im Lande selbst die tiefste Ruhe herrschte, so glaubte man allgemein, es würden zum Schutz der Dörfer ein paar Bataillone mit einigen Kanonen, vor denen die Beduinen gewaltige Scheu haben, nach Gêdûr commandirt werden. Durch eine solche Mafsregel würden die Beduinen genöthigt worden sein, entweder ihren Streit in der Wüste auszufechten, oder sich noch einmal zu verständigen und in Frieden neben einander zu weiden. Leider geschah von Seiten der Regierung Nichts. Ich will weder dem Civil- noch dem Militär-Gouverneur deshalb einen Vorwurf machen, denn da diese Dignitäre bei dem gegenwärtigen Verwaltungssysteme der Türkei fortwährend wechseln, so lernen sie kaum Damaskus kennen, und haben keine Zeit, sich mit den Zuständen der weitläuftigen Provinz bekannt zu machen. Bei alledem aber war die Regierung doch nicht ganz und gar ruhiger Zuschauer geblieben. Einige diplomatische Senatoren hatten den Rath gegeben, die gute Gelegenheit mitzunehmen, um von beiden Seiten zu profitiren. Man sagte Fêṣal nicht nur die Spedition der Mekkafahrt, sondern selbst die streitigen Weideplätze zu, wenn er den Wudî erlegte. Der Wudî ist eine Abgabe *in natura*, welche die 'Aneze zur Zeit der ägyptischen Dynastie an Ibrahim Pascha zu zahlen hatten. Fêṣal, dessen Vorgehen gegen Muḥammed ibn Dûḥi deshalb den Anschein der Gewaltthätigkeit hatte, weil dieser die Weiden in Gôlân durch das Recht eines erblich überkommenen und unbestrittenen Niefsbrauchs besafs, war erfreut, seine Ansprüche von der

Landesregierung unterstützt zu sehen und verstand sich zum Wudî. Man einigte sich über 400 Kameele und 20 Pferde, die sofort gegeben wurden. Muḥammed saſs gerade beim Gouverneur von Damaskus, als diese Nachricht ankam, und er soll darüber nicht wenig erschrocken sein, denn die Erlegung des Wudî war eine Anerkennung der türkischen Oberhoheit. Aber seine Lage war zu kritisch, als daſs er sie durch Unfügsamkeit noch verschlimmern durfte und da man es an guten Versprechungen nicht fehlen lieſs, so unterwarf er sich der Abgabe unter denselben Bedingungen, wie Fêṣal. Hätte der Mann ahnen können, daſs die Regierung beide Theile sich selber überlassen wollte, so würde er nicht ein Zugeständniſs gemacht haben, wegen dessen er, zu seinen Stämmen zurückgekehrt, manche Demüthigung erfahren muſste, denn obschon Oberscheich der Wuld 'Ali ist es ihm doch niemals gelungen, die lockeren Bande, welche seine Stämme zusammenhalten, so straff anzuziehen, daſs er denselben seinen Willen als Gesetz aufnöthigen könnte, und nur dem Beistande seines gefürchteten Schwagers, des Ṣâliḥ et Tejâr, des „Vaters der 'Aneze" (Abû 'l 'Aneze), wie ihn die Beduinen nennen, verdankte er es, daſs der Wudî zusammengebracht wurde. Anders ist es mit Fêṣal, welcher seine Ruwala mit eiserner Hand zusammenhält und bei ihnen Herr über Leben und Tod ist.

Als beide Theile sahen, daſs ihnen der Wudî nichts genützt hatte, schritten sie zum Kampf, und es gab von Mitte Juni an fast täglich kleinere Gefechte, unter denen eines bei der Ortschaft Nawâ, wo auf beiden Seiten nahe an 200 Leute getödtet wurden, das gröſste war. Unterdessen gelang es Fêṣal, mit schweren Opfern eine Coalition der Drusen des südlichen Haurângebirges zu Stande zu bringen und von ihnen eine Verstärkung von mehr als tausend Musketenschützen zu erhalten, worauf er sich zu einem Hauptschlage anschickte und da Muḥammed nicht ausweichen konnte, so kam es am Feierabende (Jôm el Waḳfe) des Opferfestes (den 19. Juli 1858) am Hügel Gôchadâr (تل الجوخة دار) in Gêdûr, zehn Stunden südlich von Damaskus, zur Schlacht, die damit begann, daſs 34 Drusen, sämmtlich aus Magdel in Galilâa gebürtig, die mit ihrem Scheich 'Abbâs Ferḥât zu Fêṣal stoſsen wollten, von Ṣâliḥ et Tejâr, in einer Entfernung von 1¼ Stunden vom Schlachtfelde bei Sonnenaufgang aus dem Hinterhalte überfallen und erschlagen wurden. Bei dieser Affaire fiel der Sohn des Ṣâliḥ.

Hierbei muſs ich erwähnen, daſs die Drusen in diesem ganzen Streite eine eigenthümliche, in der Geschichte selten vorkommende Rolle gespielt haben. Im Allgemeinen haben sie mehr Sympathie für Fêṣal, der ein edler Charakter und in Syrien sehr beliebt ist, wogegen sie Muhammed das Blutbad von Ḳrêje nicht vergessen können ¹). Auch schlossen sie sich jetzt in der Mehrzahl Fêṣal an. Aber auch Muḥammed hatte seine drusischen Bundesgenossen. Man würde sich irren, wollte man daraus auf eine Spaltung unter den Drusen schliessen, denn es ist Thatsache, dafs ihre Häupter, wenige Tage bevor sie sich zu den beiden Beduinenlagern begaben, zu einer Berathung in Ḳanawât versammelt waren und sich dann auf's Herzlichste unter einander verabschiedet hatten. Es giebt nur zwei Möglichkeiten, die Sache zu erklären. Entweder verkauften die Drusen ihren Beistand an den Meistbietenden, oder, was der eben so klugen als kühnen Politik der Chalwe ²) mehr entsprechen würde, wollten sie, indem sie beiden halfen, beide Theile decimiren, um den Bruch zwischen Fêṣal und Ibn Dûḥi unheilbar zu machen. Den Drusen sind nämlich die Ruwala sowohl als die Wuld 'Alî äufserst unbequem und seit langen Jahren sehen sie mit Scheelsucht auf die Contributionen, welche beide Stämme in den Dörfern der Nuḳra und Gêdûr alljährlich erheben, da sie selber daselbst brandschatzen möchten, wie ihre Vettern vom Gebel eš S'ûf (dem südlichen Libanon) im Litâni-Thale. Wie dem auch sei, in dem Treffen am Hügel Gôchadâr hatten sich die drusischen Hilfstruppen beider Heere so postirt, dafs sie nicht mit einander handgemein werden und nicht einander beschiefsen konnten.

Es ist für den Europäer nicht ohne Interesse, die Zusammenstellung eines Heeres der 'Aneze zu kennen. Den vornehmsten wenn auch

---

¹) Muḥammed hatte vor zwölf Jahren eine Fehde mit Isma'îl Aṭraš, dem damaligen Scheich von Ḳrêje, lockte eines Tages durch verstellte Flucht die Männer in die Wüste, überfiel dann die von ihren Vertheidigern entblöfste Stadt aus dem Hinterhalte und tödtete 74 Personen, alles Weiber und Kinder. Zwar wufste er sich später dadurch Verzeihung dieser Gräuelthat zu verschaffen, dafs er eines Morgens mit seiner ganzen Familie barfufs und unbewaffnet im Hause des Isma'il erschien, und diesem schweigend einen Strick überreichte, den er sich mit dem andern Ende um den Hals geschlungen hatte (vergl. 1. Kön. 20, 31. 32), womit er sagen wollte, dafs er sich mit seiner Familie zum Strang verurtheilt habe und zur Execution stelle. Ein solcher Act kann seine Wirkung auf den Araber niemals verfehlen, am wenigsten auf den Drusen, den Religion und Erziehung lehren, Entsagung, Beherrschung der Leidenschaft und das Streben nach glänzenden Tugenden (Fachr) als die höchste Stufe menschlicher Vollkommenheit zu betrachten. Isma'il Aṭraš verzieh dieser nachdrücklichen Appellation an seine Hochherzigkeit den Tod seiner Verwandten und Freunde (er selbst hatte zwei jüngere Brüder verloren) und da er bald darauf Ḳrêje seinem Bruder Ḳâsim abtrat und die Stadt 'Ire colonisirte, schien es, als wollte er die Sache auch vergessen. Aber ein Druse vergifst nie. Er war der Erste, welcher mit seinen Schützen vom Gebirge Ḥaurân herabstieg, um sich mit Fêṣal zu vereinigen.

²) Chalwe (الخَلْوَة) nennt man die gewöhnlich einsam gelegenen Gebäude oder Höhlen, in denen sich die Häuptlinge der Drusen und die in die religiösen Mysterien Eingeweihten (el 'Ukkâl) zu wichtigen Beschlüssen und religiösen Uebungen versammeln.

nicht den gröfsten Theil desselben bildet die Kavallerie (Chêl), auch Lanciers (Ahl er Rimâḥ) genannt. Sie sind mit Lanze und Schwert bewaffnet, mitunter noch mit einem Karabiner, den sie aber nur in der Noth und selten öfter als einmal abfeuern. Alle Anführer tragen eiserne Helme und eiserne Ringelpanzer, die mit grofser Sorgfalt gearbeitet sind und aus Persien kommen. An der Spitze der einzelnen Reiterhaufen stehen die Fedâwije oder dem Tode Geweihten; sie sind meist schwarze Sklaven von athletischem Körperbau und grofser Kühnheit. In dem Stamme selbst geboren sind sie stets bereit, sich für die Ehre desselben zu opfern. Die Reiterei beginnt immer die Schlacht und läfst dem übrigen Heere Zeit, seine Stellungen einzunehmen. Dieses besteht aus Kameelreitern (Dellâle) und Fufsvolk (Zulm). Die ersteren reiten das leichtfüfsige Delûl je zu Zweien, von denen der Vordermann mit einem kurzen Spiefs und der Hintermann (Merdûf) mit einer Luntenflinte bewaffnet ist. Im Treffen angekommen, springen sie vom Kameel, und während die Schützen sich Brustwebren (Metâris) von Stein oder Erde machen und am Boden kauernd ihr Feuer eröffnen, bemühen sich die Vordermänner neben der Beaufsichtigung der Kameele nach antiker Weise die herrenlosen Pferde aufzufangen, Waffen und Beute aller Art zusammenzutragen, die Verwundeten wegzubringen und den gefallenen Feinden den Gnadenstofs zu geben. Geht die Schlacht verloren, so springen der Vordermann und sein Schütze wieder auf's Thier und entfliehen. Vom Fufsvolk endlich giebt es vier Arten von Combattanten. Die eine Art ist mit dem Chust, einem kurzen starken Spiefs, bewaffnet, und die andere mit der Ḳanwe oder steineichenen Keule mit dickem Kopf. Die dritte Art sind die Medrûb-Träger. Der Medrûb ist dieselbe in den Händen des Arabers so gefährliche Waffe, welche in den syrischen Städten und in Aegypten Nebbût heifst. Diese gegen vier Ellen lange, aus einem eisenfesten Holze gemachte Stange ist an mehreren Stellen mit eisernen Ringen beschlagen, oder über Lederstreifen mit starkem Draht umsponnen, damit sie beim Schlagen nicht zerbricht. Die vierte Art sind die Schleuderer. Die Schleuder (Miḳlâ') ist ein starker wollener oder härener Strick mit einem Keff, d. h. mit einer der hohlen Hand ähnlichen Einlage von Kameelleder, in welche ein runder Stein von der Gröfse eines mittleren Apfels gelegt wird. Sie wissen damit ihr Ziel in weiter Entfernung zu treffen. Im Frieden bedient man sich der Schleuder zur Gazellenjagd und zum Schutze der Heerden gegen Raubthiere. Aufserdem tragen alle vier Arten von Fufsgängern die 'Akfe, ein fast zwei Spannen langes krummes Messer, im Gurt, der ihr einziges Kleidungsstück, den Leibrock, zusammenhält. Dieser besteht aus einem meist schwarz- und weifsgestreiften ziegenhärenen Zeuge, hat kurze Aermel und ist gerade so lang, um nothdürftig die Blöfse zu decken. Arme und Beine sind blofs und da sie im Kampfe auch weder Fufs- noch Kopfbedeckung tragen, so geschehen ihre Bewegungen mit einer grofsen Leichtigkeit und Behendigkeit. Treffen sie mit dem Feinde auf steinigem Terrain zusammen, so wird auch der Stein in ihrer Hand zu einer gefährlichen Waffe. Geht aber eine Schlacht verloren, so wird gewöhnlich unter ihnen ein arges Blutbad angerichtet, da sie dann nur auf die Schnelligkeit ihrer Füfse angewiesen sind und weder durch ihre Bewaffnung, noch durch die Taktik gegen die sie verfolgende Reiterei geschützt werden. Alle die genannten Arten bilden besondere Schlachthaufen, die durch Hârât oder Gassen für die hervorbrechende oder sich zurückziehende Reiterei von einander geschieden sind, und einem alten Herkommen gemäfs stehen sich im Treffen immer die gleichen Waffen gegenüber. In dem Treffen am Hügel Gôchadâr ereignete sich die für uns wunderliche Erscheinung, dafs die Reiterei der Ribśân von Seiten der Ruwala und der Meśaṭṭa von Seiten der Wuld 'Alî sich 1¼ Stunde lang S'elfe an S'elfe¹) unbeweglich gegenüberstand, beide in der Erwartung, dafs der andere Theil sich eine Blöfse geben werde; da dies nicht geschah, schwenkten endlich die Ribśân rechts und die Meśaṭṭa links ab, ohne sich geschlagen zu haben. Den Schlüssel zu solchen Dingen würde uns nur ein Militär geben können, der den Beduinenkrieg praktisch studirt hätte ²). Im Hintertreffen stehen gewöhnlich die Weiber und Mädchen, um durch die hellen Töne des Zalâgît (Frohlocken bei Hochzeiten) die Männer zur Tapferkeit und Todesverachtung anzuspornen, denn Feldmusik haben die Aneze nicht.

Ibn Dûḥi verlor die Schlacht. Sein Verlust betrug nach seinem eigenen Geständnisse an Getödteten allein gegen 600 Mann, und er würde viel-

---

¹) Die S'elfe ist eine drei Finger breite, über 1½ Spanne lange, flache zweischneidige Lanzenspitze. Man macht sie gern aus der Klinge des kurdischen Jatagân und des altsyrischen Changar (hirschfängerartige Messer, die man im Gürtel zu tragen pflegte).

²) Ein Studium des Beduinenkrieges, das vielleicht seinen Nutzen, jedenfalls sein Interesse haben dürfte, ist nicht schwer zu ermöglichen. Ein Offizier, welcher in dieser Absicht zu Fêṣal käme, würde gewifs auf das Freundlichste empfangen werden. Er müfste sich Mitte September in das Lager desselben bei Damaskus begeben, zöge mit ihm während des Herbstes und Winters von Weideplatz zu Weideplatz und würde bis Anfang Mai, wo Fêṣal wieder in Syrien ankommt, zwischen dem Wâdi Râgil und dem S'aṭṭ el 'Arab Länder und Völker sehen, die noch kein Europäer gesehen hat, wobei sein Wunsch, den Wüstenkrieg zu studiren, vielleicht mehr als ihm bequem in Erfüllung gehen würde. Denn seitdem Ibn Reśîd, der wahhabidische Gouverneur im Lande Ḥâil (الحائل), vor vier Jahren nach einer 30tägigen Kanonade Besitz vom Gôf genommen hat, das bis dahin unter Fêṣals Herrschaft gestanden, haben die Feindseligkeiten zwischen diesem und den Wahhabiden nicht aufgehört.

waren, gestattete, mit ihren Leuten zu den Wuld 'Alî zu stofsen; er
selbst zog es vor, sich nicht öffentlich für Muhammed zu erklären und
mit dem ganzen Stamme am Kriege Theil zu nehmen. Glücklicher
war Mu'azzî, welcher sich zu dem in diesen Blättern mehrfach genannten 'Abbâs el Kal'ânî, Scheich von S'akkâ, begab. Da man dort die
Ursache seines Kommens ahnen konnte, so hatte man vor ihm das
Haus des Scheichs geschlossen und man brachte ihm Essen und Betten
auf die Strafse, denn durch seinen Eintritt (Duchûl) in das Haus hätte
er die Rechte eines Schützlings (Dachîl) erlangt. 'Abbâs versammelte
nun seine Verwandten, die Aeltesten der Stadt und die Scheiche der
Nachbarschaft zu einer Berathung über die Frage, ob man den Wuld
'Alî helfen könne? Zwei Tage erwog man das *pro* und *contra* und
da es schien, als werde sich die Versammlung für Nichtintervention
entscheiden, so versuchte der Beduine sein Heil in einer Kriegslist.
Er sprang in einem unbewachten Augenblicke in's Haus und schlüpfte
in's Frauengemach. 'Abbâs, der gegen einen solchen Versuch beständig auf der Hut gewesen war, stürzte eiligst hinter ihm her, kam aber
zu spät. Mu'azzi safs bereits auf den Betten, hielt 'Abbâs die 'Okda ')

---

¹) Wenn ein Beduine als Dachil in ein Haus oder Zelt kommt, so nimmt er
sein Kopftuch, die Keffije, ab, macht einen Knoten ('Okda) in dasselbe, streckt diesen dem Hausherrn entgegen und spricht: anâ dachîlak d. h. ich komme als Schutz-
suchender in dein Haus. Er bringt dann seine Klage vor, und will der Hausherr
ihn schützen, so nimmt er mit den Worten „marhabâbak (sei guter Dinge!)" das Tuch
und löst den Knoten. Man hält den Ausdruck marhabâbak gemeiniglich für gleichbedeutend mit der Grufsformel marhaba (مرحبا) „willkommen"; dies ist aber unrichtig. Es ist in dem modernen Idiome ausschliefslich die Formel, mit welcher man
einem Bittenden die Erfüllung seiner Bitte zusagt, und bei Gewährung des Asyls bilden das Aussprechen dieses Wortes und das Lösen des Knotens ganz eigentlich den
rechtlichen Act, durch den sich Jemand zum Schutz einer Person, Gemeinschaft oder
Sache mit Gut und Blut so verpflichtet, dafs der andere Theil ein Recht auf diesen
Schutz erhält. Diesen Act können andere Zusagen eben so wenig ersetzen, als sich
z. B. bei uns aus den Betheuerungen eines Liebhabers oder dem Act der Trauung
eine legale Verpflichtung zu lebenslänglicher Treue ableiten läfst. Gelingt es dem
Dachil, in's Frauengemach zu dringen, und sich in die Betten einzuwickeln, so wird
sein Anrecht auf Schutz stärker. Bei den hauranischen Drusen mufs er dann geschützt werden. Er ruft dabei dem Hausherrn zu: anâ dachîl 'alâ harîmak, ich be-
gebe mich in den Schutz deiner Frauen (Mutter, Frau und Töchter), oder: dachîlak!
'ordi 'ord harîmak, ich fordere deinen Schutz! Meine Ehre ist die Ehre deiner
Frauen, d. h. in demselben Maafse, als du deine Frauen schützen würdest, schütze
mich! Kommt in der Wüste der Dachîl zu einem Zelte in Abwesenheit des Besitzers, so bindet er sich mit seiner Keffije an den Zeltstrang, ohne in's Zelt selber
zu treten, und wartet, bis jener kommt und ihn mit dem Worte „marhabâbak" los-
bindet und in's Zelt führt. Alle diese Förmlichkeiten sind aber nur da erforderlich,
wo man in einer sehr wichtigen Sache, oder auf lange Zeit den Schutz verlangt.
Den „kleinen Schutz", der in der ganzen syrischen Wüste $8\frac{1}{2}$ Tage dauert, erlangt
man schon durch den Eintritt in das Zelt eines Beduinen, oder dadurch, dafs man
bei ihm gegessen hat. Haben daher Beduinen Jemanden in der Wüste geplündert,
so erkundigen sie sich genau, bei wem er in den letzten drei Tagen gegessen, und

entgegen und rief: Meine Ehre, Scheich, ist die Ehre deiner Frau: schütze sie! Mit schwerem Herzen löste 'Abbâs die 'Oḳda und sprach das inhaltsschwere „marḥabâbak" aus. Auf diese Weise erlangten die Wuld'Alî durch die Klugheit des Mu'azzi den Beistand eines Mannes, dem an Energie und Treue wenige Drusen gleich sind. Den versammelten Scheichs blieb nun nichts weiter übrig, als den Modus des Handelns zu bestimmen, und noch an demselben Abende ritten die Boten zu den Drusen des südlichen Lega's und des Gebirges, die als zu 'Abbâs' Partei gehörig sich früher am Kriege nicht betheiligt hatten. Am zwanzigsten Tage nach dem Treffen von Gôchadâr zog 'Abbâs mit zwanzig Fähnlein (Beiraḳ, je zu 50 Mann) Fufsvolk und 500 Reitern von S'aḳḳâ über S'uhbe, Murduk, Rime und Negrân nach Zora', wo sich Ibn Dûḥi mit ihm vereinigen sollte, und da sich Fêṣal bei Annäherung der Drusen südlicher zog, so konnte diese Vereinigung leicht bewerkstelligt werden. Die Gawâdire und Ḥawârine (Bauern von Gêdûr und der Ḥaurân-Ebene), welche zeither dem Kriege fern geblieben waren und aus Furcht vor gewaltsamen Requisitionen nur Sammlungen an Kleidern, Betten, Teppichen, Geschirren, Zelten und Getreide für den geplünderten Muḥammed veranstaltet hatten, fanden sich jetzt in Betracht seines wieder aufgegangenen Glückssternes veranlafst, einige hundert Reiter und Schützen zu den Drusen stofsen zu lassen, worauf man zur Offensive gegen Fêṣal überging.

Die Wuld'Alî, Sirḥân und die übrigen verbündeten Beduinen bildeten das erste Treffen, die Drusen mit den Bauern das zweite. Ihr Fufsvolk bildete das Centrum und ihre Reiterei die Flügel. Fêṣal, dem jetzt kein Druse zu Hilfe kam, zog sich langsam gegen Süden zurück, und Muḥammed folgte ihm ebenso in kurzen Tagemärschen nach. Es kam bei diesem Zuge zu keinem einzigen Handgemenge. Muḥammed sah ein, dafs die Drusen nur durch das Asylrecht gezwungen ihm zu Hilfe gekommen waren; er wollte von dieser Hilfe keinen unedlen Gebrauch machen, und Fêṣal, dem der Hergang kein Geheimnifs war, wollte sich 'Abbâs durch Widerstand nicht zum wirklichen Feinde machen. Als er den Jermûk überschritten und zwischen Abîl und dem Wâdi der Katarakte (eš S'ellâle) eine feste Position genommen hatte, machten seine Verfolger Halt, blieben zwei Tage stehen und kehrten dann zurück. Einige transjordanische Stämme theilten nun ihre Weiden mit Fêṣal, bis dieser gegen Ende October in die Steppe zurückkehren konnte.

---

haben sie Ursache, dessen Rache zu fürchten, so geben sie sofort das Geraubte zurück. Diese Frist basirt sich auf die Annahme, dafs die genossene Speise 3½ Tage im Magen des Gastes liegen kann. So lange reist dieser also nach dem Gesetze des arabischen Gastrechts unter dem Schutze seines Wirthes.

So endigte im Jahre 1858 der Streit zwischen den beiden B
derstämmen, um sich wahrscheinlich bald in gröfserem Maafsstabe
erneuern, da die Ruwala für ihre zahlreichen Kameelheerden d
streitigen Weideplätze haben müssen. Muḥammed führte nach F
ṣals Rückzug seine Stämme an die Ufer der Wiesenseen, während
sich selbst zu den in der Diret S'umbul hausenden Sibâ' begab, u
diese mächtigsten aller westlichen 'Aneze-Stämme zu einem Bündniss
gegen Fêṣal für das nächste Jahr zu bestimmen. Gelingt ihm dies, so
dürfte er wohl Sieger bleiben, gelingt es ihm aber nicht, wie zu vermuthen, so wird er, um sich Ibn Sa'ûd's Beistand zu versichern, wohl
in den sauern Apfel beifsen und die wahhabidische Religion wieder annehmen müssen, zu deren Bekenntnisse schon sein Vater Dûḥi gezwungen worden war. Werden aber auf diese Weise die Wahhabiden nach
Syrien gerufen, so können sich in diesem Lande, aufser grofsen partiellen Verwüstungen, Dinge von politischer Wichtigkeit ereignen. Es
ist bekannt, dafs die Wahhabiden an Wahrhaftigkeit und Treue kaum
von einem Volke der Erde übertroffen werden und ihr auf Einfachheit
und Reinheit der Sitten basirter puritanischer Islâm hat für den denkenden Muselmann um so mehr Verführerisches, je mehr die überschwengliche Verehrung des Propheten und der Heiligen dem heutigen
Muhammedanismus beinahe das Gepräge eines polytheistischen Cultus
aufgedrückt hat. Auch habe ich unzählige Male von Damascener Ulema's das Urtheil gehört, das Bekenntnifs der Wahhabiden sei der wahre
Islâm, und Herr Professor Dr. J. Petermann erzählte mir, dafs er
dasselbe von den gelehrtesten Scheichs in Bagdâd gehört habe.

Berichtigungen:

S. 42 Z. 16 lies الكراع statt القراع.
- 75 - 12 } - κοινον - κοινον.
- 76 - 18 }
- 82 - 16 - 1. Mos. - 1. Mön.

Gedruckt bei A. W. Schade in Berlin, Grünstr. 18.

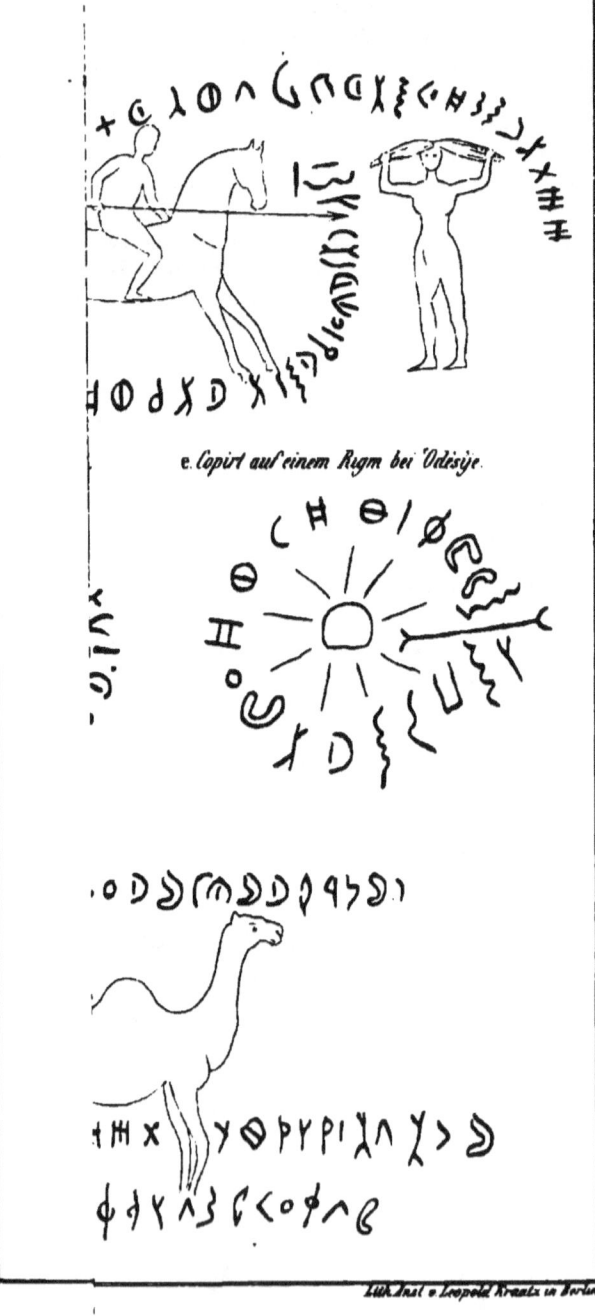

e. Copirt auf einem Rugm bei 'Odésije.

www.ingramcontent.com/pod-product-compliance
Lightning Source LLC
Chambersburg PA
CBHW030333170426
43202CB00010B/1111